刘季平与中国图书馆事业改革发展论文集

国家图书馆　编

国家图书馆出版社

图书在版编目（CIP）数据

刘季平与中国图书馆事业改革发展论文集/国家图书馆编. --北京：
国家图书馆出版社,2018.9

ISBN 978 - 7 - 5013 - 6559 - 3

Ⅰ.①刘⋯　Ⅱ.①国⋯　Ⅲ.①图书馆事业—中国—文集
Ⅳ.①G259.2 - 53

中国版本图书馆 CIP 数据核字（2018）第 205653 号

书　　名　刘季平与中国图书馆事业改革发展论文集
著　　者　国家图书馆　编
责任编辑　高　爽
封面设计　得铭文化

出　　版　国家图书馆出版社（100034　北京市西城区文津街7号）
　　　　　　（原书目文献出版社　北京图书馆出版社）
发　　行　010 - 66114536　66126153　66151313　66175620
　　　　　　66121706（传真）　66126156（门市部）
E-mail　　nlcpress@ nlc. cn（邮购）
Website　www. nlcpress. com ──→投稿中心
经　　销　新华书店
印　　装　北京鲁汇荣彩印刷有限公司
版　　次　2018 年9 月第1 版　2018 年9 月第1 次印刷

开　　本　710 毫米 ×1000 毫米　1/16
印　　张　13.75
字　　数　240千字

书　　号　ISBN 978 - 7 - 5013 - 6559 - 3
定　　价　80.00元

前　　言

2018 年是我国改革开放 40 周年，也是国家图书馆成立 109 周年。"近 40 年来，中国人不懈奋斗、与时俱进，用勤劳、勇敢、智慧书写着当代中国发展进步的故事。"回望 40 年来中国图书馆事业走过的不平凡的发展道路和所取得的辉煌成就，必然使我们怀念起那些具有非凡勇气、魄力、智慧和牺牲精神的改革先锋们，是他们开启了中国图书馆界波澜壮阔的改革开放时代。时任北京图书馆（今国家图书馆）馆长的刘季平同志就是他们中的卓越代表。

刘季平同志是中国近现代教育家，于 1973 年 11 月至 1981 年 2 月任北京图书馆馆长，适逢改革开放国策确认前后。随着 1978 年改革开放的全面铺开，我国经济得以恢复并快速发展，中国图书馆事业也由此走上复兴与开拓之路。在此期间，老一辈图书馆人为改变国家图书馆和全国图书馆事业发展落后面貌，做了许多有益的工作，这其中，刘季平同志堪称中国图书馆事业改革发展的先行者。他在任北京图书馆馆长一职的八年间，在纠正图书馆界极"左"思潮、筹组原文化部图书馆事业管理局、创建中国图书馆学会、推进北京图书馆新馆建设、组织编纂《中国古籍善本书目》、开展与国际图书馆界的交流合作等方面，做出了重要贡献。特别是 1980 年 5 月 26 日，中央书记处第 23 次会议听取刘季平同志受国家文物局委托所作关于图书馆问题的汇报，通过了《图书馆工作汇报提纲》。这是我国当代图书馆事业史上最重要的政策性文件之一，它对解决当时图书馆事业面临的一系列突出问题，保证在各种资源极度匮乏的改革开放之初，图书馆事业能基本上与其他社会事业同步增长，并推动图书馆的计算机化、网络化、数字化转型发展意义重大，为今天我国图书馆事业的繁荣奠定了重要基础。

今年恰逢刘季平同志 110 周年诞辰。为纪念刘季平同志为国家图书馆及中国图书馆事业发展做出的历史性贡献,总结梳理改革开放前后一段时间我国图书馆事业的发展成就,国家图书馆以"刘季平与中国图书馆事业改革发展"为主题,面向社会开展征文活动,并组织召开座谈会,现将通过专家评审的会议论文结集出版。论文集由国家图书馆研究院组织编辑,共收录论文 20 篇,其中既有对刘季平同志等一代改革开放先驱所做贡献的追忆,也有对改革开放初期中国图书馆事业发展历程的研究,更有对 40 年来中国图书馆事业发展成就的总结梳理,希望能够为业界同人和读者朋友进一步了解与研究这段历史提供丰富的资料。

"唯有相见胸次广,乃能同心力万钧",这是刘季平同志 1979 年在南昌参加中国古籍善本目录编辑会议时鼓励书目编纂人员引用的诗句。这是老一辈图书馆同人为图书馆事业改革发展奋发图强的真实写照,更是我们这一代图书馆人开拓进取、干事创业之中应坚守的精神信念。

回望历史,不忘初心。站在改革开放 40 年这个历史性的节点眺望未来,虽然我们已走过万水千山,但仍需要不断跋山涉水。乘着新时代的浩荡东风,中国图书馆事业将在新的起点踏上"再出发"的全新征程,开始更为壮阔的逐梦之旅!

编　者

2018 年 8 月

目　录

中国图书馆事业改革发展与刘季平同志的发轫贡献

韩永进

1978 年,以中共十一届三中全会为标志,中国开启了改革开放历史征程。"40 年众志成城,40 年砥砺奋进,40 年春风化雨,中国人民用双手书写了国家和民族发展的壮丽史诗。"随着国民经济的快速恢复和全面发展,社会主义文化事业进入了崭新的发展时期,中国图书馆事业也由此掀开了现代化、国际化发展的新篇章。新一代图书馆人抓住历史机遇,勇立潮头,以"化困难为力量,向必然要自由"的革命乐观主义精神,积极解放思想,不断开拓创新,推动中国图书馆事业从封闭走向开放,从传统走向现代,取得了举世瞩目的辉煌成就。回望 40 年来中国图书馆事业走过的不平凡的发展道路,必然使我们怀念起那些具有非凡勇气、魄力、智慧和牺牲精神的改革先锋们,是他们开启了中国图书馆界波澜壮阔的改革开放时代。时任北京图书馆(今国家图书馆)馆长的刘季平同志就是其中的杰出代表。

1973 年 11 月,刘季平同志被国务院任命为北京图书馆馆长,直至 1981 年 2 月卸任,任职时间近八年,恰逢中国图书馆事业走向改革开放的关键历史时期。在任期间,刘季平同志带领北京图书馆开展了一系列改革创新,在推动图书馆领域国家政策出台,筹组全国图书馆事业管理机构,筹建北京图书馆新馆,组织编纂《中国古籍善本书目》,创立中国图书馆学会,学习借鉴国外先进技术经验等方面,做了许多卓有成效的工作,为解决当时中国图书馆事业发展中面临的一系列突出问题,引领中国图书馆事业的改革发展做出了重要贡献。

韩永进,国家图书馆馆长兼党委书记,研究馆员。

1

一、解放思想,拨乱反正

没有思想的解放,就没有改革开放。回顾改革开放的历史进程,每个重要关口,都是一次观念突破和思想解放。习近平总书记指出:"中国人民坚持解放思想、实事求是,实现解放思想和改革开放相互激荡、观念创新和实践探索相互促进,充分显示了思想引领的强大力量。"改革开放初期,响应党中央"解放思想,实事求是"的号召,全国图书馆界围绕图书馆办馆方针、服务理念等问题进行了深刻反思,重新定位图书馆的职能和属性,国家先后出台一系列政策措施,明确事业发展方向,开启了中国特色社会主义图书馆事业改革发展之路。

1971年4月,在周恩来总理的亲切关怀下,全国出版工作座谈会在北京召开。座谈会明确提出:"图书馆担负着宣传马克思主义、列宁主义、毛泽东思想,为三大革命运动服务的重要任务。要加强对图书馆的领导,充分发挥它的作用。目前许多图书馆停止借阅的状况应当改变。要积极整理藏书,恢复阅读。要根据图书内容、读者对象和工作需要,确定借阅办法,并加强读书指导。"[1]刘季平同志就任北京图书馆馆长后,结合这一要求,针对当时图书馆界普遍存在的过分强调图书馆的阶级性问题,在不同场合多次发表自己的意见。他指出,图书馆事业是有阶级性的,但同时应该更明确地强调其社会性,要看到它在一定的社会发展阶段还有其特殊的历史任务,并号召图书馆界要为实现四个现代化服务。

这些主张从认识论的高度,扭转了极"左"思想对图书馆办馆方向的干扰。1973年5月,国家文物局转发经国务院办公室同意的《关于北京图书馆主要服务对象的请示报告》,明确北京图书馆的主要服务任务是"应以中央党、政、军领导机关科研部门、重点生产建设单位为主要服务对象。同时适当地开展一般读者的阅览工作"[2]。1977年8月,国家文物事业管理局召开了全国文物、博物馆、图书馆工作学大庆座谈会,明确指出:各级公共图书馆要根据自己的条件和实际需要,在服务对象和工作范围上有所侧重,有所分工;公共图书馆特别是省级以上公共图书馆,要大力加强为生产和科学研究服务的工作;要搞好基础业务,不断提高工作质量和服务水平;要组织各系统图书馆建立全国的和地区的图书馆协作组织;等等[3]。1978 年 4 月,国务院批准了国家文物事业管理局《关于图书开放问题的请示报告》,明确规定公开出版的自然科学和应用技术类图书、各种工具书,以及"文革"期间限制借阅的社会科学和文艺类图书原则上均可公开借阅,同时强调图书馆要加强图书宣传,注意做好对读者特别是青少年读者的指导工作[4]。1978 年 11月,国家文物事业管理局颁布了《省、市、自治区图书馆工作条例(试行草案)》,随后《高等学校图书馆工作条例》《中国科学院图书情报工作暂行条例》等相继出台[5],对新时期各级各类图书馆的办馆方针做出明确规定。中国图书馆事业自此走上了适应中国特色社会主义发展的正确道路。

二、走出国门,交流借鉴

1972 年尼克松访华后,中国图书馆界开始了与西方国家图书馆界的互访和交流。1973 年,应美中学术交流委员会的邀请,以北京图书馆馆长刘季平为团长的中国图书馆界代表团一行 8 人,于 9 月至 11 月参访华盛顿、纽约等地的各种类型图书馆及情报资料出版机构,北京图书馆副馆长鲍正鹄为副团长,团员有陈鸿舜、潘皓平、佟曾功、黄宗忠、周锋、杜克等[6]。期间基辛格在白宫"非正式"接见代表团,这是他就任国务卿后接待的第一个外国代表团。此次出访是我国图书馆界走出国门、学习借鉴,将国外现代化图书馆建设发展理念和实践引入中国的新起点。为了让这次难得的出访机会收到最大的效果,刘季平同志行前做了充分的准备工作,他将考察的目的确定为取长补短、洋为中用,并制定了详尽的考察计划,将考察重点放在现代化技术应用中的计算机编目检索和复制缩微技术,以及图书馆工作与情报工作的结合。

考察回国后,他及时向上级部门汇报,向图书馆界介绍美国图书馆现代化的进展情况,图书馆网络的运行模式,图书馆协会的组织形式与管理范围,城市公共图书馆的总馆与分馆的关系,东亚图书馆的咨询能力与资料搜集渠道,图书馆学教育由传统内容向知识组织和情报分析、管理自动化的新领域过渡等大量事例,特别是详细介绍了图书馆计算机技术应用、美国机读目录的应用与发展、与同仁共享信息、评估差距、反思问题、开阔思路、谋求变革[7]。在此期间,他极力主张我国图书馆事业应坚持走社会主义现代化与网络化发展之路,并敏锐地意识到汉字输入问题必须先行解决[8]。

改革开放后,中国图书馆界进一步走出国门,与国外图书馆同行之间开展了形式多样的交流活动。一方面认识到本国图书馆事业发展水平的差距,学习借鉴了国外图书馆事业发展的经验成果和技术手段;另一方面也使国际图书馆界加深了对中国图书馆事业的了解。例如:1978 年 5 月,北京图书馆副馆长谭祥金等 3 人访问澳大利亚国家图书馆及各类专业图书情报机构[9];1978 年 10 月,刘季平同志率北京图书馆、上海图书馆、北京大学图书馆等多家单位一行 7 人访问英国[10];1980 年 6 月,清华大学、北京大学、南京大学、天津大学、山东大学的图书馆和教育部等单位代表共 10 人组成的大学图书馆代表团赴美考察[11]。1981 年 8 月,中国图书馆学会副理事长、北京图书馆副馆长丁志刚率代表团一行 6 人赴德意志民主共和国莱比锡参加国际图书馆协会联合会(IFLA)第 47 次大会,这是新中国成立以来第一次派出代表团正式参加 IFLA 的活动[12],中国图书馆界自此日益活跃在国际图书馆舞台,越来越展现出其独特的中国魅力。

三、顶层设计,谋篇布局

20 世纪 70 年代中后期,在拨乱反正的大环境下,经过刘季平等老一辈图书馆工作者卓有成效的工作,图书馆事业得以快速恢复,但就整体而言仍存在着相当严重的问题:馆舍破旧和严重不足,经费短缺,人员专业素质不高,工作方式落后,几乎完全是传统的手工操作方式,全国图书馆统筹管理机制和协调合作机制亟待建立,迫切需要从国家政策层面统筹规划部署全国图书馆事业发展。

1980 年 5 月 26 日,受国家文物局党委委托,刘季平同志向中央书记处第 23 次会议做了图书馆工作汇报。在汇报中,他回顾了新中国图书馆事业 30 年的历程,说明了事业发展中存在的五个方面主要问题,并结合出访见闻及几年来的业务实践与思考,提出了解决这些问题的五个原则意见。这是中华人民共和国成立以来中央第一次也是唯一一次专门听取图书馆工作的汇报,会议讨论并通过了《图书馆工作汇报提纲》,做出了若干促进我国图书馆事业发展的重要决定,包括:在文化部增设图书馆事业管理局,管理全国图书馆事业;以北京图书馆为中心建设全国性的图书馆网;按周恩来总理批准的方案,筹建北京图书馆新馆[13]。《图书馆工作汇报提纲》是"文化大革命"后我国图书馆事业拨乱反正、改革开放的总纲领,对恢复和兴办图书馆、改革我国公共图书馆事业的管理体制、加强图书馆之间的协调合作、发展图书馆学教育事业、开展图书馆学研究等方面均产生了积极而深远的影响,有力地推动了我国公共图书馆事业乃至整个图书馆事业与图书馆学情报学教育事业的发展[14]。

为贯彻落实《图书馆工作汇报提纲》精神,1980 年 7 月,刘季平同志被任命为图书馆事业管理局筹备领导小组组长。同年 11 月,图书馆事业管理局正式成立,北京图书馆副馆长丁志刚兼任首任局长[15]。管理局成立后,不断加强对全国图书馆事业的协调与管理,推动出台了一系列图书馆政策,对 1978 年 11 月国家文物事业管理局发布的《省、市、自治区图书馆工作试行条例》进行了修订,明确了省、市、自治区图书馆"是向社会公众提供图书阅读和知识咨询服务的学术性机构,是全省(自治区、市)的藏书、图书目录和图书馆间协作、协调及业务研究、交流的中心",并对藏书目录、读者服务工作、研究辅导与协作、组织机构、工作人员、经费、馆舍与设备等提出了具体的要求[16]。1982 年,该局在湖南长沙组织召开了开创图书馆事业新局面规划座谈会,在统一思想、提高认识的基础上,讨论并起草了《图书馆事业发展规划(征求意见稿)》,初步描绘了我国图书馆事业在"六五""七五"期间及到 20 世纪末的发展目标,规划了图书馆事业的基本建设、干部培养及补充、业务建设等方面要点,提出了保障规划实现的各项措施[17]。

1987 年 3 月,中央宣传部、文化部、国家教育委员会、中国科学院等四部委院联合下发《关于改进和加强图书馆工作的报告》[18],这是继《图书馆工作汇报提纲》之后,又一个指导图书馆工作的重要文件,其基本精神是,要进一步发挥图书馆为"两个文明"建设服务的重要作用。该报告对改进和加强图书馆工作提出了总体要求,其中特别强调要加强图书馆事业的整体规划,协调各系统的图书馆工作。随后,各系统先后开展了"七五"规划的研制工作,《普通高校图书馆规程》《中国人民解放军院校图书馆工作条例》《党校图书馆工作条例》《中小学图书馆(室)规程》等法规、政策陆续出台,推动全国各系统图书馆事业都取得了长足进步。

以公共图书馆为例,从 1980 年到 1990 年短短十年间,我国县以上公共图书馆就增加了 795 所,达到 2527 所,增加了 45.9%;馆舍面积增加了 235 万平方米,平均每年约增加 20 多万平方米;公共图书馆藏书总量增加了近 1 亿册,达到 2.90 亿册。刘季平馆长 1980 年在向党中央书记处汇报图书馆工作时,当时县以上公共图书馆的经费只有 0.5 亿元,到 1990 年已达到 2.76 亿元。

四、规范业务,提升服务

刘季平同志任北京图书馆馆长后,在带领全体员工解放思想的同时,重点着手恢复受到"文革"影响的各项业务工作,并积极建章立制,推动图书馆业务的规范化建设。这一时期,北京图书馆陆续制定出台了《北京图书馆中外文书刊资料采访工作试行条例》《北京图书馆中文图书著录条例(试用本)》《北京图书馆阅览组服务公约(草案)》等一系列规章制度,并于 1980 年首次编印《北京图书馆业务工作规章制度汇编》。这些举措为改革开放初期北京图书馆业务工作的专业化、规范化发展逐步建立起系统完备的制度保障,也为北京图书馆各类型读者服务工作的创新发展提供了基础条件。20 世纪 80 年代,北京图书馆结合社会需要和形势发展,充分挖掘潜力,先后举办了加拿大政府出版物展览、中国古代科技文献展、纪念红军长征胜利 40 周年图片图书展、北京地区农业书刊资料展等系列重要展览,同时不断提升专业研究能力,加强参考咨询服务,圆满完成了首钢无料钟炉顶高炉建设、毛主席纪念堂筹建等重要项目参考咨询任务。特别是 1987 年,北京图书馆新馆(现国家图书馆总馆南区)建成开放,50%以上阅览室采取开架或半开架方式提供服务。

与此同时,全国图书馆业界在图书分类和主题标引等重要业务领域也取得了突破性进展。1975 年 10 月,由北京图书馆倡议、36 个图书馆和相关单位合作编制的《中国图书馆图书分类法》由科学技术文献出版社正式出版，为开展全国图书的统一分类编目创造了前提条件。1980年，由中国科技情报研究所和北京图书馆主持、500多家单位参与编辑的《汉语主题词表》第一版正式出版，于1985年荣获国家科学技术进步二等奖，使汉语图书情报资料的自动化检索成为可能。在这一时期发布施行的《文献著录总则》《普通图书著录规则》等国家标准一直沿用至今，对全国图书馆图书编目工作的规范化发挥了重要作用[19]。1977年1月，北京图书馆恢复全国图书联合目录工作的同时，着手恢复图书统编工作，向全国发行统编卡片[20]。1980年3月，受国家文物局委托，北京图书馆组织召开第一次全国联合目录工作会议，成立全国联合目录协调委员会，推选北京图书馆为主任委员馆，中国科学院图书馆、上海图书馆、北京大学图书馆为副主任委员馆，天津市人民图书馆等为常务委员馆[21]。1987年10月，由北京图书馆组织编辑的《中国国家书目(1985)》正式出版，成为登记、报道全国出版物的总目录[22]。

五、馆舍焕新，技术进步

改革开放初期，全国图书馆馆舍空间十分紧张，对此，1980年《图书馆工作汇报提纲》中曾有详细论述，"目前各级图书馆的空间普遍紧张，馆舍破烂不堪，不少已成为'危房'，而无钱加固和维修。由于书库和阅览室面积太小，现在全国图书馆中就有3000万册书刊不能整理上架。"《图书馆工作汇报提纲》经中央书记处通过后，对全国图书馆改善馆舍条件产生了极大的推动作用，据原图书馆事业管理局局长鲍振西同志1995年所作统计，短短十五年间，全国已有30家省级和计划单列市图书馆进行了新建或改扩建，竣工面积达546 448平方米[23]。

在全国广泛兴起的图书馆新建和改扩建工程中，北京图书馆新馆建设工程尤为引人瞩目。该工程由周恩来总理提议，于1975年3月经国务院批准兴建，1983年9月23日奠基，1987年7月1日竣工，得到了中央和北京市领导、建筑领域专家和全国各地图书馆同仁的关心与支持，是党的十一届三中全会以后，在改革开放新的历史征程中，党和国家推进社会主义文化事业全面走向现代化的重要战略举措，是国家图书馆走向现代化的重要标志,被誉为中国图书馆事业发展史上划时代的里程碑。在新馆建设过程中,刘季平同志从组织领导到研究方案,都亲自过问,而且利用访美期间建立的业务关系,收集图书馆建设方面的资料供专家参考,并派出多批次专业考察团出访,了解国际前沿趋势。调任文化部顾问后,他仍然密切关注和支持工程建设。

这一时期建成的新馆,不仅采用了当时较为先进的建筑技术,同时也融汇了国际一流的图书馆服务理念,引进了大量现代化的图书馆设施设备。例如,北京图书馆新馆楼板采用现浇钢筋混凝土双向密肋板、塑料模壳施工法[24],国内尚无运用先例,节省了大量建材,大大缩短了施工工期;从西德引进书刊自走台车传送系统[25],以实现书库至出纳台之间的书刊高效传送,是我国引进的第一套多种不同类型文件的输送设备,一直沿用至今。其他新建馆舍中,不少已打破了图书馆藏、借、阅三个空间分开的传统建筑结构模式,采用统一层高、统一柱网、统一荷载,大开间的框架结构;许多新馆在建筑设计和空间布局上,注意安排应用现代技术的空间,设计了计算机主机房,视听、缩微、复印、摄影翻拍室,部分图书馆还设计了报告厅、多功能厅、会议室。

伴随图书馆新馆的建成开放,全国各地采用自动化系统管理图书馆业务取得了巨大进展。例如,南京图书馆开发研制中国古籍书目机编索引与检索系统,为中国古籍书目的应用、检索、索引编制提供了科学、准确、迅速的全新方法,获 1991 年文化部文化科技进步四等奖,江苏省 1991 年度文化科技进步二等奖[26];1988 年,受文化部委托,深圳图书馆组织湖南、湖北等八个省级公共图书馆的技术人员,参考和借鉴了国内外主要系统的功能和特点[27],开发了一套能适应国内不同层次、多种类型图书馆使用的图书馆自动化集成系统(ILAS),包括采访、编目、流通、连续出版物管理、联机检索、参考咨询和视听资料管理等七个子系统,于 1991 年 11 月通过由文化部组织的专家鉴定,并迅速在北京、上海、天津等 15 个省市的 40 多个图书情报单位投入运行,获得国家"科技进步三等奖"等十多个奖项[28]。

六、整理典籍,传承文明

1975 年 10 月,重病中的周恩来总理指示,"要尽快把全国善本书总目录编出来"[29]。1981 年 9 月 17 日中共中央发出《关于整理我国古籍的指示》[30]，强调"整理古籍，把祖国宝贵的文化遗产继承下来，是一项十分重要的、关系到子孙后代的工作"。这一时期，我国古籍整理出版工作迈入了一个新时期，各地先后建立了本省、市的古籍专业出版社，全国出版古籍单位达到上百家，给古籍的整理出版和利用提供了很大的便利。书目文献出版社（今国家图书馆出版社）也成立于这一时期，这是国内第一个图书馆专业出版社，在整理影印各种稀见历史文献和编辑出版图书馆学和信息管理科学著译作等方面做了大量工作。据统计，1978—1990 年间全国共整理出版古籍 4360 种，各类古籍丛书或成系列的书发展很快，为研究者提供了搜集、利用的便利[31]。

1978 年 3 月，国家文物局在南京召开了"全国古籍善本书总目编辑工作会议"[32]，委托刘季平同志主持。会议决定成立从全国到省的四级领导小组，刘季平同志任全国编委会主任。他认为，我国是有悠久历史的文明古国，图书馆中的文化典籍浩如烟海，是中华民族的宝贵文化遗产，编辑全国古籍善本书目并进而开展古籍整理出版工作，既是保护优秀文化遗产，又可做到"古为今用，推陈出新"，意义十分重大[33]，并对该项工作从酝酿谋划、全国普查、编目著录、汇总编辑、出版发行到多次重要会议的几乎所有重大问题都协调把控[34]。

南京会议后，各省、市、各系统开始了大规模的普查工作。1979 年 12 月，刘季平同志在南昌主持召开"全国古籍善本总目编辑工作会议"。会上他引用诗句"唯有相见胸次广，乃能同心力万钧"[35]，希望所有专家学者从全局着眼，同心协力发奋工作，完成总理交办的工作。1986 年 10 月，《中国古籍善本书目·经部》正式出版，到 1995 年 3 月经、史、子、集、丛五大部类全部完成，历时 17 年，参加单位近千个，收录全国 781 个图书馆、博物馆、科研单位、大专院校等机构存藏的古籍善本 6 万余种，约 13 万部[36]。

1978 年，北京图书馆启动《民国时期总书目》编制工作，自 1986 年开始陆续出版，1995 年全部付梓，按照学科共分 17 卷 21 册，约 2000 万字，主要收录北京图书馆、上海图书馆和重庆图书馆等收藏的民国图书。1983 年，全国高等院校古籍整理研究工作委员会成立，由其组织实施的重点古籍整理项目"七全一海"（《全宋文》《全元文》《全明文》《清文海》《全唐五代诗》《全宋诗》《全明诗》《全元戏曲》），也是这一时期

9

的重要文献整理成果。这些成果的出版，为全国文化教育领域围绕中华优秀传统文化的传承和发展开展学术研究提供了丰厚扎实的文献基础。

七、加强研究，合作共享

1978 年 3 月，响应中央关于发展各类型图书馆，组成为科学研究和广大群众服务的图书馆网的号召，北京图书馆提出成立学会的倡议，并推选北京图书馆、中国科学院图书馆、上海图书馆、北京大学图书馆等12 家单位组成筹备委员会，筹委会办公室设在北京图书馆。1979 年 7 月，中国图书馆学会成立大会召开，通过了《中国图书馆学会章程》，选举产生第一届理事会，确定了学术秘书组、国际联络组等工作机构，原则通过学术委员会和编译委员会名单，刘季平任第一届理事长。学会成立后，先后成立了 11 个专业研究组，各地区、各专业图书馆纷纷响应，成立地方图书馆学会、专业图书馆学会，积极开展图书馆各领域学术研究活动[37]。1979 年 7 月，中国图书馆学会第一次科学讨论会也在山西省太原市举行。这次讨论会是中华人民共和国成立以来规模最大的一次综合性学术讨论会，内容丰富，几乎涉及图书馆学领域的各个方面，开启了我国图书馆学术研究百花齐放、欣欣向荣的新局面[38]。这一时期，各种学术会议次第召开，图书馆学研究学术空气活跃，硕果累累，发表论文和著作数量直线上升，专业刊物如雨后春笋，1979 年《图书馆学通讯》复刊，1989 年全国的图书情报学刊物已有上百种[39]，为推动中国图书馆事业发展发挥了重要作用。

伴随 1977 年恢复高考，图书馆学教育也进入快速发展阶段，北京大学、武汉大学等各大院校纷纷恢复图书馆学招生，或是创办图书馆学专业、设置图书馆学院系，招收并培养了一大批图书馆学方面的专业人才。各图书馆积极开展在职员工教育培训活动且富有成效，对提高图书馆干部队伍专业素质，保持图书馆事业的旺盛生命力发挥了重要作用。1982 年，北京图书馆按照《中共中央、国务院关于加强职工教育工作的决定》和教育部关于举办业余高等教育条件的规定，开始筹建职工业余大学，同年 6 月，经北京市工农教育办公室同意，参加当年北京市暑期联合招生,择优录取第一期学员96名。此后,职工业余大学纳入国家成人高等教育体系,成为中央电大图书馆专业分校[40]。

各级各类图书馆在开展业务研究的基础上,积极拓展业务合作。1977年,由北京图书馆、中国科学院图书馆、北京大学图书馆等18个单位组成的北京地区图书馆协作组成立,上海、陕西、辽宁、广东等地区的图书馆协作委员会随后陆续成立或恢复,西北、华北等地区高校系统图书馆也纷纷成立各类协作组织,开展文献采访、目录编制、馆际互借等领域业务协作[41]。1985年和1986年,文化部图书馆事业管理局先后两次召开缩微文献复制工作会议,建立全国图书馆文献复制工作协调委员会,在北京图书馆成立全国图书馆文献缩微复制中心,统筹规划全国文献缩微复制工作[42]。这些协作组织的工作,有力推进了全国图书馆事业的统筹协调发展。

40年沧桑巨变,40年砥砺奋进。回首往昔,以刘季平同志为代表的老一辈图书馆同仁乘着改革开放的东风,继往开来、励精图治,推动全国图书馆事业发生翻天覆地的变化,他们所做出的发轫性贡献为今天的现代化图书馆事业打下了坚实基础。驻足当下,正逢文化事业繁荣发展的新时代,让我们继承和发扬开拓进取、甘为人梯的图书馆职业精神,在新的起点踏上"再出发"的全新征程,推动中国图书馆事业更上层楼!

参考文献

[1] 李致忠.中国国家图书馆馆史:1909—2009[M].北京:国家图书馆出版社,2009:242.

[2] 国家图书馆研究院.我国图书馆事业发展政策文件选编(1949—2012)[M].北京:国家图书馆出版社,2014:45-46.

[3] 全国文物、博物馆、图书馆工作学大庆座谈会纪要[J].文物工作资料,1977(8):1-3.

[4] 国家图书馆研究院.我国图书馆事业发展政策文件选编(1949—2012)[M].北京:国家图书馆出版社,2014:47.

[5] 沈国强,王荣授.图书馆条例与图书馆法[J].图书馆学研究,1983(2):143-144.

[6] 李致忠.中国国家图书馆馆史:1909—2009[M].北京:国家图书馆出版社,

2009:250.

［7］刘季平.刘季平文集［M］.北京:北京图书馆出版社,2002:85 - 103.

［8］刘季平.刘季平文集［M］.北京:北京图书馆出版社,2002:100.

［9］《当代中国的图书馆事业》编辑部.中国图书馆事业纪事:1949—1986(初稿)
　　［M］.北京:书目文献出版社,1988:128.

［10］韩永进.中国图书馆史:现当代图书馆卷［M］.北京:国家图书馆出版社,
　　2017:262.

［11］《当代中国的图书馆事业》编辑部.中国图书馆事业纪事:1949—1986(初稿)
　　［M］.北京:书目文献出版社,1988:148.

［12］《当代中国的图书馆事业》编辑部.中国图书馆事业纪事:1949—1986(初稿)
　　［M］.北京:书目文献出版社,1988:159.

［13］国家图书馆研究院.我国图书馆事业发展政策文件选编(1949—2012)［M］.
　　北京:国家图书馆出版社,2014:66 - 71.

［14］［16］［24］鲍振西.深化改革继续前进——纪念《图书馆工作汇报提纲》通过
　　十五周年［J］.北京:图书与情报,1995(1):1 - 7.

［15］李致忠.中国国家图书馆馆史:1909—2009［M］.北京:国家图书馆出版社,
　　2009:265.

［17］南.文化部图书馆事业管理局召开图书馆事业发展规划座谈会［J］.图书馆学
　　通讯,1982(4):45.

［18］国家图书馆研究院.我国图书馆事业发展政策文件选编(1949—2012)［M］.
　　北京:国家图书馆出版社,2014:111 - 113.

［19 - 20］鲍振西.公共图书馆事业发展的最好时期——对我国八十年代公共图书
　　馆事业的简要回顾(上)［J］.图书馆工作与研究,1991(12).

［21］李致忠.中国国家图书馆馆史:1909—2009［M］.北京:国家图书馆出版社,
　　2009:280 - 282.

［22］本刊通讯员.全国联合目录工作会议在京召开［J］.北图通讯,1980(2):29.

［23］李致忠.中国国家图书馆馆史资料长编［M］.北京:国家图书馆出版社,
　　2009:772.

［25］黄克武,翟宗璠.北京图书馆新馆设计［J］.建筑学报,1988(1):28 - 34.

［26］王玉祥.借阅单与书刊传送系统［J］.国家图书馆学刊,1987(3):40 - 43.

［27］佚名.南京图书馆志［M］.南京:南京图书馆,1996:195.

［28］谭祥金.深圳图书馆的成功之路［J］.图书馆论坛,2007(6):159 - 162.

［29］深圳图书馆 ILAS 系统项目组.关于图书馆自动化集成系统(ILAS)的问答
　　(一)［J］.图书馆建设,1992(6):81.

［30］［33］李致忠.中国国家图书馆馆史:1909—2009［M］.北京:国家图书馆出版

社,2009:274.

[31] 国家图书馆研究院.我国图书馆事业发展政策文件选编(1949—2012)[M].
北京:国家图书馆出版社,2014:83 - 84.

[32][37] 王国强.中国古籍整理工作二十年成就述略[J].图书馆建设,1999(3):
70 - 72,86.

[34] 北京图书馆.忆季平同志与图书馆事业的发展[C]//江苏省如东县政协文史
资料委员会.纪念刘季平文集.北京:书目文献出版社,1990:94 - 100.

[35] 薛殿玺.刘季平同志对中国图书馆事业的贡献[J].国家图书馆学刊,1992
(1):34 - 36,74.

[36] 刘季平手稿。

[38] 李致忠.中国国家图书馆馆史:1909—2012[M].北京:国家图书馆出版社,
2009:302 - 305.

[39] 黄宗忠,陈幼华,袁琳.概论改革开放以来的图书馆学基础理论研究[J].图书
与情报,1999(2):2 - 14.

[40] 韩永进.中国图书馆史:现当代图书馆卷[M].北京:国家图书馆出版社,
2017:252.

[41] 李致忠.中国国家图书馆馆史:1909—2012[M].北京:国家图书馆出版社,
2009:285 - 286.

[42] 韩永进.中国图书馆史:现当代图书馆卷[M].北京:国家图书馆出版社,
2017:219 - 220.

回忆季平同志关怀北京图书馆
新馆建设的几点情况

吴　瀚

季平同志因年老体弱,于 1981 年 3 月从北京图书馆馆长职位退居二线。他多年患老年性肺气肿,一直疾病缠身,体力日益衰退,但他仍念念不忘北京图书馆新馆的建设问题。他于退下的当年 11 月,得知北京图书馆基建工作遭到一些困难和阻力,在看到基建办送来的《北京图书馆新馆筹建工作概况》及《新馆拆迁工作情况汇报》等报告后,他多次参加了文化部负责同志召集的关于安排北京图书馆新馆工程的会议。

到 1982 年 5 月,季平同志又亲自执笔写报告给朱穆之部长请报中央书记处,汇报了他与丁志刚、曾祥集、郭林军、李家荣等同志商量后关于北图基建问题的意见,并归纳了以下四句话:

大事基本具备(如施工设计已完成 80%);

东风十分强大(如领导重视,社会舆论支持);

只欠具体落实(主要是缺乏突破困难的好办法);

关键在馆在市(开工要靠市里安排上队,但是排除万难的办法,首先还是要靠馆领导发动大家想,提出切实可行的建议,并且边抓基建,边抓馆内整改与准备)。

同时他提出了希望馆里主要领导同志要集中主要精力,着重抓好这件事,尽快搞出更具体的落实办法(特别是有关拆迁和施工力量等方面),会同有关方面商量进行具体安排。

此后,他带病坚持了整风学习,认真地做了最后一次的整风对照检查。他反复回顾了在北京图书馆工作的八年,由于是外行,又因身体不

14

_____

吴瀚,刘季平先生的夫人,原北京图书馆研究员。

好,一直没有深入实际,虽然也做了一些工作,但却没有做好。他认为在党的十一届三中全会以来,自己在政治上一直是坚定地同党中央保持一致的,始终是紧紧跟上新局面、新形势的发展前进的。他深信必须认真整改,抓紧机构改革,实现干部四化和贯彻落实知识分子政策。他对新馆扩建工作,仍坚信要依靠馆领导发动大家动脑筋,提出切实可行的建议,要边抓基建、边抓馆内整改和搬迁准备。他希望结合馆内整改,抓好新馆扩建,加速全国性协调协作,抓紧采用现代化新技术的准备工作,特别是标准化、科学化等,同时又强调要抓人员培训工作。

季平同志于 1986 年 10 月 1 日,为《图书馆学通讯》出版三十期祝贺,题词说:

> 希望图书馆工作者抱着远大理想,切实抬头乐干,把新中国图书馆事业办成面向现代化、面向全国、面向世界、面向未来,边发展、边整改、边整改、边工作、边培育人才的社会主义图书馆网,办成促进精神文明建设的社会主义大学校。

这是他对北京图书馆及从事图书馆事业的同志们的一句语重心长的嘱托,也是他对图书馆工作者最后一次的祝愿。他一直惦念着北京图书馆新馆的落成,期望着北京图书馆经过整改出现崭新的面貌,为社会主义祖国的物质文明建设与精神文明建设做出应有的贡献。

1987 年 6 月 25 日

本文转载自:《图书馆学通讯》
(现《中国图书馆学报》)1987 年第 3 期

略论中国图书馆事业改革开放
新起点的历史方位

王世伟

1978 年起始的中国改革开放,被认为是 20 世纪十分重要的历史事件之一,也是 21 世纪历史中决定性现象之一。随着 1978 年中国改革开放拉开大幕,中国图书馆事业也迎来了发展的春天。改革开放对世界而言最显著的变化无疑是经济上的成就,但包括中国图书馆事业在内的文化方面的显著变化也是中国特色社会主义道路不可或缺的重要方面。刘季平馆长正是在这样的历史背景下走上了北京图书馆(今国家图书馆)馆长的岗位,领导了国家图书馆创新开拓的发展,并对中国图书馆事业在改革开放的初始阶段做出了道夫先路的卓越贡献,为中国图书馆事业改革开放这篇大文章开了一个好头。回顾历史进程,我们可以看到,在 20 世纪 70 年代末 80 年代初,中国当代图书馆事业开启了走向兴盛新起点的历史方位,开启了中国图书馆事业发展的崭新境界。这一历史方位,是以大视野开启中国图书馆事业走向奋起追赶的新起点,是以大格局谋划中国图书馆事业走向科学管理的新起点,是以大战略协调中国当代图书馆事业走向开放共享的新起点,是以大趋势推动中国图书馆建筑走向新馆建设的新起点。无论是图书馆事业发展目标的初步确立还是图书馆管理体制改革的顶层设计,无论是资源共建共享理念的实践探索还是图书馆事业社会组织管理的尝试,中国改革开放的大潮激发了中国图书馆事业发展的活力,为中国图书馆事业注入了创新的动力。在刘季平馆长的领导和中国图书馆人的共同努力下,中国图书馆事业高举改革开放的大旗,准确把握时代脉搏,直面当代中国图书馆事业存在的突出问题,富有远见地谋划了中国图书馆事业未来发展的一系列重大问题,取得了许多具有开创性意义的重要突

16

刘季平与中国图书馆事业改革发展论文集

王世伟,上海社会科学院信息研究所,研究员。

破和进展,为改革开放初期中国图书馆事业的发展书写了浓墨重彩的历史篇章。

一、以大视野启动中国图书馆事业走向奋起追赶的新起点

1978 年 5 月,《光明日报》头版刊发了《实践是检验真理的唯一标准》的特约评论员文章,从而引发了真理标准大讨论,而全国各大图书馆门前排队入馆的盛况也传递出图书馆巨大的潜在需求和图书馆改革开放已刻不容缓的重要信息。图书馆事业的改革开放已成为决定当代中国图书馆事业发展命运的关键抉择。随着解放思想、实事求是思想路线的重新确立,历史呼唤并推动着中国图书馆从传统型向现代型、从封闭型向开放型的演进发展。

1980 年 5 月 26 日,中共中央书记处举行了第 23 次会议,听取并讨论通过了北京图书馆馆长刘季平所做的《图书馆工作汇报提纲》,并于 1980 年 6 月 1 日由中共中央办公厅秘书处发出了相关的通知。中央最高决策层专门讨论图书馆工作,并通过相关政策文件,这是中华人民共和国成立以来绝无仅有的第一次。

坚持问题导向,着眼长远发展,描绘中国图书馆事业全面深化改革的新蓝图和新愿景,正是《图书馆工作汇报提纲》以大视野启动中国图书馆事业走向奋起追赶新起点的显著特点。《图书馆工作汇报提纲》在对 1949 年以来的中国图书馆事业所取得的成绩予以肯定的同时,明确指出了当时图书馆事业存在的一些突出问题,包括:事业规模亟须发展;图书馆的物质条件困难;图书馆之间缺乏必要的协作协调;专业干部缺乏;有些主管部门不重视图书馆工作[1]。以上这些问题个个都切中当时中国图书馆事业发展的痛点和难点。通过全面的调研和深入的分析,通过大局的视野和清醒的判断,《图书馆工作汇报提纲》针对中国图书馆事业发展中的关键问题和要素提出决策建议。这些决策建议是基于对图书馆事业与国家经济、政治、社会、文化发展的不相适应的深刻认识,是基于对图书馆事业发展内在规律的深刻认识,是基于对广大人民群众对图书馆事业发展潜在需要的深刻认识,是基于对中国图书馆发展水平与世界发达国家图书馆发展水平进行比较中的巨大落差的

深刻认识,也是中国国家图书馆作为国家文化高端智库的使命担当。正是有了这些深刻认识,才形成了改革开放再次出发的中国图书馆事业发展的新目标,开启了中国特色图书馆的发展道路的新起点,也启动了中国图书馆事业走向奋起追赶的新起点,在勇于实践的大胆探索中,中国图书馆事业迈向发展新阶段的纲领性架构初步形成[2]。在中国图书馆事业改革开放新起点的历史方位中,刘季平馆长在其中发挥了应势而谋、勇于担当、积极推进的重要作用,使中国图书馆事业发展从世界图书馆事业整体发展水平的低端开始努力前行迈向中高端水平。

二、以大格局谋划中国图书馆事业走向科学管理的新起点

由于长期以来体制机制的局限,中国图书馆事业存在着多龙戏水的管理格局。全国有公共图书馆、科学院图书馆、高校图书馆、中小学图书馆、部队图书馆、工会图书馆等各类型图书馆,这些图书馆分属于国家的各部委,由文化部、中科院、社科院、教育部、军委、总工会以及各企业和事业单位等主管,机构管理上各自为政,事业发展上单打独斗,整个中国图书馆事业缺乏总体协同和统筹归一的管理模式。

思想解放就是要摆脱传统的藩篱。图书馆事业管理体制和机制的改革开放是一个复杂的系统工程,单靠国家图书馆或某几个大学图书馆或科学院图书馆往往力不从心,这就需要建立更高层面的领导机构,加强统筹部署、上下联动。如何以大格局谋划中国图书馆事业走向科学管理的新起点,如何在中国图书馆事业管理体制改革中进行科学的顶层设计,这一中国图书馆事业管理老大难的问题被摆上了议事日程。中央书记处根据《图书馆工作汇报提纲》做出的决定中,明确了在文化部设图书馆事业管理局,管理全国图书馆事业。这一新机构的设立,体现了统筹总揽中国图书馆事业改革开放的新战略,体现了从多龙戏水到一体协同的图书馆科学管理的新路径,体现了各行业系统形成管理合力平台的图书馆改革开放新举措,也体现了直面痛点坚定果敢的图书馆改革开放破解难题的新智慧。正是在文化部图书馆事业管理局的统筹协调之下,在20世纪80年代之后30多年的发展中,中国图书馆事业的各项工作呈现出勃勃生机。文化部设图书馆事业管理局的创新改

革举措,开启了中国图书馆事业趋向科学管理的新起点。

《图书馆工作汇报提纲》针对中国图书馆事业管理孤岛和发展烟囱所带来的种种弊端,明确提出"将来可考虑把北京图书馆搞成一个中心,建立全国性的图书馆网,把图书馆办成一个社会事业,不一定设行政管理机构"。这一登高望远的图书馆事业发展政策导向,为中国图书馆事业在跨世纪的发展中指明了康庄大道。经过改革开放 40 年的发展,在国家图书馆的引领下和全国各层级图书馆的创新发展下,在全域服务理念和信息技术的指导和支撑下,中国的公共图书馆事业正在办成一个社会事业,正在形成较之原来更高水平的资源共建共享网络,正在走出具有中国特色的公共图书馆发展新路[3]。

三、以大战略创新中国当代图书馆事业走向开放共享的新起点

刘季平馆长曾担任《中国古籍善本书目》的编委会主任。顾廷龙先生在《中国古籍善本书目编辑经过》一文中提到:"整个工作先是在国家文物局后在文化部图书馆事业管理局领导下进行的,刘季平同志则始终主持其事。"[4]冀淑英先生在《中国古籍善本书目》的后记中写道:"这项工作,从 1978 年 3 月文化部国家文物局在南京召开会议到 1995 年 3 月《书目》全部完稿,由于得到各级党政领导的重视和支持,参与单位的大力协作,工作同志的积极努力,在编委会的领导下,全部完成。它将是一个重要方面体现我国古代光辉灿烂的文化和丰富珍贵的典籍,有利于古为今用,为四化服务,为促进两个文明建设发挥作用;对了解现代所存古籍善本概貌和流传情况,对今后鉴别和整理古籍善本,都有很大的参考价值。……同年底①在南昌召开会议,会上听取各大区巡回小组工作汇报,讨论了存在的问题。这次会议决定组成中国古籍善本书目编辑委员会,刘季平任主任委员,顾廷龙为《书目》主编,冀淑英、潘天桢为副主编。……1980 年底,经编委会主任委员刘季平同志征求各副主任委员和编委意见,并和各分编室负责人协商后,与文化部图书馆司负责同志共同决定,实行正副主编分别在京、沪、宁就地复审办

① 作者注:1979 年底。

法。"[5]字里行间,充分肯定了刘季平馆长作为编委会主任在《中国古籍善本书目》编纂进程中所起的重要领导和协调作用。《中国古籍善本书目》从1978年3月启动,至1998年3月全部印制完成,历时20年之久。其中经部(全一册)于1989年10月由上海古籍出版社出版(其中经部线装本于1986年出版),丛部(全一册)于1990年12月出版,史部(全二册)于1993年4月出版,子部(全二册)于1996年12月出版,集部(全三册)于1998年3月出版。之后由南京图书馆编纂了《中国古籍善本书目索引》(全二册),2009年8月出版。《中国古籍善本书目》共收录全国781个图书馆等文化机构所收藏的古籍善本5.75万多种,约13万部,成为中国现代图书馆发展史上最具影响的联合目录和图书馆古籍整理成果。顾廷龙先生认为:"这样大规模的访求遗书,编入书目,是空前的大事。……这个书目是一个简目,有了简目就可以按图索骥,为学术研究,求书之导旨,为目录版本学的研究,为整理古籍提供了大量线索,对国内外学术界必将产生很大的影响。"[6]可以说,《中国古籍善本书目》作为前所未有的大型的全国性的古籍善本联合目录,顺应了文献资源共知、共建、共享的图书馆发展战略,创新了中国当代图书馆事业走向开放共享的新起点,也为包括中国各地区的历史文献共建共享,乃至在全球推进历史文献的共建共享发挥了重要的影响、辐射和启示作用。

四、以大趋势推动中国图书馆建筑走向新馆建设的新起点

1980年,中央书记处根据《图书馆工作汇报提纲》做出的几个重大决定中专门提到新建北京图书馆的问题,要求按原来周恩来总理批准的方案列入国家计划,由北京市负责筹建,由时任北京市主要负责人的万里同志抓这件事。诚如英国学者迈克尔·布劳恩在《图书馆建筑》一书中所指出的:"大概不可能将图书馆建筑同一个象征性外貌分离开。它使我们铭记知识是文化的基本元素。……我们愿意待在一个地方,在那里知识是受赞扬的。这种赞扬可以通过建筑很好地表现自己;通过对空间的安排处置,对光线、声音和活动的控制,以及通过深思熟虑地运用材料的创造意识来表现自己。"[7]1987年,正式启用的北京图书

馆主楼设计采用了双重檐的对称布局,无论是孔雀蓝琉璃瓦屋顶还是淡乳灰色的瓷砖外墙,无论是花岗岩基座的石阶还是汉白玉栏杆,其建筑的象征性外貌无不融入了中国古代朴素的建筑风格的文化元素。新馆高耸的建筑物与周边的花园和庭院环境完美协调,其中蓝色的通体基调寓意用水慎火,体现出中国古代藏书楼文化中的防火思想。这一成功的建筑曾荣登 20 世纪 80 年代北京十大建筑的榜首,成为北京城市的文化地标,其文化展示、用材高质、多层通透、绿色生态、公共空间、多样功能的设计思想,成为 20 世纪 80—90 年代兴起的中国图书馆新馆建设高潮中全国各地竞相学习、模仿和参照的标杆,成为改革开放以后中国图书馆界顺应全球图书馆发展大趋势、在结合中国文化和地域特点的基础上推动中国图书馆建筑走向新馆建设的新起点。在改革开放的后 30 年中,上海图书馆(1996)、首都图书馆(2001)、深圳图书馆(2006)、重庆图书馆(2007)、南京图书馆(2007)、国家图书馆二期工程暨数字图书馆工程(2008)、上海浦东新区图书馆(2010)、天津图书馆(2012)、广州图书馆(2012)、湖北省图书馆(2012)、辽宁省图书馆(2015)等一大批图书馆新馆先后落成,不断兴起一波又一波的百舸争流的新馆建设高潮,大大缩小了中国图书馆事业与世界发达国家图书馆事业在硬件上的差距,其发展的源头正是 1987 年落成的北京图书馆新馆所起的引领示范效应,而刘季平馆长在推动北京图书馆新馆建设项目落地实施中起到了关键作用。随着国家图书馆二期工程暨数字图书馆工程于 2008 年 9 月对外开放,中国国家图书馆以 25 万平方米的建筑面积跻身全球各大图书馆的前三位。

回顾改革开放 40 年的发展历史,在第一个十年中,《图书馆工作汇报提纲》问世,国家图书馆新馆落成开放;在第二个十年中,上海图书馆新馆等落成开放,第 96 届国际图联大会在北京举行;在第三个十年中,一系列重大文化惠民工程和文化项目推出并得到加强,公共文化服务体系不断完善;在第四个十年中,坚持社会主义核心价值观被列入新时代中国特色社会主义思想的十四个坚持之中,坚定文化自信、推动社会主义文化繁荣兴盛被确定为新的发展目标。据 2018 年 2 月公布的《中华人民共和国 2017 年国民经济和社会发展统计公报》,在 40 年中,全国县级以上公共图书馆从 1980 年的 1732 个发展至 2017 年底3162 个[8]。

今天，我们纪念改革开放 40 周年和刘季平馆长 110 周年诞辰，就是要站在更高起点谋划和推进图书馆事业的改革，下大气力破除体制机制弊端，不断解放和发展文化服务力、传播力和影响力，形成更高层次改革开放新格局，探索实现更高质量、更有效率、更加公平、更可持续的发展。中国特色社会主义已进入了新时代，新时代开启改革新征程，中国图书馆事业需要站在更高起点谋划和推进改革，标注新的改革起点，将全面深化改革推向更高境界。回顾中国图书馆事业改革开放新起点的历史方位，面向两个一百年的奋斗目标，我们需要把握改革方向，保持改革定力，争创并谱写新时代中国特色图书馆事业新一轮奋进前行的生动范例。

参考文献

［1］张树华,张久珍.20 世纪以来中国的图书馆事业［M］.北京:北京大学出版社,2008:165.

［2］王世伟.中国特色公共图书馆发展道路初探（上）［J］.图书馆杂志,2013(5):5.

［3］王世伟.论公共图书馆的全域服务［J］.图书馆建设,2018(4):39－52.

［4］顾廷龙.顾廷龙文集［G］.上海:上海科学技术文献出版社,2002:657.

［5］冀淑英.《中国古籍善本书目》后记［G］//中国古籍善本书目·丛部.上海:上海古籍出版社,1990:761－765.

［6］顾廷龙.顾廷龙文集［G］.上海:上海科学技术文献出版社,2002:658.

［7］迈克尔·布劳恩,等.图书馆建筑［M］.金崇磐,译.大连:大连理工大学出版社,2003:8－9.

［8］中华人民共和国国家统计局.中华人民共和国 2017 年国民经济和社会发展统计公报［EB/OL］.［2018－05－27］.http://www.stats.gov.cn/tjsj/zxfb/201802/t20180228_1585631.html.

坚持社会力量参与和办馆主体多元化，
把公共图书馆事业办成一个
朝气蓬勃的社会事业

杨玉麟

1980 年，以《图书馆工作汇报提纲》（以下简称“《汇报提纲》”）的出台为标志，中国的图书馆事业开始了拨乱反正、溯本归源、重塑形象、逐渐发展壮大的历程。当时，作为国家恢复高考制度后的第一批图书馆学专业学生，我们在课堂上听李纪有老师给我们传达刘季平馆长给中共中央书记处做的图书馆工作汇报，以及中央书记处通过的《汇报提纲》的基本内容。当时，我们就为未来中国图书馆事业大发展的美好前景感到高兴，并初步体会到了职业自豪感。在近 40 年的图书馆职业生涯中，我们成为当今中国图书馆事业发展的中坚力量，并亲身经历和见证了中国图书馆事业 40 年的发展和进步。今天，我们纪念北京图书馆原馆长刘季平先生 110 周年诞辰，纪念《汇报提纲》出台 38 周年，实际上是在总结和回顾中国图书馆事业这近 40 年的经验和教训，纪念中国改革开放给图书馆事业带来的发展和进步。

一、《汇报提纲》是中国图书馆事业发展进步的里程碑

1978 年，党的十一届三中全会做出了改革开放的战略决策，国家走上了一条以经济建设为中心的道路。但是，毕竟“文革”刚刚结束，整个国家的上层建筑和经济基础都遭受到了巨大的破坏，在所谓“破四旧、立四新”等口号诱导下，全国的公共图书馆事业更是遭受巨大影响。引

杨玉麟，西北大学公共管理学院，教授。

用刘季平先生在《汇报提纲》里的话,就是"'文化大革命'十年中,图书馆事业遭受了一场空前的浩劫和摧残。许多图书馆被长期关闭以至撤销,使县以上公共图书馆减少了三分之一,大量图书被当作'封、资、修'的黑货而遭封存以至焚毁(仅江西一省被毁图书就达 100 万册),造成社会上的严重'书荒',图书馆的专业人员被长期批判或'下放'。至于图书馆内部工作秩序被破坏,外文书刊采购被中断造成的恶果也十分严重"[1]。改革开放国策的实施,给中国的公共图书馆事业带来了发展机遇,更提出了严峻的挑战。如何在一个几乎完全垮掉了的烂摊子上重新建设、振兴中国的公共图书馆事业,需要国家层面的政策设计和财力支持。也正是在这样的背景下,有了 1980 年 5 月 26 日中央书记处听取刘季平馆长所做图书馆工作的汇报,才有了后来出台的《图书馆工作汇报提纲》。

尽管按照刘季平先生汇报中所言,从 1949 年到 1979 年,经过 30 年的努力,中国的公共图书馆数量从留下来的 55 个,发展到 1979 年的 1651 个,公共图书馆事业"有了较大的发展"。但是,我们都可以明显地感觉到这是一个非常落后的数据,与当时的发达国家和地区相比,中国的公共图书馆事业仍存在非常多的问题和很大的差距。在向中央书记处汇报时,刘馆长简要回顾了十年浩劫中图书馆事业所遭受到的破坏和改革开放头两年中央相关政策的出台和图书馆界的努力,主要就"事业规模亟待发展""图书馆物质条件困难""图书馆之间缺乏必要的协作和协调""专业干部缺乏""有些主管部门不重视图书馆工作"等 5 个重要问题向中央书记处做了汇报,同时提出"发展图书馆事业""改善图书馆条件""加速北京图书馆新馆建设""发展图书馆教育和科研事业,加速图书馆专业人员的培养""加强和改善对图书馆事业的领导"等建议,得到了中央的认可。

也正是在此之后,才有了中国图书馆事业(特别是公共图书馆事业)一段时间内的良好发展,比如北京图书馆新馆的落成开放,比如一改仅有北大和武大两个图书馆学专业教学点的尴尬局面、数十个图书馆学办学点在 20 世纪 80 年代初期迅速在全国布点成功,比如文化部图书馆事业管理局的设立,比如到 1987 年年底中国公共图书馆数量达到了 2440 个,比 1980 年增加了 40.9%[2]。

如果说 2011 年 10 月中共中央十七届六中全会专门讨论文化发展

议题，审议通过《中共中央关于深化文化体制改革推动社会主义文化大发展大繁荣若干重大问题的决定》，是建设现代化文化强国、建设现代公共文化服务体系、保障公民文化基本权利、实现社会公平正义的一个重要里程碑，那么，1980 年 5 月中共中央书记处第二十三次会议，专门听取刘季平馆长关于图书馆问题的汇报并通过了《汇报提纲》，对"文革"结束后百废待兴的中国图书馆事业发展制定了一系列基本政策，这就应该被视为 20 世纪 80 年代中国图书馆事业拨乱反正、开始复兴与振兴的一个重要里程碑。

不过，38 年后的今天重温《汇报提纲》，我更加关注的是《中央会议决定事项通知》（中央办公厅秘书局，1980 年 6 月 1 日）里的一句话，"把图书馆办成一个社会事业"。个人认为，这是中国公共图书馆事业办馆主体从政府办馆单一形式向多元化转变的一个前瞻性思考，为 2018 年 1 月 1 日起实施的《中华人民共和国公共图书馆法》（以下简称《公共图书馆法》）中提出的公共图书馆可以由政府设立，也可以由公民、法人和其他社会组织设立的办馆主体多元化界定提出了一个最初的战略思路。

25

二、把公共图书馆办成一个社会事业是中央在公共文化领域的一个前瞻性战略决策

文化部、国家文物局文件里所提及的有关《汇报提纲》的原文如此：

（二）听取了刘季平同志关于图书馆问题的汇报，通过了《图书馆工作汇报提纲》，决定在文化部设图书馆事业管理局，管理全国图书馆事业。书记处认为，将来还可以考虑把北京图书馆搞成一个中心，建设全国性的图书馆网，把图书馆办成一个社会事业，不一定设行政管理机构。关于新建北京图书馆问题，会议决定，按原来周总理批准的方案，列入国家计划，由北京市负责筹建，请万里同志抓这件事。[3]

从字面意思看，似乎中央书记处只是提出要把全国的公共图书馆办成一个"社会事业"，而所谓社会事业，是指各种社会福利事业和社会服务工作，一般指以安定人们生活、协调人际关系和维持社会秩序为主

要目的的各种为人们大众谋利益的工作[4]。在我国,人们通常把社会事业定义为社会建设和社会服务事业,与机关行政部门、企业行为相并列。也就是说,所谓社会事业是指国家为了满足社会公众利益而由国家机关或其他组织投资主办的社会服务,包括教育事业、医疗卫生、劳动就业、社会保障、科技事业、文化事业、体育事业、社区建设、旅游事业、人口与生育等方面。众所周知,在中国,公共图书馆历来就属于文化事业层面。不过,在一个比较长的时间里,我国的许多专业文献、政府文件,在定义社会事业时,都会加上一个"中央和地方政府投资主办的"的定语。这种情况一直到21世纪10年代才开始有了转变,在社会事业建设坚持政府主导的前提下,陆续出台的文件和政策里都加入了"支持社会力量参与"的内容。这种转变,正是本文立论的基础。

所以,《中央会议决定事项通知》中关于"把图书馆办成一个社会事业"的含义,就要从上下文来认真琢磨了。本文认为,中央书记处在听取了刘季平馆长的汇报后,已经有了把公共图书馆事业"社会化"的战略思考,主要理由如下:

首先,我们国家对社会组织类型主要分为政府机关、社会团体、事业单位、企业,早就形成了社会共识;而且,公共图书馆属于社会事业单位,也早已经是社会共识。书记处没有必要再简单地重复这个意思。

其次,《中央会议决定事项通知》里提到了要"建设全国性的图书馆网",这本身就是单一图书馆行为社会化的含义。

再次,尽管在听取了刘季平馆长关于理顺当时国家对公共图书馆管理体制的建议,同意在文化部设图书馆事业管理局,但在"把图书馆办成一个社会事业"后面紧接了一句"不一定设行政管理机构"。如果不从公共图书馆事业"社会化"的角度思考,那么在文化部下设立图书馆事业管理局和"不一定设行政管理机构",前后意思岂非自相矛盾?中央书记处应该不会犯这样的错误。

综上,本文认为"把图书馆办成一个社会事业",实际上是从公共图书馆事业整体发展趋势出发所做出的一个具有前瞻意义的战略思考,真正的涵义应该是把公共图书馆事业社会化。

所谓"社会化",本来是一个社会心理学的概念,表示为个体走向社会公共生活、融入现实社会的起点,是个体在特定的社会文化环境中,学习和掌握文化知识、技能、语言、规范、价值观等社会文化行为方式和人格特征，适应社会并积极作用于社会、创新文化的过程[5]。这个理论完全可以应用到图书馆等文化机构的发展过程中。大家都知道，早期的图书馆无疑都是单一、个体的活动形式，只是随着社会的进步才细化为国家图书馆、公共图书馆、学校图书馆、专业图书馆等类型，这些图书馆具有收藏文献、服务读者的共性特征，彼此之间已经在许多领域开展合作，同时也与政府、民众、出版商、书商、媒体等社会组织发生了联系，这已经是社会化的形态了。但是，在中国，一个比较长的时间里，我们把公共图书馆只是作为政府投资主办的服务机构，建设规模局限在县以上的行政区域，在一定程度上限制了公共图书馆完全社会化的进步，只能说还是一种准社会化状态。

同时，社会心理学认为，构成社会化的载体，主要包括家庭、学校、媒介、其他群体（作为参照）等。那么，如果我们借用社会心理学的这个理论，就可以把公共事业社会化的主客观影响因素总结出来[6]。

首先，影响公共图书馆事业社会化的主观因素可以包括为：图书馆职业伦理和职业精神；图书馆专业技能；图书馆专业服务能力；图书馆职业经验学习能力；图书馆行业的依赖性。

其次，影响公共图书馆事业社会化的客观因素可以包括为：图书馆"家庭"（公共图书馆办馆主体、图书馆领导和馆员群体、读者、参与公共图书馆建设的社会力量等）；图书馆专业学校和研究机构（图书馆学专业本科教学、研究生教学、博士后流动站、图书馆学研究机构、学会、专业刊物、专业网站等）；从事信息服务的其他社会组织（信息研究机构、档案馆、博物馆、文化馆、数据库公司、管理软件公司、专用设备公司等）；新闻媒体；等等。

本文认为，上述影响公共图书馆社会化的种种影响因素中，公共图书馆自身可以完善主观因素，而特别需要注意的是对客观因素中图书馆"家庭"中办馆主体、社会其他组织和个人参与公共图书馆建设问题的关注。

三、办馆主体多元化和社会力量参与建设是公共图书馆事业社会化的重要因素

长期以来，我们国家公共图书馆建设方面坚持的是政府作为唯一

办馆主体的方式,而公共图书馆的兴办一般都只是在县以上行政区域里,导致我们国家公共图书馆数量一直与省、市、县三级行政区划单位基本持平,在世界上处于一个落后的位置,与一个现代化大国、文化大国的地位不符。据国家统计局公报显示,截至 2017 年底全国公共图书馆数量为 3162 个[7]。另据国家图书馆研究院公布的 2016 年图书馆基础数据显示,截至 2016 年底,全国共有各级公共图书馆 3153 个,其中国家图书馆 1 个、省级公共图书馆 39 个(含个别省份的第二图书馆和少儿图书馆)、市级公共图书馆 369 个(含少儿图书馆)、县级公共图书馆 2744 个(含少儿图书馆)。2016 年,全国平均每 43.85 万人才拥有一个县以上级别的公共图书馆[8],每 3045 平方公里范围内才设立一个县以上级别的公共图书馆。这些数据远远低于发达国家和地区的水平,也远远不能实现 2008 年发布的《公共图书馆建设标准》(建标 108—2008)划定的基本标准。

之所以出现这种局面,直接原因就是我们多年来所坚持的公共图书馆管理体制,一级政府办一个公共图书馆(也可能另外建设由第二图书馆和少儿图书馆),办馆主体单一,政府化。这种做法,不仅仅限制了中国公共图书馆事业的发展,最关键的是无法保障每一个公民文献阅读的基本权利,无法实现公共图书馆服务网络城乡全覆盖,而且几乎直接忽视了占全国人口大多数的广大农村人口的图书馆服务。因为,由于政府财力限制,以往的公共图书馆毫无例外地都建设在城市(包括县城)里。

要彻底解决这个问题,就必须打破公共图书馆单一政府办馆主体的局限,在政府的主导下,积极吸引社会力量参与公共图书馆建设,特别是欢迎和支持社会力量以各种形式投资兴办公共图书馆,尤其是在广大农村乡镇和村寨,以及城市里的街道社区。好在,政府和业界在这个问题上逐渐形成了共识,1980 年中央书记处在发布《汇报提纲》的通知里,明确提出了"把图书馆办成一个社会事业",提出了公共图书馆社会化的战略思考。当然,从 1980 年中央书记处提出这个思考,到 2018 年《公共图书馆法》开始实施,政府主导、社会力量参与、公共图书馆社会化战略思想的发展与完善,我们也经历了将近 40 年的过程。

记得我们上大学读图书馆学专业时(本人是北京大学 1977 级图书馆学专业学生),当时的主流思想认为图书馆是"阶级斗争的工具",公共图书馆由中央或地方政府兴办,主要为党政军领导机关和重点机构服务。即使有了1980年下发的《汇报提纲》,有了中央书记处关于"把图书馆办成一个社会事业"的提议,当时的顶层制度设计里,依然强调的是公共图书馆由政府主办。1982年,文化部发布了《省(市、自治区)公共图书馆工作条例》,其中第一条就明确了公共图书馆的办馆主体是国家,"是国家举办的综合性的公共图书馆"[9];2013年文化部重新发布的《省(市、自治区)公共图书馆工作条例》依然做了几乎完全一样的规定[10]。1993年出版的《中国大百科全书·图书馆学 情报学 档案学》卷,给出的"公共图书馆(Public Library)"定义也是"由国家中央或地方政府管理、资助和支持的、免费为社会公众服务的图书馆"[11]。甚至在由建设部、国土资源部、文化部联合编制颁发并于2008年6月1日起实施的标准《公共图书馆建设用地指标》(建标74—2008)里,还是把公共图书馆定义为"由各级人民政府投资兴办、向社会公众开放的图书馆"[12]。以上种种关于"公共图书馆"的定义描述,说明在中国既定公共图书馆管理体制确立的状况下,尽管有了1980年中央书记处"把图书馆办成一个社会事业"的提议,各级政府主管部门和图书馆学界、业界还是在极力维护公共图书馆单一政府办馆主体的现状,缺乏对公共图书馆完全社会化、吸收社会力量走多元化办馆的认识。

好在也有学者在探索和思考公共图书馆办馆主体多元化的问题。北京大学吴慰慈教授在其1985年出版的中央广播电视大学图书馆学专业用书《图书馆学概论》中,客观地描述"公共图书馆":"在我国,公共图书馆一般都是按照行政区划分别设置的。""其中,国家图书馆、省市自治区图书馆、地(市)图书馆、县(区)图书馆,都是国家举办的综合性的公共图书馆;县(区)以下的各级图书馆(室),一般都是由城市居民或农民集体所办,或者是'公办民助'的。"[13]

进入21世纪以后,一些学者、政府有关部门陆续在一些学术著作或其他文献里开始正视公共图书馆吸引社会力量参与、多元投资兴办公共图书馆的问题。比如2012年5月起开始实施的《公共图书馆服务规范》(GB/T 28220—2011),就非常权威地认可了社会力量投资兴办公共图书馆、公共图书馆办馆主体多元化的现实状态,将"公共图书馆"定义表述为"由各级人民政府投资兴办,或由社会力量捐资兴办的向社会公众开放的图书馆"[14]。

中国的综合国力日益提升,中央逐渐把建设普遍均等、全覆盖的公共文化服务体系提到了议事日程,并逐步提升为实现社会主义小康社会基本目标之一,多次在文件中提出促进社会主义文化大发展大繁荣,要坚持政府主导,同时吸收社会力量参与。最为重要的有以下文件:2015年1月15日,中共中央办公厅和国务院办公厅联合下发了《关于加快构建现代公共文化服务体系的意见》[15],在其提出的5项基本原则的第二条是"坚持政府主导",而第三条就是"坚持社会参与":"简政放权,减少行政审批项目,引入市场机制,激发各类社会主体参与公共文化服务的积极性,提供多样化的产品和服务,增强发展活力,积极培育和引导群众文化消费需求"。中央把坚持政府对包括公共图书馆事业在内的公共文化服务体系建设的主导地位的同时,同样提出和重视"坚持社会参与",实际上就是为公共图书馆办馆主体多元化、公共图书馆社会化奠定了政策依据。2017年5月,中共中央办公厅和国务院办公厅又联合印发了《国家"十三五"时期文化发展改革规划纲要》,再次重申了包括公共图书馆在内的公共文化服务体系建设要坚持"政府主导、社会参与、中心下移、共建共享"的原则[16]。最为公众和公共图书馆业界关注的是2018年1月1日起实施的《公共图书馆法》,首次以国家法律的最高制度形式确立了社会力量参与公共图书馆的基本权利和义务,确立了公共图书馆办馆主体的多元化。《公共图书馆法》第四条明确了县级以上人民政府是公共图书馆的主导性办馆主体(具体表述为"县级以上人民政府应当将公共图书馆事业纳入本级国民经济和社会发展规划,将公共图书馆建设纳入城乡规划和土地利用总体规划,加大对政府设立的公共图书馆的投入,将所需经费列入本级政府预算,并及时、足额拨付"),同时也明确规定"国家鼓励公民、法人和其他组织自筹资金设立公共图书馆",而且规定"县级以上人民政府应当积极调动社会力量参与公共图书馆建设,并按照国家有关规定给予政策扶持"。这条的重要意义,就在于国家第一次以法律的形式表明了国家对社会力量参与公共图书馆的鼓励和肯定的态度,国家第一次以法律的形式认定了公共图书馆的办馆主体是多元的,主要是县级以上人民政府,同时也可以是公民、法人和其他组织。发端于1980年中央书记处的一个具有前瞻性的战略提议,到了2018年,终于有了一个国家层面的法律认定。

事实上，社会力量参与公共图书馆建设、管理、服务，已经在全国各地成为一种常态，公民个人、社会团体、企事业单位、非政府组织投资在城市及边远地区或投资兴办或与地方政府及公共图书馆合作兴办图书馆、运行图书馆的事例也屡见不鲜，只是由于一直没有一个国家层面的法律规定，这些图书馆一直没有得到法律层面的认可，也就无法取得一个"公共图书馆"的法律地位，也就无法获得政府层面的政策性支持，也缺少一个规范的办馆章程来加以管理，甚至也无法被政府主管部门及国家统计局作为实体统计到每年的公共图书馆发展数据中去。有了《公共图书馆法》的法律确认，只要加快落实对非政府投资主办的公共图书馆办馆条件、服务方式、评估监督、激励政策等方面的规定，必然会实现完全意义上的公共图书馆社会化，在很大程度上促进我国公共图书馆事业的发展。目前的发展态势很好，无论是中央的战略决策和国家有关部门的顶层制度设计，还是全国各地不断涌现出来的非政府投资兴办的公共图书馆及其运营模式，以及社会力量以多种形式参与公共图书馆建设和服务的实际案例，都已经给我们展示出来了一个未来中国公共图书馆社会化的前景。

1980 年，中央书记处听取了刘季平馆长的图书馆工作汇报，提出了若干具体政策性建议，其中"把图书馆办成一个社会事业"的前瞻性战略提议，在 2018 年得到了实现。

参考文献

[1][3] 文化部，国家文物局.文化部、国家文物局印转《中央会议决定事项通知》和《图书馆工作汇报提纲》：（80）文图字第 1017 号，（80）文物字第 213 号，1980.

[2] 文化部图书馆事业管理局.中国公共图书馆概况［M］.北京：学术期刊出版社，1989：1.

[4] 辞海编辑委员会.辞海：1999 年版缩印本［M］.上海：上海辞书出版社，2002：1475.

[5] 俞国良.社会心理学［M］.北京：北京师范大学出版社，2006：115.

[6] 俞国良.社会心理学［M］.北京：北京师范大学出版社，2006：120 – 123.

[7] 中华人民共和国国家统计局·中华人民共和国 2017 年国民经济和社会发展统计公报［EB/OL］.［2018 – 08 – 01］.http：//www.stats.gov.cn/tjsj/zxfb/201802/t20180228_1585631.html.

[8] 国家图书馆研究院.2016 中国公共图书馆事业发展基础数据概览［M］.北京：

国家图书馆,2017:5.

[9] 中华人民共和国文化部·省(市、自治区)公共图书馆工作条例(1982)[EB/OL].[2018 - 08 - 01]. http://www.chinalawedu. com/falvfagui/fg22598/23822. shtml.

[10] 中华人民共和国文化部·省(市、自治区)公共图书馆工作条例(2013)[EB/OL].[2018 - 08 - 01]. http://www.jxwh. gov. cn/zwgk/zcfg/flfg/201311/t20131119_1222294. htm.

[11] 中国大百科全书·图书馆学 情报学 档案学[M].北京:中国大百科全书出版社,1993.

[12] 中华人民共和国建设部,国土资源部,文化部.公共图书馆建设用地指标:建标74—2008[S].北京:中国计划出版社,2008.

[13] 吴慰慈,邵巍.图书馆学概论[M].北京:书目文献出版社,1985.

[14] 中华人民共和国国家标准.公共图书馆服务规范 GB/T 28220—2011[S].北京:中国标准出版社,2011.

[15] 中共中央办公厅,国务院办公厅.关于加快构建现代公共文化服务体系的意见[EB/OL].[2018 - 08 - 01]. http://www. news. xinhuanet. com/2015-01/15/c_133920319. htm.

[16] 中共中央办公厅,国务院办公厅.国家"十三五"时期文化发展改革规划纲要[EB/OL].[2018 - 08 - 01]. http://www. gov. cn/zhengce/2017-05/07/content_5191604. htm.

改革开放四十年图书馆管理体制改革

柯 平 袁珍珍

改革开放 40 年来,随着我国图书馆事业的快速发展,图书馆管理体制发生了较大的变革。一方面,图书馆事业发展要求管理体制变革,适应新形势的需要,对理论研究也提出更高的期待;另一方面,管理体制的不断创新,推动着图书馆管理理论的进步,也推动图书馆事业向着更高水平迈进。

1 理论研究推进管理体制创新

图书馆管理体制的理论研究对管理体制的改革具有指导意义,可推进图书馆管理体制不断创新。在基本理论研究中,何为体制?何为图书馆管理体制?体制与机制有何区别?就已有研究来看很多人并没有明确概念,甚至是将其混作一团。只有对基本理论有明晰的认知把握,才能进一步探讨如何变革。

1.1 基本理论问题

所谓体制是指国家机关、企事业单位机构设置、领导隶属关系和管理权限划分等方面的体系、制度、方法、形式等的总称,如政治体制、经济体制等[1]。从理论层面来看,图书馆管理体制则是指"对各类型图书馆实施控制、监督、指导、操作的机构安排以及这些机构间的权利义务关系,也称图书馆治理,具体包括'谁负责制定图书馆的方针、政策、标准;谁负责对图书馆给予财政拨款;谁决定它的发展规划;谁对它进行

柯平,南开大学商学院,教授。

袁珍珍,南开大学商学院信息资源管理系图书馆学专业博士研究生。

监督约束;谁在业务上对它进行指导;谁组织实施图书馆服务等一系列问题'"[2]。管理体制设计必须解决谁出资、谁负责、谁监管、谁受益以及它们之间的互动关系问题[3]。

图书馆管理体制中体现的文化现象包括传统的政府治理文化、新兴的商业文化、公共图书馆文化模式、高校图书馆文化模式等。传统的政府治理文化现象是指图书馆管理体制遵循传统的政府或主管机构治理的模式,政府或主管机构如中国文化与旅游部的公共服务司、教育部高等学校图书情报工作指导委员会、英国文化、媒体和体育部的博物馆、图书馆、档案馆委员会,美国的图书馆董事会,英美高校的图书馆委员会等。新兴的商业文化现象是指近些年来的图书馆,尤其是公共图书馆采用的"承包"模式,即将整个图书馆的运行承包给私营公司,这种模式下的图书馆管理体制就转变成图书馆所属的私营公司与图书馆上级机构之间的权利义务关系,具有浓厚的商业文化,如日本京都市立图书馆就是实行委托财团管理的模式[4]。公共图书馆文化模式是指公共图书馆的通用管理体制,即政府在文化部门成立专门的机构或委员会对公共图书馆进行专项管理,这是目前国内外绝大部分公共图书馆管理体制的普遍文化现象。高校图书馆文化模式是高等学校图书馆通常采用的管理体制,即由图书馆所在高校的一名副校长专门分管图书馆,然后成立相应的图书馆委员会对图书馆进行管理,这也是国内诸多高校普遍采用的管理体制[5]。

1.2 新公共管理理论引入

新公共管理是指公共部门与私营部门具有相互通融的组织和激励雇员的人事机制[6]。自20世纪80年代在西方盛行,新公共管理成为新的政府治理理论与模式,90年代开始引起国内学者的注意,对我国图书馆管理改革产生了一定程度的影响。

图书馆尝试引入竞争机制、市场机制和激励机制等推动管理变革。为借鉴国外图书馆有益经验,杨雨霖和黄如花从管理理念与方法的创新、机构改革、业务流程重组、人力资源管理、服务创新五个方面对美国国会图书馆的管理创新进行了分析[7]。杨小玲等在阐释新公共管理理论核心思想和应用于图书馆管理实践的可能性与必要性的基础上,从图书馆社会角色定位、职能划分、营销策划、绩效评估和人力资源建设五个方面探讨了其在图书馆管理中的具体应用。他们认为，新公共管理理论在其合理性的基础上，也存在一定的局限性，图书馆管理在应用这一理论时，要注意组织结构上的协调与控制问题以及人性认识的偏颇和伦理道德的偏差问题，不可盲目应用[8]，此外，注意理论的借鉴和参考要结合自身具体情况进行。

1.3 管理体制变革的社会基础

柯平和崔慕岳曾强调图书馆改革要有战略思维，改革图书馆事业的现行体制重点是管理体制的改革，克服图书馆系统条块分割、分散多头、布局不合理等弊端，不打破旧的管理体制，图书馆全面改革就不可能渠道畅通。然而，体制改革并不限于馆内，还要求调整国家对图书馆的政策，特别是加强国家和地区对图书馆事业的合理管理。体制改革的目的就是疏通改革渠道，改革内外环境，为全方位改革创造条件[9]。

国家图书馆重大项目"社会公共文化服务体系中图书馆的发展趋势、定位与服务研究"，运用实证方法对全国 27 个省（直辖市、自治区）276 个图书馆（公共图书馆 126 个，高校图书馆 139 个，其他类型图书馆 11 个）进行调查，发现管理体制较僵化、社会管理体制有待改进是公共图书馆发展的影响因素之一[10]。许多高校图书馆受访者提出，由于管理系统与管理体制等诸多因素，高校图书馆与其他公共文化服务部门联系与合作项目较少，合作活动也很难展开，还有一些单位确实由于专业性较强而难以与其他文化单位开展有效的合作[11]。

2 图书情报一体化

1978 年 12 月，中国科学院召开的图书情报工作会议，提出图书情报一体化的想法。1985 年 11 月，中国科学院图书馆更名为"中国科学院文献情报中心"，同时保留"中国科学院图书馆"名称，开创了一个系统内图书情报一体化的先例，为科学院系统内文献资源的共建共享创造了前所未有的条件。其积极意义不仅限于科学院本身，而且辐射和影响了一些系统，如中国农业科学院将图书、情报、出版合而为一，不少高校也将情报工作并入图书馆之中。

1987年10月,由国家科委牵头,由国家科委、文化部等组成的部际图书情报协调委员会成立。其主要任务是"研究并向有关政府部门提出我国图书情报事业发展规划及方针政策的建议;研究和协调全国文献资源的合理布局与开发利用;研究和协调全国图书情报系统计算机数据库和网络的建设等"[12]。

1995年10月,上海科技情报所与上海图书馆合并,采用两块牌子,但是一套人马的管理体制,在全国范围内开创了在一个省市内走图书情报一体化的新路。这种体制改革是图书馆界思想的又一次大解放,这种体制被称为"上海模式"[13]。

1996年,由黑龙江省医学情报研究所与哈尔滨医科大学图书馆合并组成黑龙江省医学文献信息中心,实现了图书情报的一体化,省里的情报研究部门与高校图书馆合并,这一举措在国内也属于首创,对推动国内图书情报一体化的进一步发展有着重要的意义。图书情报一体化也带动了图书馆与相关机构的合并,如2002年,天津泰达图书馆与档案馆的合并。

虽然图书情报一体化实践在当时势不可挡,但理论和实践界一开始就有不同的意见[14],一体化的讨论持续了很长一段时间[15]。

图书情报一体化不能理解为谁吞并谁或者是要完全取消其原来的独立性,而是要通过图书情报一体化,使两个机构在各自保持独立性基础上,建立起一种更为紧密的渗透与联系,从而有效减少资源的重复建设与浪费,实现资源的共建共享与优势互补,以此来更好的适应社会经济发展的要求,也为图书情报服务的全方位开展打下良好基础。

然而,近年来图书情报一体化遭遇了新的危机,由于图书馆与情报所分属文化部和科技部,这就使得"一体化"存在障碍并增加了焦虑感[16],还有一种分离的呼声,认为图书情报一体化使我国情报工作离"耳目、尖兵、参谋"的战略定位渐行渐远[17]。针对这一新形势,应当加强图书馆界与情报界的对话,共商对策。

3 图书馆人事管理体制改革

20世纪80年代初,图书馆以管理工作为突破,进行了诸如内部管理机制、制定考核奖惩机制、实行专业干部聘用制等的改革。

改革人事分配制度,建立激励机制作为20世纪90年代末期的十大改革探索之一[18],一方面实行全员聘任制,定岗定编定酬,竞争上岗,责、权、利统一;另一方面减少全工,增加临时工。1998年,国家图书馆开始全面推出改革,包括机构调整、人事制度改革和分配制度改革。职能部门定岗定编,在干部人事制度改革中,逐步淡化"官本位"的思想,据能施聘,量才为用,人员能进能出,工资能升能降,建立科学的用人机制。1998年,将科、处级干部任命制改为聘任制,同时进行全员聘任制、专业技术职务评聘分开和干部竞争上岗的试点。在试点的基础上,1999年底,在全馆范围内推行处、科级干部竞争上岗,全员聘任制和专业技术职务评聘分开。正处级干部采用组织考核、群众测评的办法聘用,副处、科级干部全部实行竞争上岗的办法,面向馆内馆外公开招聘,通过自愿报名、公开演讲、面试答辩、群众测评、组织考察等程序进行聘用。这次聘用中,有45人/56人次报名竞聘31个副处级岗位,其中原副处级干部31人、馆内非处级干部9人、馆外应聘人员5人。结果28位竞争者受聘,其中馆外人员2人,原有的65名处级干部中有三分之二的人续聘,15人落聘或降职聘任[19]。上海图书馆是较早实施改革的单位,以业务改革为核心,与人事制度改革和内部创收分配改革组成有机整体[20]。

1998年召开的"21世纪大学图书馆的新使命"国际学术讨论会,为新时期高校图书馆的机构重组做了大量的理论探索与舆论准备。北京大学和清华大学率先实施改革。北京大学图书馆早在1998年初就向学校人事主管部门提出定编、聘岗、岗位工作双向选择、人员向学校流动、待遇与岗位联系而与职称适当脱节等一系列改革设想。1999年,以学校的岗位设置与人员聘任办法为依据,制定了《北京大学图书馆岗位聘任目标责任书》和《北京大学图书馆关键岗位设置与人员聘任实施办法》。1999年6月,实际使用210人,2000年减至202人。按学校指标

37

实际聘岗 178 个,岗位在全馆公开招聘,分 9 级给予岗位津贴,85% 有岗有津贴,15% 有岗无津贴。通过改革,初步达到减员增效、优劳优酬、强化岗位、提高服务的目的[21]。清华大学在经历了机关管理体制改革后,推出岗位聘任和分配改革。图书馆为配合学校人事分配制度改革专门成立工作小组,经过半年时间,将过去的 9 个部变为 6 个部,设岗聘任,120 个岗位分为 9 档,40% 进入重点岗,60% 进入一般岗,通过张榜公布,每人可申报 2 个岗,部主任申请应聘,实现了竞争上岗、逐年聘任。

人事分配制度的深化改革,进一步推动了图书馆人力资源的合理配置。优秀人才选拔机制的建立,打破了传统的工资上"三铁"与平均主义,实现了工资能升能降、干部能升也能退、人员能进也能出的良好局面。根据能力进行施聘并量才而用,大大激发了图书馆的活力,提升了人员工作的积极性,同时也更好地满足社会现实的需求。

近几年来,推进图书馆等公益性文化事业单位深化人事、收入分配和社会保障制度改革成为管理体制改革的重点。

4　图书馆立法推动管理体制改革

图书馆的管理体制问题,是阻碍我国图书馆改革发展的最大障碍,而变革管理体制的首要问题就是要立法,以法律作保切实做到管理体制改革创新的有法可依,为改革的顺利推进提供良好的政策环境与法制支持。通过建立完善图书馆法规与制度,敦促图书馆的管理由行政权力直接控制转变为以法规为主导。

4.1　从图书馆法到公共图书馆法

政策是改革之纲,但 1949 年以来,我国始终未曾颁布过图书馆的专门法律,这就导致政府、行业协会、图书馆等管理主体之间的权利、义务、职能等始终处于模糊不清的状态,工作程序等也未能实现法定化,基本是文化行政事业一体化管理。地方走在国家的前列,在图书馆相关法规制定中,部分省(市)现行制定了公共图书馆条例,如深圳、北京、内蒙古、湖北等,制定公共图书馆管理办法,如上海、山东、河南、乌鲁木齐、浙江等。地方性的公共图书馆法规中对于公共图书馆管理体制的表述有"县级以上地方人民政府文化行政管理部门负责本行政区域内公共图书馆的管理,指导、协调本行政区域内其他各类图书馆工作"。但是内容笼统,且法条过粗,对于一些关键的诸如政府在图书馆事业发展中的职责等,只做了简单概括并未有具体的实施细则,可操作性与实施性效果欠佳,但地方性公共图书馆在图书馆立法过程中做出的努力与贡献是不容怀疑的[22]。

中国图书馆学会召开 2009 年新年峰会,形成了 11 个支撑研究课题,其中之一就是"公共图书馆管理体制研究"。林婷回顾了北欧四国即丹麦、芬兰、挪威以及瑞典的图书馆法发展历程,并介绍了图书馆管理体制的相关内容[23]。北欧四国的图书馆法,都明确了政府的责任,要分级逐步管理,协助单位包括了文化部、教育部、财政部等。政府责任的明确有助于保障图书馆事业管理体制的完善。完善的政策法规保障,为图书馆系统的科学布局和有序运行提供了可遵循的指引和依据。

在地方性图书馆管理体制改革与行政法规建设的探索实践中,一些馆依据制定的地方性行政法规完善了对图书馆法人治理的相关论述,如广州图书馆;一些馆针对法人结构治理的需要制定了系列的理事会制度,对理事会的权责利、评价与监督机制、相关程序规范等进行了明确的规定和说明,如深圳图书馆。还有一些馆在理事会建立之前便开始了相关章程的修订,如义乌市图书馆,2014 年 12 月 11 日通过了《义乌市图书馆理事会章程》。相关法规、章程及各种配套制度的制定,成为图书馆实施法人治理结构建设、设立理事会制度的权力来源,在赋予理事会权力的同时,也使理事会的活动有法可依,实现了施政的透明与公开。

4.2 《公共图书馆法》对于管理体制的突破

《中华人民共和国公共图书馆法》(简称《公共图书馆法》)的颁布实施,从法的高度为公共图书馆的发展提供了有效保障,有利于界定政府、公共图书馆等各种多元建设主体的权利与义务。《公共图书馆法》明确规定公共图书馆总分馆制的建设主体,即由县级人民政府承担总分馆制的建设责任,突出了我国现行的一级政府负责建设一级图书馆且基层政府财权与事权不相匹配的管理体制。《国家"十一五"时期文化发展规划纲要》《公共图书馆服务规范》都明确了公共图书馆的发展方向即为总分馆制,2015年中共中央办公厅、国务院办公厅印发的《关于加快构建现代公共文化服务体系的意见》更明确指出,要以县级文化馆、图书馆为中心推进总分馆制建设。

总分馆制是指由同一个建设主体资助、同一个管理机构管理的图书馆群,其中一个图书馆处于核心地位作为总馆,其他图书馆处于从属地位作为分馆,分馆在行政上隶属于总馆,在业务上接受总馆管理,其特点就是总馆被赋予对分馆的财产管理权及行政管理权[24]。总分馆服务体系突破了我国图书馆治理单元"岛屿结构"设置模式形成的各自为政、人事编制和资产权属、分级财政等层层壁垒,把逐级分散管理的体制变革为统一集中的管理体制,从而大大减少重复建设,实现资源共享与优势互补。

当前,中国公共图书馆总分馆制建设模式主要有以下几种[25]:松散型的总分馆模式,特点是多元投入、协同管理。例如,上海中心图书馆体系,于2000年启动,在不改变各参与图书馆人事、财政与行政隶属关系的条件下,上海市中心图书馆以上海图书馆为总馆,以其他高校图书馆、专业图书馆以及区县图书馆等为分馆,以全市"一卡通"开始实现总馆与分馆间文献资源和信息服务的共建共享[26]。杭州图书馆一证通与北京市公共图书馆计算机网络服务体系类似,采取的也是此种建设模式。

统一型的总分馆模式,特点是单一投入、统一管理。例如,佛山禅城区联合图书馆、深圳福田区总分馆。2002年,广东省佛山市禅城区图书馆提出建设"禅城区联合图书馆",即总馆同为建设与管理主体,由总馆统一经费、管理与业务,人、财、物完全由总馆掌控。2003年,中国图书馆总分馆制建设在佛山禅城区率先落地生根[27]。2003年,福田区形成以区图书馆为总馆,街道、社区图书馆为分馆的公共图书馆网络。2006年,《深圳市福田区公共图书馆管理办法》正式确立总分馆制发展模式,自此福田区公共图书馆事业的发展跳出了多头建设、独立运作、分散服务的传统模式,总分馆管理机制渐趋成熟[28-30]。

集约型的总分馆模式,特点是多级投入、集中管理。例如,嘉兴市城乡一体化总分馆体系。嘉兴市公共图书馆于2005年启动总分馆建设工程,构建起由多级政府联合建设公共图书馆服务体系的发展模式,打破了一级政府建设一个图书馆的传统体制壁垒,最大限度地保留了总分馆制特征。东莞集群图书馆与苏州总分馆建设模式也采取相同模式,苏州市公共图书馆总分馆制自 2011 年示范区创建工作启动以来,已实现图书馆总分馆建设由职业行为向政府行为的转变,总分馆建设全面由政府主导。

4.3 地方图书馆条例对于管理体制的突破

自 20 世纪 80 年代开始,上海、北京、深圳、湖北等十几个省、市都纷纷出台了地方性的图书馆管理条例和规章,这些规章性图书馆条例在一定程度上解决了经费不足、管理体制陈旧、业务队伍缺乏等制约图书馆发展的重要问题。其中,一些地方政府的公共图书馆法规成果起到了示范作用。表 1 列举了部分地方公共图书馆立法对于管理体制的规定。

除表 1 列出的已通过的地方法规外,还有一些地方如贵州[31]正在加紧立法。各地纷纷通过立法创新公共图书馆管理体制。公共图书馆的现行管理体制是一级政府建设、管理一级图书馆,各图书馆独立运营,其结果是条块分割,效能低下[32]。广州提出建设中心馆与总分馆相结合的管理体制,其中,市人民政府设立的公共图书馆为中心馆,区人民政府负责建设以区图书馆为区域总馆,以镇、街道图书馆为分馆的总分馆体系,同时规定区人民政府因地制宜地推动村、社区图书室和服务网点建设,主要目的是推动建设市、区及镇、街道图书馆(分馆)三级图书馆设施网络主体架构,并在此基础上进一步拓展延伸服务从而形成四级服务网络,为公众提供普遍均等的图书馆服务。2016 年,广州市文化广电新闻出版局印发《广州市公共图书馆总分馆服务体系建设试点方案(2016—2017)》,方案规定通过以各区保障为主、市财政支持、社会力量参与的方式推动全市总分馆体系建设,开展区域总分馆体系,区域总馆,镇、街道分馆专业化改造 3 种类型试点建设工作。在立法推动下,管理体制改革产生了显著效果,截至 2017 年 11 月,广州市共建成图书馆区域总馆 11 个,全市 148 个街镇建成图书馆分馆 111 个,覆盖率达 75%;全市实现通借通还且向公众免费开放的公共图书馆(分馆)共有 145 所。截至 2017 年 12 月,全市与社会力量合建图书馆分馆 19 所,共接待读者超过 60 万人次,文献外借册次 38.55 万,已成为广州市公共图书馆事业建设的有效补充[33]。

表 1 部分地方公共图书馆法规中的管理体制

时间	名称	发布机构	条款数量	各章名称	关于管理体制
1997 年 7 月 15 日	《深圳经济特区公共图书馆条例（试行）》	深圳市第二届人民代表大会常务委员会	8 章 38 条	第一章总则；第二章公共图书馆的管理；第三章公共图书馆的建设；第四章读者服务；第五章文献收藏；第六章工作人员；第七章奖励与惩罚；第八章附则	市人民政府文化行政管理部门是公共图书馆事业的主管部门；市主管部门成立图书馆专家委员会；公共图书馆实行馆长负责制；市、区公共图书馆应具备研究馆员、副研究馆员职称，或具有五年以上的图书工作经验的相关专业高级专业技术职称，其他公共图书馆长或馆员应具备职称，或有五年以上的图书馆工作经验的相关专业中级或中级以上专业技术职称
2000 年 8 月 6 日	《内蒙古自治区公共图书馆管理条例》	内蒙古自治区第九届人民代表大会常务委员会	6 章 34 条	第一章总则；第二章公共图书馆的建设；第三章公共图书馆的服务；第四章公共图书馆工作人员；第五章奖励与处罚；第六章附则	旗县级以上人民政府文化行政管理部门是公共图书馆的主管部门；计划、财政、人事、城建、科技、教育，新闻出版等有关行政管理部门在各自职责范围内，保障和支持公共图书馆事业的发展；下一级公共图书馆接受上一级公共图书馆的业务指导；公共图书馆实行馆长负责制；自治区级和盟市级图书馆副馆长或者具有本专业中级以上专业技术职称；旗县级以上图书馆副馆长应当具有本专业高级专业技术职称；公共图书馆可根据国家和自治区有关规定，对工作人员实行聘任制或者聘任命制，建立定期考核制度和在职岗位培训制度

时间	名称	发布机构	条款数量	各章名称	关于管理体制
2001 年 7 月 27 日	《湖北省公共图书馆条例》	湖北省第九届人民代表大会常务委员会	23 条	不分章,内容包括:总则;设立;建设;管理与服务;附则	县级以上人民政府文化行政主管部门是公共图书馆的主管部门;计划、财政、新闻出版等有关部门,在各自的职责范围内,保障和支持公共图书馆事业的发展;公共图书馆馆长应当具备相应的专业技术职称和专业工作年限;市、州以上文化行政主管部门应当组织成立图书馆专家委员会
2002 年 7 月 18 日	《北京市图书馆条例》	北京市第十一届人民代表大会常务委员会	7 章 45 条	第一章总则;第二章发展与保障;第三章图书馆设置;第四章图书馆服务和读者权益保障;第五章文献信息资源建设;第六章法律责任;第七章附则	市文化行政主管部门主管全市公共图书馆工作,负责全市公共图书馆的统一管理,指导、协调其他各类图书馆工作;区、县文化行政主管部门按照管理权限负责本辖区公共图书馆的管理,指导、协调本区、县其他各类图书馆工作;本市教育、科技等行政主管部门在各自职责范围内对学校图书馆、科学研究机构图书馆以及其他各类图书馆工作进行管理;市文化行政主管部门组织成立图书馆专家委员会;文化行政主管部门应当促进图书馆行业组织建设;图书馆的馆长应当具备相应的科学文化素质、专业知识水平和组织管理能力;市公共图书馆的馆长应当具有相应的高级专业技术职务任职资格,区、县公共图书馆的馆长应当具有相应的中级以上专业技术职务任职资格

续表

44

时间	名称	发布机构	条款数量	各章名称	关于管理体制
2013年7月26日	《四川省公共图书馆条例》	四川省第十二届人民代表大会常务委员会	6章46条	第一章总则;第二章设置与职能;第三章文献信息资源;第四章服务与管理;第五章法律责任;第六章附则	县级以上地方人民政府文化行政主管部门是公共图书馆事业的主管部门;县级以上发展改革、财政、人力资源社会保障、国土资源、住房城乡建设、新闻出版、通信管理、教育、科技、税务等部门按照各自职责,保障和支持公共图书馆事业的发展;县级以上地方人民政府及其文化行政主管部门应当具备相应的专业管理水平;县级以上公共图书馆应建立公共图书馆服务绩效考评制度;县级以上地方人民政府文化行政主管部门应当依法对公共图书馆进行监督管理,建立公共图书馆与馆藏管理;县级以上地方人民政府及其文化行政主管部门可以吸纳有代表性的社会人士、专业人士参与公共图书馆管理
2014年10月29日	《广州市公共图书馆条例》	广州市第十四届人民代表大会常务委员会	6章57条	第一章总则;第二章公共图书馆的设立;第三章公共图书馆的管理;第四章公共图书馆的服务;第五章法律责任;第六章附则	市文化行政主管部门负责全市公共图书馆事业的管理工作;区文化行政主管部门负责本行政区域内公共图书馆事业的管理工作;市、区人民政府应当推动公共图书馆建立和运行法人治理机构,理事会等法人治理机制,建立和完善理事会等法人治理机制;公共图书馆理事会由文化行政主管部门、有关行政管理部门、公共图书馆、专业人士、市民等有关方面代表组成;公共图书馆实行馆长负责制;市级公共图书馆的馆长应当具有相应专业副高级专业技术职称;区域总馆的馆长应当具有中级以上专业技术职称或者具有相应专业工作经验;区域总馆馆长应当具有三年以上图书馆工作经验或者具有三年以上专业工作经验;区文化行政主管部门应当制定公共图书馆考核标准,建立第三方评估机制;市、区文化行政主管部门应当定期对公共图书馆的设立、管理与服务情况进行考核;鼓励建立图书馆行业组织

4.4 高校图书馆规程对于管理体制的突破

改革开放以前,高等教育部于 1956 年曾拟订了《中华人民共和国高等学校图书馆试行条例(草案)》,对高等学校图书馆的性质、任务及组织机构等问题做出明确的阐述和规定。改革开放后,教育部 1981 年对其进行修订,正式颁布《中华人民共和国高等学校图书馆工作条例》。1987 年,再次修订并改名为《普通高等学校图书馆规程》,由国家教育委员会重新颁发。为适应高等学校图书馆事业发展需要,更好地指导和规范高等学校图书馆工作,教育部对 2002 年发布的《普通高等学校图书馆规程(修订)》进行修订,并于 2015 年 12 月 31 日发布新的《普通高等学校图书馆规程》[34],详见表 2。

从表 2 可以看出,改革开放以来,高校图书馆在管理体制突破上的几个方面:

一是确立馆长负责制和校长分管制度。从 1981 年的条例到后来的规程,都强调了校长领导下的馆长负责制,并确立了由校长或副校长分管图书馆工作,图书馆工作列入学校议事日程的领导机制。20 世纪 80 年代以后规程强调了馆长在学校的参与权和地位,如 1981 年条例提出馆长应是校(院)务委员会的委员,到 1987 年规程、2002 年规程提高到同时为校务委员会和学术委员会两委会委员。1981 年条例和 1987 年规程还强调馆长与学校教务长同等地位。2015 年规程对于馆长负责加了限定条件,也去掉了作为校务委员会和学术委员会两委会委员的要求,甚至不再参加校长办公会,只是听取馆长意见,这从某种意义上已经降低了馆长在学校的话语权和地位。

二是确立在全校设立图书馆委员会的制度。1981 年条例提出设立"图书馆委员会",明确了委员会的职责任务,规定了成员构成,成员提请校(院)长聘请,主任委员由主管副校(院)长担任,副主任委员由图书馆馆长担任,从而确立全校图书馆管理的最高领导机构。这一机构在 1981 年条例中被定位为咨询机构,到 1987 年规程为适应图书情报一体化的新形势,改为"图书情报委员会",并定位为咨询和协调机构。2002 年规程、2015 年规程定名为"图书馆工作委员会"名称,仍为咨询和协调机构,并强调了委员会成员要以教师为主,吸收学生参加,反映了教师参与和以学生为中心的管理新要求。

表 2　高校图书馆规程中的管理体制

时间	名称	发布机构	条款数量	各章名称	关于管理体制
1981 年 10 月 15 日	《中华人民共和国高等学校图书馆工作条例》	教育部	5 章 30 条	第一章性质和任务;第二章业务工作;第三章领导体制和组织机构;第四章工作人员,馆舍,经费,设备	实行校(院)长领导下的馆长负责制,应有一名主管教学、科学研究工作的副校(院)长分管图书馆工作;设馆长一人,并视需要设副馆长;馆长应参加校(院)务委员会,应是校(院)长办公会、(院)务委员会的委员,重点院校与教务长、副教务长相同,一般设立党支部(或党总支),直属校(院)党委领导;学校可设立图书馆委员会,作为学校图书馆资料情报工作的咨询机构
1987 年 7 月 25 日	《普通高等学校图书馆规程》	国家教育委员会	6 章 36 条	第一章性质和任务;第二章业务工作;第三章领导体制和组织机构;第四章工作人员,馆舍,经费,设备;第五章 六章附则	实行校(院)长领导下的馆长负责制,应有一名校(院)长分管图书馆工作;设馆长一名,并视需要设副馆长若干名;图书馆一般应为学校校务委员会,学术委员会成员,馆长参加;图书馆召开的有关图书馆工作的校(院)长办公会与教务处长相同,不设教务长的学校由馆长提名或由馆长聘任,学校任命;各部(组)、室的主任(组长)由馆长聘任或由馆长提名,学校任命;学校可设立图书情报委员会,作为学校管理图书情报工作的咨询和协调机构

时间	名称	发布机构	条款数量	各章名称	关于管理体制
2002年2月21日	《普通高等学校图书馆规程（修订）》	教育部	8章41条	第一章总则；第二章管理体制和组织机构；第三章文献资源建设；第四章读者服务；第五章科学管理；第六章工作人员；第七章经费、馆舍、设备；第八章附则	实行校（院）长领导下的馆长负责制，应有一名校（院）长分管图书馆工作；设馆长一名，设副馆长若干名，由中学校聘任或任命；学校应成立学校校务委员会、学术委员会成员，参加确定学校重大建设项目和发展事项的校（院）长办公会；校应设立图书馆工作委员会，作为全校文献信息工作的咨询和协调机构
2015年12月31日	《普通高等学校图书馆规程》	教育部	8章48条	第一章总则；第二章体制和组织机构；第三章工作人员；第四章经费、馆舍、设备；第五章文献信息资源建设；第六章服务；第七章管理；第八章附则	高等学校应由一名校级领导分管图书馆工作。图书馆在学校授权范围内实行馆长负责制，学校在重大建设和发展事项的决策过程中，应吸收图书馆长参与或听取其意见，原则上应由具有高级专业技术职务者担任。并应保持适当的稳定性；高等学校应根据发展目标，包括师生规模和图书馆的工作任务，确定图书馆工作人员编制；图书馆员包括专业馆员和辅助馆员；学校应根据图书馆实际工作需要设置图书馆内部组织机构和岗位

三是明确馆长和副馆长的分工与责任。从 1981 年条例开始,逐步明确馆长的任职条件与要求,对馆长与副馆长的角色分工也提出了要求。2002 年规程对馆长的职称和学历提出了要求,馆长和主管业务工作的副馆长必须具有高级专业技术职务或具有硕士以上学位。

四是明确图书馆与院系资料室的工作体制。1981 年条例提出了高校图书馆总分馆制,这是在管理体制上的一个巨大进步。同时明确了根据规模和需要,分馆与系(所)资料室并存,并将系(所)资料室纳入全校图书资料情报系统,实行系(所)和校图书馆双重领导,这一机制解决了长期以来图书馆与系(所)资料室关系不明确的问题。

五是管理的具体事务交由图书馆负责。1981 年条例对图书馆内部管理设置提出了要求,规定一般应设办公室(或秘书)、采编部(组)和流通阅览部(组),各馆根据需要,可分设或增设采访部(组)、编目部(组)、阅览部(组)、流通保管部(组)、期刊部(组)、情报服务(或参考咨询)部(组)、研究辅导部(组)、特藏部(组)及技术部(组)等机构。这一规定反映了 20 世纪 80 年代图书馆部门设置的实际情况,同时也约束了每个图书馆的内部管理,因此 1987 年规程取消了这一规定,将内部管理机构设置交由图书馆负责。2002 年规程只是原则要求图书馆应从实际出发,以方便读者和有利于科学管理为原则,确定本馆部(组)、室的设置。

值得注意的是,1981 年条例提出图书馆党组织的设置要求,强调党支部(或党总支)对图书馆业务工作起保证监督作用,但 1987 年规程、2002 年规程、2015 年规程都取消了这一规定,增加了业务章节,图书馆的业务管理得到了加强,但党组织在图书馆的角色与地位被淡化了。

5 建立理事会制度,完善法人治理结构

法人治理结构源于现代企业或行业所有权与管理权的分离以及由此产生的委托—代理模式,是指法人组织的各种利益相关者在决策、执行、监督过程中共同参与的、由一系列激励约束机制构成的制度安排[35],也是决策层、执行层、监督层相分离又相协调的权力分享机制。建立事业单位法人治理结构是当前我国推进事业单位管理体制创新改

革的基本方向。图书馆理事会是世界各国普遍选择的一种开放、民主的图书馆治理方式,它是图书馆法人治理结构的主体,也是图书馆实现法人自治的根本标志。

在图书馆法人治理结构中,政府是政策制定者与经费提供者,而图书馆理事会则是决策权力机构,负责图书馆重大事项决策权的行使,如战略发展规划等,从而做到政事分开、管办分离,实现图书馆管理由政府管理向法人管理的转变。蒋永福主持的国家社会科学基金项目"我国公共图书馆治理结构优化研究"课题组以西方国家的文化管理体制特点为背景研究了美国等国家公共图书馆治理的特点,重点考察了西方国家公共图书馆建设主体设置模式。以此为基础,对我国公共图书馆治理结构,治理单元设置模式,治理主体设置模式,治理评价制度的特征、弊端、改良方案进行了讨论。课题组提出应优化设计我国公共图书馆法人制度,实行图书馆理事会制度,并成立中国图书馆协会,充分发挥其在政策游说、法规制定、信息服务、沟通协调、行业规划和人员培训等方面的积极作用。还提出应通过理顺政府、图书馆行业协会、图书馆理事会、馆长及其副职、图书馆工作者、社会公众以及其他利益相关者之间相互制衡又相互协调的关系,建立民主、法治、透明、高效的公共图书馆管理体制,以优化公共图书馆治理结构[36],从而实现法治化治理的制度目标、普遍均等的服务目标、读者满意的结果目标[37]。

我国自 2007 年起组织开展面向公益性服务类事业单位的法人治理结构改革试点工作,2009 年无锡市图书馆在国内最早成立被定位为"咨询机构"的理事会,此后,各省市公共图书馆成立理事会的工作快速推动,其中广州图书馆和深圳图书馆较具代表性。深圳图书馆法人治理结构筹备工作于 2008 年启动,《深圳图书馆理事会章程》《深圳图书馆理事会决策失误追究制度》等图书馆法人治理配套制度先后颁布;2010 年 12 月,成立深圳图书馆的议事和决策机构的理事会,共有政府代表、社会人士、图书馆代表等 11 名成员,理事每届任期 3 年,会议一年不少于两次。2012 年,《建立和完善事业单位法人治理结构的实施意见》和《事业单位体制机制改革创新七项专项改革方案》正式施行,其中规定:"理事会是事业单位的决策权力机构,负责确定事业单位的发展战略和发展规划,行使事业单位重大事项决策权。"深圳少年儿童图书馆等图书馆也在实施理事会制的名单之中。2012 年,广州图书馆起草《广州图书馆章程(草案)》，并召开广州图书馆理事会成立大会暨第一次会议。理事会理事由政府代表、社会代表、图书馆代表各5名，总共15人组成，每届任期4年。理事会议一般会在年度的第一和第三季度召开。

2013年11月，党的十八届三中全会明确提出，要"推动公共图书馆、博物馆、文化馆、科技馆等组建理事会，吸纳有关方面代表、专业人士、各界群众参与管理"。2014年4月，文化部通过《2014年文化系统体制改革工作要点》，明确提出推动图书馆组建理事会试点工作，吸纳有关方面代表、专业人士、各界群众参与管理，完善决策和监督机制，提高服务水平，提升使用效率。同年7月，文化部办公厅正式发文部署了在全国开展公共文化机构法人治理结构试点工作。同年9月，文化部在各省申报的基础上，经专家工作组评审，最终确定并公布了南京图书馆等10家单位作为国家公共文化机构法人治理结构试点单位，其中包括公共图书馆7家。2014年，较多省市开始起动图书馆理事会建设工作。较具代表性的，如温州市、南京市、合肥市、呼伦贝尔市、义乌市、成都市等市级图书馆均在2014年底成立理事会。2014年10月，中国图书馆年会第17分会场，以"公共图书馆法人治理：进展、问题与前瞻"为主题，就图书馆法人治理这一热点问题进行了交流探讨，同年11月，受文化部公共文化司委托，中国图书馆学会秘书处筹备组织的公共文化机构法人治理结构工作研讨会在国家图书馆召开。

2015年初，在中共中央办公厅与国务院办公厅下发《关于加快构建现代公共文化服务体系的意见》政策文件的推动下，公共图书馆理事会建设工作进入快速发展期，山东省威海市、浙江乐清市、江苏镇江市、内蒙古包头市、济南市、上海市浦东、贵州毕节市、江苏省徐州市等图书馆纷纷建立起理事会。国家密集出台的文化事业发展和文化体制改革政策推动了公共图书馆等文化事业组织的体制变革，图书馆事业领域的相关法律、条例和章程则奠定了理事会制度在实践中开展的法规基础。

6　图书馆行业组织发挥重要作用，实行行业自治与自律

改革开放后,图书馆行业组织开始发挥积极作用。中国图书馆学会自 1979 年 7 月成立,一直成为全国图书馆行业的领导者。中国地市县公共图书馆馆长联谊会于 1996 年创建,2002 年正式更名为全国中小型公共图书馆联合会,在中小型图书馆发挥一定作用。2008 年 12 月 9 日,全国图书馆标准化技术委员会成立,标志着我国图书馆行业的标准化工作进入一个新的发展阶段。

行业协会是指由团体会员和个人会员参加的,旨在通过行业管理来实现行业的共同利益和发展目标的一种非营利性的、非政府性的、自律性的社团法人组织[38]。市场经济体制下,随着政府职能转变步伐的加快与社会发展形势的不断变化,行业协会自然成为协调行业和管理自身的重要组织。图书馆行业协会的建立使图书馆行业内的事物、活动可以得到统一的规划指导和协调沟通,从而推动政府职能的转变。政府与图书馆协会紧密合作与沟通,不直接干预图书馆行业事物,为行业的自律自制与法人结构的实施提供有效途径与组织保证。

为了进一步发挥图书馆行业在社会经济协调发展的作用,推动图书馆行业发展,根据中央关于文化体制改革精神,可以成立由各级公共图书馆、高校馆、科研馆等各类图书馆自愿组成,实行行业服务和自律管理的跨部门、跨系统的非营利图书馆行业协会。2005 年 12 月 20 日,全国首家图书馆协会——上海市图书馆行业协会宣告成立,随着我国图书馆事业的发展,建立国家层面的图书馆行业管理组织的要求显得更为强烈。

7　全国图书馆事业统一管理

长期以来,我国图书馆事业处于条块分割状况,即分系统和地区管理。改革开放以来,这种状况并没有根本改变。除国家图书馆外,公共图书馆系统、高校图书馆系统、科学院图书馆系统三大系统分属文化部

社会文化司、教育部高等学校图书情报工作指导委员会和中国科学院统一领导。

为加强全国公共图书馆事业管理,改革开放初期,国务院以国发〔1978〕81号文件批准了国家文物局《关于图书开放问题的请示报告》,接着《省、市、自治区图书馆暂行工作条例》颁发,全国公共图书馆工作走上正轨,被迫中断了十几年的中心图书馆委员会和联合目录工作也开始恢复。1980年5月26日,中共中央书记处第23次会议听取了刘季平同志关于图书馆问题的汇报,通过了《图书馆工作汇报提纲》。《图书馆工作汇报提纲》由中共中央书记处通过,以文化部和国家文物局文件发布,成为我国公共图书馆事业划时代的一个大事。它全面反映了当时我国图书馆事业管理的基本情况,分析了当时存在的主要问题,包括事业规模亟须发展;图书馆的物质条件困难;图书馆之间缺乏必要的协调和协作;专业干部缺乏;有些主管部门不重视图书馆工作。还提出了对今后工作的五点意见,包括发展图书馆事业;改善图书馆条件;加速北京图书馆新馆建设;发展图书馆教育和科研事业,加速图书馆专业人员的培养;加强和改善对图书馆事业的领导。当时,全国图书馆分属科学、教育、文化、工矿企业等许多部门管理,而国家文物局(省以下属各级文化局、文物局)只负责公共图书馆的管理。中共中央书记处第23次会议在通过《图书馆工作汇报提纲》的同时,决定在文化部设图书馆事业管理局,管理全国图书馆事业。文化部在1980年7月7日部务会议上,研究了图书馆事业管理局的组建问题,决定成立图书馆事业管理局筹备小组。图书馆事业管理局8月开始组建,11月正式成立。设局长1人、副局长2人,下设公共图书馆管理处、图书馆协作协调处、图书馆科学研究和教育管理处以及办公室。第1任局长为丁志刚(1981年2月至1982年7月),第2任局长为杜克(1982年7月至1989年)。1989年,国务院批准文化部机构改革方案,图书馆事业管理局改称图书馆司,杜克任司长。这一管理机构主要职责是:研究、指导图书馆事业管理;拟定并指导、组织实施公共图书馆事业发展规划;拟定并检查、监督执行有关公共图书馆工作的政策法规;对公共图书馆事业发展问题进行调查研究;指导管理国家图书馆;指导公共图书馆(室)的业务建设;负责图书馆古籍保护工作;组织全国图书情报系统的协作协调;推进图书馆事业的网络化、标准化、现代化建设。其后,文化部撤销图书馆司,成立社会文化司。2012 年 6 月,文化部社会文化司更名为公共文化司,2018 年 3 月,根据第十三届全国人民代表大会第一次会议批准的国务院机构改革方案,将文化部职责整合,组建中华人民共和国文化和旅游部,不再保留文化部,管理公共图书馆事业的职能随之调整。

为加强全国高校图书馆事业管理,改革开放初期,着力加强资源建设和业务协作协调工作。1981 年,在国家教委的支持下,由北京大学图书馆发起,成立的"全国高等学校图书馆工作委员会",该委员会作为国家教委下属的一个专门管理全国高校图书馆的事业机关,在宏观管理全国高校图书馆和资源共享活动的协调方面做了大量工作;1987 年改名为"全国高等学校图书情报工作委员会"。20 世纪 90 年代,由于政府机构精简,隶属于原国家教委的全国高等学校图书情报工作委员会被取消事业单位编制,由该委员会发起和维持的工作也陷于萎缩或停顿。1999 年 10 月,在教育部机构改革告一段落之后,高教司为加强对高校图书馆的宏观管理,成立"教育部高等学校图书情报工作指导委员会",简称"图工委"。图工委是一个虚体的专家组织,主要发挥协调、咨询、研究和指导作用,在接受教育部委托承担任务时,又有一定的行政职能[39]。按照图工委的章程,图工委在性质上不再是协助教育主管部门分管高校图书馆工作的事业单位,而是在教育部领导下对全国高等学校图书情报事业进行咨询、研究、协调和业务指导的专家组织。图工委除接受教育部的委托外,还负责联系和指导各地区、各部委高等学校图书情报工作委员会的工作[40]。图工委由教育部聘请有关专家组成,一般每年召开一次全体会议,研究、商讨有关工作。

专业图书馆事业是我国图书馆事业的三大主体之一,包括中国科学院国家科学图书馆系统、中国农业科学院农业图书馆系统、中国医学科学院医学图书馆系统、中国科学技术情报所及各省市情报研究所系统、中国化工信息中心、中国机械信息中心、冶金工作信息标准化研究院信息研究所、中国标准研究院信息中心、中国计量科学研究院图书馆系统,以及中国社会科学院图书馆及各地社会科学院图书馆系统等。1987 年 10 月成立部际图书情报协调委员会,随后文献资源及计算机检索两个专业组成立。在随后的两年多的时间中,在部际协调委员会的不断推动与影响下,20 个省(市、自治区),5 个部委成立了省级及专业的协调委员会和相应组织,在当时,引起了社会对图书馆事业发展的极大重视。1990 年以后随着各部委机构调整撤并，部际图书情报协调委员会也随之自然消亡。2000 年 6 月 12 日，根据国务院领导的指示，科技部与财政部、经贸委、农业部、卫生部和中国科学院联合组建了国家科技图书文献中心（NSTL），在网络环境下发挥资源共建和业务协作协调作用。NSTL 与 CALIS（中国高等教育文献保障系统）、CDLP（中国数字图书馆联盟）成为我国最有影响的图书馆协作网络系统。

除公共、高校和专业三大系统图书馆事业，国家图书馆由文化部管理，工会图书馆由中华全国总工会及其所属各级工会管理，中小学图书馆由各地教育机构及所在学校管理等。此外，各地区图书馆管理机构在指导和管理图书馆事业中也发挥了重要作用。

全国图书馆事业迫切需要统一管理，成为改革开放以来图书馆界的一种呼声。图书馆界总结我国图书馆事业管理的发展经验，对第一次全国图书馆工作会议和国务院颁布《全国图书协调方案》给予了很高的评价。当时在国家科委下设立图书组，建立了北京、上海两个全国中心图书馆委员会和九个地区性的中心图书馆委员会，把分散在各系统的主要图书馆，以协作和协调的方式组织起来，分工采集国外资料，共同编制联合目录，开展馆际图书互借，发挥了图书馆在科学研究服务中的重要作用。可惜的是，"文化大革命"十年浩劫使这一全国图书馆事业统一管理的大好局面化为乌有。1980 年，《图书馆工作汇报提纲》以管理体制改革为抓手，指出"图书馆的职能是多方面的，与科研、教育、文化部门都有关系，划归哪一个部门领导都有局限性。同时，图书馆作为一项国家事业，也需要进行全国统一规划。所以，我们认为在国务院下设国家图书馆事业管理局最为理想，如目前条件尚不具备，亦可暂时在文化部设图书馆事业管理局，除直接管理公共图书馆外，还应担负起组织各系统图书馆工作之间的协调，统筹图书馆教育、科学研究和有关国际活动等方面的任务。建议根据《全国图书协调方案》和《1963 年—1972 年科学技术发展规划》的精神，尽快恢复国家科委领导下的图书组，以便加强各系统图书馆间的协作，促进全国图书馆网络化、现代化的实现"。遗憾的是，这一统一规划管理的良好意愿和制度设计后来并没有得到实现。

8　结语

改革开放 40 年图书馆管理体制改革在曲折中不断向前推进,并在管理体制创新中不断实现自我的超越与发展,图书馆事业有了长足进步,而且许多地方的图书馆事业建设都取得了可喜成果,这离不开国家政策大环境的支持、图书馆人坚持不懈的努力与坚持,还有众多社会成员的积极参与。一个科学合理的图书馆管理体制必将成为现代中国图书馆事业发展的巨大平台,据此推动其进步,激励其发展,其硕果也将惠及广大公民。当前,我国公共图书馆管理体制改革已经进入攻坚期、深水区,稍有不慎,将使发展改革受挫,给我国文化事业的繁荣发展带来负面影响,只要我们不断改革和完善图书馆管理体制,我国的图书馆事业就一定会有更大的发展和更广阔的前景。

参考文献

[1] 何庆来.图书馆传统管理体制制约自身发展[J].江苏图书馆学报,2000(2):10 – 11.

[2] 于良芝.图书馆学导论[M].北京:科学出版社,2003:82 – 83.

[3] 蒋永福.技术和制度哪个更重要—关于图书馆制度的思考[J].图书馆,2005(4):1 – 5.

[4] 吴建中.21 世纪图书馆新论[M].2 版.上海:上海科学技术文献出版社,2003:34.

[5] 柯平,闫慧.关于图书馆文化的理论研究[J].图书馆论坛,2005(6):77 – 82,93.

[6] 吕振奎,尹晓松.加入世贸组织后政府如何提供更加优质高效的公共产品[J].行政论坛,2002(6):30 – 32.

[7] 杨雨霖,黄如花.美国国会图书馆管理创新案例分析[J].图书馆论坛,2010(6):101 – 106.

[8] 杨小玲,肖希明.新公共管理理论与图书馆管理[J].图书与情报,2010(4):26 – 34.

[9] 柯平,崔慕岳.关于图书馆改革战略的思考[J].图书馆,1993(4):17 – 21,12.

[10] 柯平,等.公共图书馆的文化功能——在社会公共文化服务体系中的作用[M].上海:上海交通大学出版社,2010.

[11] 柯平,等.社会公共服务体系中图书馆的发展趋势、定位与服务研究[M].北京:国家图书馆出版社,2011.

[12] 科技情报工作简讯.我国部际图书情报工作协调委员会成立[J].科技情报工作,1988(1):1.

[13] 张荣光,王学熙.论我国图书馆管理体制的改革[J].国家图书馆学刊,2000(4):8-11.

[14] 万良春.试论科技图书馆的情报职能与图书情报一体化——兼评《对图书情报一体化问题的质疑》[J].图书情报工作,1982(1)1-5.

[15] 李凤英.1978—2010年"图书情报一体化"论题的统计分析[J].太原理工大学学报(社会科学版),2011(3).

[16] mdzhao.图书情报一体化:谈图书馆的危机感(一)[EB/OL].[2018-07-29].http://blog.sciencenet.cn/blog-69474-931912.html.

[17] 刘莉.专家建议将情报学和图书馆学分离[N].科技日报,2014-05-11.

[18] 柯平.大学图书馆管理的十大改革探索[J].大学图书馆学报,2001(5):8-12.

[19] 周和平.深化管理体机制改革,稳步推进图书馆事业发展[J].江苏图书馆学报,2000(1):10-13.

[20] 马远良.深化改革,服务社会,发展图书馆事业——上海图书馆改革的实践与思考[J].图书馆杂志,2000(6):2-4.

[21] 高倬贤.北京大学图书馆的人事管理改革与岗位聘任——做法与思考[J].大学图书馆学报,2000(5):63-66.

[22] 张荣光,王学熙.论我国图书馆管理体制的改革[J].国家图书馆学刊,2000(4):8-11.

[23] 林婷.北欧四国图书馆法发展历程及现状分析与研究[J].图书馆建设,2010(3):1-5.

[24] 梁欣.我国公共图书馆服务体系建设:治理模式研究[J].中国图书馆学报,2009(11):17-24.

[25] 金武刚,李国新.中国公共图书馆总分馆制建设:起源、现状与未来趋势[J].图书馆杂志,2014,33(5):4-15.

[26] 王世伟.上海市中心图书馆的十年发展与未来愿景[J].图书馆杂志,2011(1):47-52.

[27] 屈义华.公共图书馆服务创新——佛山市禅城区,联合图书馆的实践与思考团[J].图书馆论坛,2005(2):305-307.

[28] 林蓝.城市区级图书馆发展的创新之路——福田区图书馆总分馆建设的实践[J].深图通讯,2004(2):32-34.

[29] 林蓝.公共图书馆服务体制机制创新——以深圳市福田区为例[J].人民论坛,2011(20)250－251.

[30] 林金华,彭海霞."总分馆制"开图书馆建设模式之先河——深圳市福田区图书馆"总分馆制"建设纪实[N].中国文化报,2012－11－27(12).

[31] 贵州省文化厅.《贵州省公共图书馆条例》立法论证会在省图书馆召开[EB/OL].[2018－07－29].http://www.chnlib.com/wenhuadongtai/2017-11/361072.html.

[32] 潘燕桃,彭小群.《广州市公共图书馆条例》解读[M].广州:广东人民出版社,2015:158.

[33] 陈丽纳.《中华人民共和国公共图书馆法》法制框架下的总分馆体系建设研究[J].图书馆建设,2018(2):29－34.

[34] 教育部.普通高等学校图书馆规程[EB/OL].[2018－07－29].http://www.scal.edu.cn/gczn/sygc.

[35] 蒋永福.从图书馆管理走向图书馆治理——图书馆法人治理结构与行业管理初探[J].高校图书馆工作,2010,30(5):3－8.

[36] 蒋永福.公共图书馆治理结构及其优化策略——针对我国公共图书馆管理体制改革重点的分析[J].图书与情报,2010(5):18－22.

[37] 王明慧.我国公共图书馆治理结构优化的三大目标[J].国家图书馆学刊,2010(4):15－20.

[38] 易向军.图书馆法人治理结构中的公共关系构建[J].大学图书情报学刊,2015,33(6):5－8.

[39] 教育部高等学校图书情报工作指导委员会.教育部高等学校图书情报工作指导委员会简介[EB/OL].[2018－07－29].http://www.scal.edu.cn/jggk/xz/20056190000.

[40] 教育部高等学校图书情报工作指导委员会.教育部高等学校图书情报工作指导委员会章程[EB/OL].[2018－07－29].http://www.scal.edu.cn/jggk/xz/200506180000.

改革开放以来广东公共图书馆
现代化发展历程

刘洪辉

自改革开放以来,广东省一直走在工业化发展的前列,在工业经济的推动下,广东省城市现代化水平迅速提升。城市化的高速发展,一方面吸引了大量外来劳动力,另一方面也使得大量农民涌入城市,使得城市人口迅速增多[1]。2013年11月,党的十八届三中全会审议通过《中共中央关于全面深化改革若干重大问题的决定》,提出构建现代公共文化服务体系,提出包括"文化体制机制创新"在内的改革部署和要求,包括公共图书馆服务在内的公共文化服务进入全面深化改革阶段。作为公益性文化服务机构的广东公共图书馆,在满足公众文化精神需求、促进城市化建设的智力支持、能够让城镇居民及外来人口获取新知识、提升综合素质、促进社会和谐稳定等方面积极探索努力,通过引入计算机、移动通讯等新技术,在文献采编、存储、流通与服务等环节,运用科学的管理手段与方法,提升馆员整体素养,促进了图书馆整体水平的提升。

尤其是21世纪知识经济的到来,大数据、物联网等新技术的应用,促进了广东公共图书馆的现代化建设进程,很多图书馆纷纷引进数字化技术,在服务思想、内容与模式方面发生了巨大变化。广东图书馆人不断把握发展机遇,勤奋进取,积极探索,在设施上谋发展,在服务上求创新,在管理上讲规范,在技术上勇突破,在协作上聚合力,推动广东图书馆事业取得了长足进展。这种转变的显著特点,是坚持公正、公平、共享等图书馆服务理念,充分保障广大民众的文化权益,尤其是维护弱势群体的阅读权益。这不仅有利于图书馆精神的复兴,也是构建和谐

刘洪辉,广东省立中山图书馆馆长,研究馆员。

社会的时代要求,对我国图书馆事业的未来发展具有深远影响。

一、广东公共图书馆理念现代化

广东公共图书馆坚持开放、公平、共享、以人为本的服务理念,为公众提供了终身教育、获取先进知识的场所,也是适应现代城市公共文化服务创新的必然要求。

1. 关注读者文化需求

广东公共图书馆在现代化建设进程中,始终以广大读者的需求为导向,坚持公正公平的服务理念,充分满足不同层次读者的文化、休闲与求知需求。这些图书馆不仅注重资源建设,也通过设立阅览区、休闲区、共享空间等,注重满足读者的多样化需求。例如,东莞图书馆在创建之初,就确立"休闲、交互、求知"的服务理念,从馆内外环境、服务设施、人员培训等方面,营造具有安静、舒适的服务环境,促进读者间的信息交互,满足了广大读者获取知识的需求。自 2003 年起,东莞馆举办多次图书展览,以"文明薪火、传世书香"为主题,组织广大市民参与各类读书活动中,并且开通"市民学习网""市民学堂"等在线服务栏目,方便广大用户利用互联网学习新知识[2]。

2. 体现开放共享精神

在互联网环境下,广东公共图书馆注重引入数字化技术,做好数字化资源建设与服务工作;通过确立纸质文献与数字化资源相结合的资源结构,不断丰富馆藏资源,为广大用户提升数字化技能、提高信息素养提供了平台。广东公共图书馆秉承开放、共享的服务理念,充分利用互联网传播新知识,是保障广大用户权利的有益方式。例如,深圳图书馆于 1986 年在全国率先实现"免证进馆"管理模式,2006 年又提出"免费、开放、平等"的办馆理念,拉开全国图书馆免费开放的大幕。2011年,广州公共图书馆实现全免费开放,在全国属于先行一步,展现了政府对公共文化服务的重视。广东省立中山图书馆、广州图书馆、深圳图书馆、佛山市图书馆等,均面向所有社会人士开放,并利用互联网技术实现信息共享,通过馆际互借丰富馆藏资源,满足不同用户的信息需求。

3. 体现人文关怀和服务特色

广东公共图书馆以人文关怀为宗旨,普遍关注弱势群体的公共文化需求,为广大青少年、残疾人士、老年群体等提供了不同的服务业务,并帮助他们培养良好的阅读习惯,着力满足他们的多样化需求。例如,2007 年,东莞图书馆设置专门的残疾人服务专区和老年人阅览室,为他们提供具有针对性的服务,体现了图书馆的人文精神与包容性[3]。与此同时,广东公共图书馆也十分注重自身服务特色,不仅在资源建设方面注重采购地方文献,多方搜集具有文化底蕴的信息资源,也注重设置特色服务项目。例如,2006 年,汕头图书馆设置的茶文化阅览室、潮汕民俗文化阅览室等,成为当时全国少有的彰显地方文化的窗口。

二、广东公共图书馆服务体系建设现代化

广东省的经济水平一直处于全国前列,在图书馆服务体系建设现代化实践方面也不例外,展现了我国图书馆界的发展动向。广东图书馆人敢为人先,努力增强公共文化服务活力,不断推出创新服务,打造服务品牌,建立起图书馆服务的"岭南模式",形成在全国具有较大影响力的区域性服务网络,包括广东"流动图书馆"模式、深圳"图书馆之城"模式、东莞"图书馆集群"模式、佛山"联合图书馆"模式和广州"立法保障"模式等,为其他地区图书馆创新发展提供了借鉴。

1. 广东"流动图书馆"模式

这种模式以广东省立中山图书馆为核心,通过与省内多家公共图书馆建立总分馆的方式,形成覆盖广泛的图书馆网络。国内其他图书馆可以馆际互借的方式,与广东省内公共图书馆共享资源,促进交流与合作。该模式通过设立专项资金的方式,为省内欠发达地区图书馆提供支持,可以解决这些图书馆经费不足、资源短缺等问题,促进中心馆资源向下级流动,扩大知识传播范围,体现了文化服务的公平性。自启

动以来,这种模式得到多方关注,也取得了极大的社会效益。该模式先后荣获第二届文化部创新奖特等奖和第十四届"群星奖"服务奖。同时,省馆主导牵头与其他省市图书馆合作,共同建立的首个跨省、跨系统的参考咨询服务平台——全国图书馆参考咨询联盟,也成为解答用户疑问、在线传播知识的重要平台[4],并于 2008 年,荣获全国第十四届"群星奖"。2015 年 6 月,省馆牵头制定了文化部行业标准《图书馆参考咨询服务规范》。

2. 深圳"图书馆之城"模式

深圳市以市图书馆为主体,通过与区、街道等图书馆合作,建立由市、区、街道等构成的多级图书馆服务网络,以"全城一个图书馆"为目标,让整个深圳市成为一个图书馆之城。2003 年,深圳市颁布"图书馆之城"三年实施方案,将其纳入政府民生规划。2006—2010 年,"图书馆之城"建设进入鼎盛期,公共图书馆规模迅速扩大,遍布城市的各个角落。该模式促进了市内公共文化服务资源共享,促进了不同图书馆间的信息互通与资源共建,并对海量资源进行统一整合,保障了市民的文化权益。深圳市不仅实现了各级图书馆之间的"通借通还",布设了"24 小时街区自助图书馆",以及为偏远地区的市民提供流动图书车,方便他们随时借阅图书;同时也设置了在线借阅平台,定期举办公益性讲座,引入信息化技术对文献借阅与资源建设进行智能化管理,极大提升了图书资源利用率。2013 年,深圳市被联合国教科文组织授予"全球全民阅读典范城市"称号。

3. 佛山"联合图书馆"模式

佛山市禅城区根据其人口分布状况、该地区图书馆建设基本情况以及不同街区的布局与产业分布格局,建立了能够满足禅城区居民阅读需求,并且符合本地城市化建设实际的分馆,进而为市区居民提供更加贴心的服务。该模式以禅城区图书馆为主体,由禅城区的各级街道共同筹资兴建,通过统一规划与布局,确定街区分馆的建设规模与服务方式,并在建好后由区政府提供运维资金,形成统一的管理、服务平台。这些街区分馆有统一的标识,馆藏资源可以实现互借互通,形成专业图书馆与社区图书馆相结合的区级图书馆网络。此模式已在佛山各区开展,全市联合图书馆各成员馆通过统一借阅规则和联网使用 5U 联合图书馆系统,实现了"多馆联合服务,一卡通借通还",便于成员馆间的协调采购、联合编目,推进了书目数据资源、文献信息资源和人力资源的共享。2016 年 1 月 12 日,佛山市图书馆自主创新建设的国内首个 RFID 移动智能图书馆正式通车服务。

4. 广州"立法保障"模式

广州模式即以市政府为主导,根据本地各级图书馆的建设状况,统一协调规划图书馆建设各方面的工作,包括文献采购、投资规划、人才培养、法制建设、阅读推广活动实施等,进而实现广州市内图书馆建设的统一性,保障文献建设与服务质量。2006 年 2 月,广州市政府投入并主持建设广州图书馆新馆,总建设面积超过 9.5 万平方米[5]。2006 年 6 月,广州市黄埔区图书馆正式开馆。此后,广州市共投资建设各类公共图书馆超过 20 万平方米,为本地图书馆事业的发展提供了巨大动力。

2012 年 3 月,为了实现建设"图书馆之城"的目标,广州便启动《广州市公共图书馆条例》(以下简称"《条例》")立法工作。2014 年 10 月 29 日,《条例》经广州市第十四届人民代表大会常务委员会第三十四次会议审议通过,并于 2015 年 1 月 13 日经广东省第十二届人民代表大会常务委员会第十三次会议批准。广州成为继深圳、内蒙古、北京、湖北、四川等地之后,第六个拥有地方性图书馆法规的城市,同时也是我国第一部省会城市公共图书馆法规。《条例》对公共图书馆藏书量、服务行为等进行了界定,在推动本地图书馆事业发展和保障公众、馆员利益方面具有重要意义。

5. 东莞"图书馆集群"模式

东莞市在总分馆图书馆建设方面,采用政府统一主导和组织的方式,促进不同图书馆的资源互通互联,形成具有特色的图书馆集群。在服务内容方面,不仅实现了各级图书馆的"通借通还",也设置了流动图书馆服务点,开通了面向所有市民免费开放的在线服务平台。在特色服务方面,不仅设置了在线信息共享空间,也设置了专门针对青少年的儿童书屋,提供符合青少年特点的特色借阅服务。

三、广东公共图书馆学术交流及行业发展现代化

广东公共图书馆依托地理、经济、文化发展优势,不仅深入开展与港澳台地区的交流,而且还积极开展与国外图书馆的交流,促进了图书馆事业的发展,也为本地文化建设注入了活力。

1. 对外学术交流

我国图书馆与国外图书馆长期存在交流合作关系,包括图书互译、书刊交换、学术交流活动等。自 1978 年国家图书馆恢复与国外图书馆的期刊交换工作以来,一些省级图书馆、科研院所等单位,与国外图书馆的交流工作日益频繁[6]。总体而言,东部沿海地区与国外图书馆的期刊交换工作发展较快,相继与国外多所图书馆建立合作关系,并建立了图书互赠机制。此外,广东公共图书馆与国外图书馆在资源建设、人员培训、技术研发等方面开展了深入合作,为许多国内图书馆从业人员提供出国考察机会,促进了不同国家之间的文化交流,对于推动国际图书馆学研究也有重要意义。

2. 与港澳台合作交流

广东毗邻香港和澳门,与这些地区的文化交流由来已久。港澳地区接触欧美文化较早,拥有融通中西的文化、经济环境,为我国与西方社会接轨提供了窗口。粤港澳三地同属广府文化圈,广东深圳与香港仅一界之隔,三者之间存在多方面的相互合作与影响。改革开放初期,粤港澳三地图书馆开展了深入的交流合作,通过相互参观、联合培养人才、举办学术会议等方式,相互学习对方先进的办馆经验,引进西方优秀的理念与成果。20 世纪 80 年代图书馆学研究进入高速发展阶段,计算机技术的引入,促进了粤港澳地区图书馆的信息化建设。1999 年,广东省图书馆聘请台湾图书馆学会前理事长沈宝环为名誉理事,开创了我国大陆图书馆聘请台湾地区图书馆学专家担任学术职务的先例。

广东公共图书馆与港澳台三地交流合作的不断深入,使得学术交流规模大、规格高、形式新,并加快了彼此的信息化建设进程,也为我国

图书馆界的发展提供了生动的素材。从 2002 年起,广东发挥毗邻香港、澳门的优势,依托粤港澳文化合作会议的平台不断深化合作,迄今共举行 19 次粤港澳文化合作会议,形成粤港澳公共图书馆联盟。每年合作举办各类展览、培训,共建古籍民国文献网上共享平台、联合参考咨询服务平台,通过广泛的分工与合作,充分发挥三地人才优势、资源优势和技术优势,建设全方位、实用化的数字图书馆网络,有效促进了粤港澳公共图书馆合作和交流,为粤港澳地区的人民提供高效、优质的文献信息服务,并取得了较好效果。

3. 行业发展现代化

广东公共图书馆借助先进信息技术实现数字化、网络化和智能化,是现代化发展的必由之路。广东省公共图书馆的网络化建设历程,始于 1997 年中国实验型数字图书馆数字项目的启动,广东省立中山图书馆首次参与其中,并带动了其他图书馆的自动化建设步伐。1998 年,广东省立中山图书馆着手建设数字图书馆,2000 年建立超星数字图书馆华南站[7]。同年广东省成立全国联合编目中心广东分中心,成为全国图书馆联合编目中心第一家省级分中心,简称 CRLNet,实现与其他图书馆的文献联合编目与共享。2000 年 12 月,深圳图书馆发布自主研制的图书馆自动化集成系统(ILAS),被文化部评为重大科技成果推广项目,在全国拥有 3000 多家用户,曾对中国图书馆管理从手工向自动化方向发展起到重大的推动作用。2004 年,由广东省文化厅专家主持,联合省内多家图书馆共同开通"广东数字图书馆"[8]。此后,深圳、东莞等图书馆纷纷引入大数据、物联网等新技术,制订符合本馆实际的数字化建设计划,也形成具有特色的数字化服务模式。2007 年,深圳图书馆被中央编办选为法人治理试点单位;2010 年,正式成立深圳图书馆法人治理理事会,借鉴法人治理框架与要求,旨在建立社会事务多元共治的格局。其后,广州图书馆、深圳大学城图书馆、深圳少年儿童图书馆、深圳市宝安区图书馆、深圳福田区图书馆、东莞图书馆、广东省立中山图书馆等本省公共图书馆相继被列入当地试点单位,并分别组建起本单位的理事会。

四、广东公共图书馆法制建设现代化

广东公共图书馆在法制建设方面也进行了大量尝试,如1997年深圳市颁布《深圳经济特区公共图书馆条例(试行)》,通过颁布法律条文和依法治馆,将图书馆事业纳入法制化轨道。

1. 数字知识产权保护

互联网环境下数字化资源迅速增多,数字知识产权保护日益成为图书馆界关注的问题。图书馆在提供数字化服务过程中,需要采集、整理数字化资源,并且将各类信息传递给用户。而在这个过程中需要注意知识产权保护问题,这是因为数字化资源的使用受到法律保护,部分数字化著作拥有专用权利,在未经著作权人同意的情况下擅自使用,属于侵犯他人权利的行为。广东公共图书馆在数字化建设方面,十分注重对数字化产品的产权保护,并依据著作权法制定了对应的规则,要求采购人员严格筛选和把关,明确文献来源与用途,避免侵犯著作权人的合法权益。

2. 地方立法探索

继1997年《深圳经济特区公共图书馆条例(试行)》之后,近年来广东公共图书馆制定了一系列政策法规,强化对图书馆各项事务的管理,为图书馆发展提供了基本遵循标准,也取得了一定的效果。例如,2014年10月29日,广州市出台《广州市公共图书馆条例》;2016年12月30日,东莞市出台《东莞市公共图书馆管理办法》等[9]。这些政策法规的出台,是对公共图书馆建设经验的总结,也提出了创新发展方向,标志着广东公共图书馆在法制建设方面迈出了新的一步。无论是对图书馆建设规模、建设标准与服务重点,均以法规的形式强制实施,并成为各级图书馆必须遵循的行为规范。在我国大力推行法制化建设的背景下,这些法规的出台有助于广东省建立覆盖城乡的图书馆网络,确定了图书馆在管理、服务与资源建设方面的规范,必将推动广东公共图书馆建设的均等化与标准化发展。

3. 保障广大读者文化权益

图书馆是公共文化事业的构成部分,是衡量一个城市文化软实力的重要指标,也是提升公众文化素养的重要阵地。广东公共图书馆历来十分重视保护读者文化权益,以最大限度的馆藏资源开放吸引社会用户,并增设电子阅览室、多媒体馆、展览厅等,切实满足不同层次用户的需求。同时通过制定法规的方式,明确图书馆的服务宗旨与权责,让每一个用户都有平等获取知识的权利。例如,2001 年,东莞市政府提出打造"文化新城"的目标,制定了一系列政策法规,为该市图书馆建设提供指导,并促进市图书馆服务体系建设。2003 年,东莞市已经形成覆盖32 个街区的图书馆服务网点,实现多个图书馆的"通借通还"功能,为公众获取知识提供了便利[10]。

五、广东公共图书馆发展的未来展望

我国"十三五"规划中明确提出,公共图书馆事业的发展要坚持以中国特色社会主义为指导,以丰富人民的精神生活为宗旨,切实保障人民的基本文化权益。"十三五"规划为我国图书馆事业发展指明了方向,要求广东公共图书馆将公众的需求作为出发点,坚持平等、共享、便利、普惠的原则,强化公共文化服务体系建设,以城乡一体化为基点,建设惠及全民的公共图书馆服务网络。2015 年 5 月,《广州市公共图书馆条例》正式施行,鼓励社会力量依法设立公共图书馆发展基金,创立志愿者常态化服务机制,旨在弥补基层图书馆发展不均衡、不充分的问题,实现资源均衡分配与共享。同年 8 月,广州图书馆在清远设立分馆,以结对帮扶的方式为清远分馆配送文献资源,不定期在分馆开设讲座、展览与读书活动,实现广清一体化背景下两地图书馆文献资源、人才与技术共享。

广东公共图书馆在未来的发展中,应该充分发挥自身区位优势,实现省内各级图书馆的统筹协作,统一服务标准与规范,巩固多级资源保障体系,切实提升公共文化服务质量。应该进一步扩大"岭南"模式的辐射范围,改善全省公共图书馆的运维能力,扩大各类文献资源的建设规模,促进文献资源的高效流转,形成多层级、范围广泛、影响力强的图书馆服务体系,切实推动本地区图书馆事业迈上新台阶。

参考文献

[1] 肖鹏.从"美国图书馆模式"到"中国图书馆路径"的初步成型——以《中华人民共和国公共图书馆法》为分水岭的回顾与展望[J].图书馆建设,2018(2):23-28.

[2] 肖鹏,唐琼,陈深贵,等.广州区域总分馆制实施路径探索:以基层管理者为中心的研究[J].中国图书馆学报,2016,42(3):103-115.

[3] 刘洪辉.以实现均等化为目标 推动城市公共图书馆服务体系建设——有感于《广州市公共图书馆条例》颁布[J].图书馆论坛,2015,35(8):9-13.

[4] 张靖,苏日娜,何靖怡,等.广东省图书馆权利状况调查[J].图书情报知识,2015(2):37-49.

[5] 刘洪辉.梦想与现实:构建普遍均等服务体系——以广东流动图书馆发展为例[J].图书馆,2014(6):49-52,56.

[6] 蓝青.全国图书馆参考咨询联盟的创新性与实践研究[J].图书馆学研究,2012(14):85-88.

[7] 程焕文.岭南模式:崛起的广东公共图书馆事业[J].中国图书馆学报,2007(3):15-25.

[8] 程焕文.百年沧桑 世纪华章——20世纪中国图书馆事业回顾与展望(续)[J].图书馆建设,2005(1):15-21.

[9] 程焕文.百年沧桑 世纪华章——20世纪中国图书馆事业回顾与展望[J].图书馆建设,2004(6):1-8.

[10] 程焕文,潘燕桃.薪火相传 与时俱进——广东图书馆学会40年回顾[J].图书馆论坛,2003(6):258-265.

中国图书馆现代化的开拓者、引领者

——刘季平

谭祥金　赵燕群

前　言

中国图书馆事业从传统到实现现代化历经 40 余年,作为全程参与者,我以崇敬、感恩之心,缅怀中国图书馆现代化的开拓者、引领者刘季平馆长,回忆刘季平馆长的卓越贡献。

在刘季平馆长任职期间,工作上我与他接触最多。1973 年 11 月国务院下达馆长任命书,同时任命刘季平、胡凡夫和我为北京图书馆正副馆长。近十年间,除了馆务会议、工作的安排等,1976 年唐山大地震,我和他在图书馆里风雨同舟,领导全馆抗震救灾历时半年多,吃住在一起。他离开北京图书馆后,我也会就一些新馆建设等问题请教他老人家。

由于工作关系,我在任职北京图书馆(现国家图书馆)副馆长期间,从 1979 年《北图通讯》复刊算起,发表的有关新馆建设的文章共有 10 篇,包括北京图书馆的地位和作用、北京图书馆的现代化等。这些文章既是当时全馆工作的写实,更多的是表述了当时在刘季平馆长带领下,馆领导会上会下讨论研究,形成的建馆理念与举措。

1987 年落成的北京图书馆新馆开馆,是我国近代图书馆向现代图书馆的重大转折。我曾在文中写道:"历史的重担落在我们的肩上,我们的奋斗目标是把北京图书馆建设成为全面履行自己职能的现代化的中国国家图书馆。"北京图书馆的新馆,应该被视为中国现代化图书馆

本文由谭祥金口述,赵燕群整理。

谭祥金,中山大学资讯管理学院,教授。

赵燕群,中山大学图书馆,研究馆员。

事业的标杆。

新馆落成典礼,时任国务院副总理万里同志剪彩,他是接受周恩来总理生前委托,关怀支持北京图书馆的现代化新馆建设。在新馆建成之时,我们可以告慰一直关心北京图书馆发展的周恩来总理。我们在刘季平馆长和他的继任者谢道渊副馆长带领下,全馆上下同心同德,克服各种困难,终于在新馆建成之时,实现了我国图书馆向现代图书馆的迈进。

图书馆从传统向现代化迈进,是一个复杂而艰巨的过程。首先是人的观念的转变,与此同时从图书馆的服务环境、基础设施和设备,与现代科技的应用、物质基础特别是文献资源的建设与服务等都必须经历一个嬗变的历程。刘季平馆长之所以成为图书馆现代化的开拓者与领军人物,是因为他首先是一位革命家,具有革命家的胸怀,高瞻远瞩、披荆斩棘的开拓精神,他又是一位教育家,了解图书馆在精神文明建设中的重要作用。他怀着一种使命感积极投身图书馆事业的现代化建设。

记忆中刘季平馆长是 1973 年 4 月从教育部调来北京图书馆任馆长。当时刘仰峤、王冶秋他们向中央写报告,请示了李先念、纪登奎等中央领导,由国务院办公室吴庆彤正式通知任命的,所以他到馆后就是北京图书馆馆长,领导全馆开展各项工作。记得 1973 年 4 月他就是以馆长身份第一次找我谈话。回忆起来,刘季平馆长调入北京图书馆时,北京图书馆和其他一些单位一样,处于队伍不健全,"派性"影响严重,人心涣散的状态。下放到湖北咸宁文化部干校的 100 多人于 1972 年才开始陆续调回北京,我是 1972 年 11 月从咸宁回北京的,是倒数第二批回馆的。那时馆里临时党委刚刚成立,业务还没有开展。

他调任北京图书馆任馆长期间,工作很认真,真正做到他对自己的要求:从零学起,不只是坐办公室,而是深入下去,串门,认人,谈心,深入了解当时馆里的现状。很快就熟识了图书馆业务的内容、程序与存在问题。他说话不多,但是无论主持会议,还是平时交谈,他很善于听取、分析、归纳大家的意见和建议。

组成新领导班子后,副馆长分工主管各业务部门,每星期一馆领导班子开"碰头会",会议内容都是关于各部门工作情况,以及布置下一周工作的安排。除了馆长"碰头会",如果有什么事情需要解决,刘季平馆长就和我们一起开会讨论研究。他在会议开始一般都不讲话,听完大家发言后再做总结。

1973 年,我国刚刚打开国门,开始派出部分科技、医学代表团赴美国考察。为了改变图书馆的现状,刘季平馆长不顾 65 岁高龄,以病痛缠身之躯,利用这个难得的机会于 1973 年 9 月出访美国。代表团的接待规格很高,中方接待是我国联络处主任黄镇,美方接待代表团的有美国国务卿基辛格、斯诺的前夫人等。

38 天访问可谓马不停蹄,从华盛顿、纽约到夏威夷,共访问了 11 个城市,45 个专业机构,包括 3 个国家图书馆。对于一位身体不好的老人,代表中国出访美国,刘季平馆长不辱使命,利用这次出访,详细、深入了解美国图书馆界的发展状况,在他的头脑中蕴酿着中国图书馆现代化建设的理念。

回国后,刘季平馆长很快就向上级部门和图书馆界做了详细汇报,反应很强烈。通过赴美、赴英考察,刘季平馆长结合中国国情,特别是北京图书馆的现状,提出了中国图书馆现代化的理念,并通过北京图书馆新馆建设,以及由北京图书馆牵头开展的一系列全国性图书馆工程项目,使中国图书馆事业开始迈进现代化时代。

刘季平馆长在推动图书馆现代化方面历经艰辛,首先是积极向上级领导部门汇报沟通,取得中央领导同志的理解和支持;其次,通过各种措施取得图书馆领导层和基层群众的共识,使其转变观念。以北京图书馆新馆建设作为现代化图书馆样板,引领中国图书馆从传统迈向现代化。

本文就几个问题着重论述刘季平关于图书馆现代化理念和他的贡献。

一、图书馆现代化人才队伍的建设

在任期间,刘季平馆长在各种会议、各种场合有许多讲话,有的是在大会上做长篇讲话,如在中国图书馆学会成立大会上的讲话,其余更多的是在馆长"碰头会"的讲话。他勤于思考,善于归纳,并从战略和原则的高度分析问题,而且每次都是亲自撰写讲稿,从不要别人代笔。每次聆听他的讲话都有视野扩展、境界提升的感觉,可惜的是,既没有留下他的讲话稿,更没有留下他的讲话录音,留存在世的文字记录也是不多。对于我来说,十多年间,天天与刘季平馆长在一起工作,他的言传身教,我不但听进去了,而且按照他的要求执行了,也传达给馆里的同事以及图书馆界的同行。令我至今铭刻在心的是,1980年我远赴澳大利亚考察访问前与刘季平馆长的一次长谈。那天晚上,我到刘季平馆长家辞行。我记得很清楚,我们俩人在他家的客厅对坐,他谈了很多关于出国考察的要求,因为机会得来不易。他也谈了馆里的现状和他的想法,他深情地说:"我在北图主要干了两件事,第一件事是筹建新馆,第二件事是提拔了以你为代表的一批年轻人,为北图培养了一批新人。"

这是他带领我们实现图书馆现代化的回顾与总结。他说的建新馆,不仅仅描绘了北京图书馆现代化的蓝图,规划创造最好的服务环境、现代化设施、现代化服务的物质基础,当时称作"硬件"建设,而且进行了现代化建设人才的培养,即"软件"建设。

图书馆现代化必须有质的飞跃,无疑需要进行以服务质量变革和服务效率提高为主要目标和方向的战略部署。关键是财、物、人缺一不可,其中财、物需要向上级部门争取,为此刘季平馆长做了不少工作,很多事情都由他出面争取,因为他的革命资历,他的人脉是别人无法替代的。刘季平馆长在出国考察访问期间,特别重视听取有关方面关于图书馆人才、设备、业务操作等具体情况的介绍,回国后根据图书馆为我国四个现代化建设的需要的重要性,结合北京图书馆和图书馆界当时的实际情况,及时向中央和上级领导部门汇报,提出适合我国国情的中国图书馆现代化建设的建议,取得了上级部门的重视和支持。

此外,更重要的是要有一批与图书馆的地位和作用相适应的人才。图书馆现代化的要素包括馆藏多样化、技术自动化、组织网络化、服务重点化、管理科学化,其中,服务环境、技术设施设备、服务措施都需要与之相适应的现代化人才来完成。

对于现代化图书馆所需要的人才,刘季平馆长提出图书馆工作者要有实现现代化的远大理想,切实抬头乐干。而当时图书馆的人员整体水平难以适应现代化建设的需要。以北京图书馆为例,人才结构是:"文革"中剩下的老专家、老馆员还没有能够发挥他们的作用;"文革"前到馆的大学生,需要发挥骨干作用,急需按照现代化要求进行专业化定向培养;"文革"中进馆的青年同志,需要基本知识技能方面的培训。

针对上述情况,刘季平馆长与我们开展分析研究,并采取一系列措施。

首先是理念的转变,即从传统图书馆转变为现代化图书馆。措施是通过"请进来",即请国外专家来华;"派出去",选派人员到国外学习,以及进行业务交流。让馆员了解现代化图书馆的重要性,以及如何实现图书馆现代化。

"请进来"主要是邀请国外图书馆界同行到中国参观访问。特别是十一届三中全会后不久,1979、1980 年来华的国外图书馆界同行有美国图书馆代表团、美国驻华大使馆国际基金会、澳大利亚国家图书馆馆长钱德勒率领的澳大利亚图书馆代表团、华裔美国专家陈钦智女士等。美国国际交流总署与中国图书馆学会联合举办图书馆学研讨会,陈钦智女士给北京地区图书馆界同行介绍美国图书馆的办馆理念、图书馆管理等,与会听众反应非常热烈。

"派出去"主要是选派外语水平比较高的业务骨干到澳大利亚图书馆等进行为期半年的考察培训,先后派出的业务骨干有姜炳昕、乔凌、许绵、杨仁娟等。我也是那个时候被派往澳大利亚进行考察访问的。

1978 年,北京图书馆代表团出访澳大利亚,这是我第一次出国,震动很大。1979 年,澳大利亚国家图书馆代表团回访,当时刘季平馆长接待,他谈到了我们要建一个现代化的国家图书馆。澳方提出希望我到澳大利亚待一段时间,让我了解现代图书馆的现状。当时,像我这个级别的干部在国外待两年时间的情况是极少的,但刘季平馆长毅然同意了。在北京图书馆给国家文物局上报国务院的报告中写道:"今年一月,澳大利亚国家图书馆代表团访华时,很关心我国图书馆事业的发展和管理人才的培养问题。当他们得知北京图书馆将建新馆并采用先进设备时,即表示欢迎谭祥金副馆长去澳大利亚国家图书馆进修考察两年,以便掌握管理现代化图书馆的经验。3 月 3 日澳大利亚国家图书馆馆长钱德勒正式向刘季平馆长来函,邀请一名副馆长去澳大利亚进修,寄来进修计划,并表示负担在澳大利亚进修期间的生活费用。经研究,我们认为从我国图书馆事业的发展和北京图书馆工作的需要考虑,都有必要派遣适当人员出国进修考察,以便提高管理水平,使图书情报工作更好地为国家四化服务。并认为北京图书馆谭祥金同志年纪轻(41岁),身体较好,有较强的专业基础,并有一定的领导与管理经验。因此拟接受澳方邀请,派谭祥金同志于今年 6 月赴澳进修两年。进修结束后,仍回北图工作。"最后经外交部部长姬鹏飞同意并报万里副总理批准得以成行。两年的考察交流,使我全面深入了解并掌握澳大利亚和国外图书馆自动化运作以及现代化管理的理念和实践。在访澳期间我与澳方一起策划安排,邀请海内外专家,于1982年9月,举办中文信息处理研讨会,海峡两岸图书馆界在澳大利亚实现破冰之会见交流,会上分别介绍了海峡两岸图书馆界关于中文图书计算机编目的经验与机读目录格式,以及图书馆实施计算机化的设想。此次交流是一个海内外特别是海峡两岸互相交流合作的良好开端。

各种业务交流主要是派员出国进行短期考察访问,以及参加各种国际会议。鲍正鹄、丁志刚等副馆长,以及负责自动化建设的同事李竞、朱岩等都曾出国参会和考察。几年间,一批图书馆现代化建设需要的业务人才迅速成长,在各业务部门发挥骨干作用。

对于老专家、老馆员,图书馆加以重用。编制《古籍善本总目》是周恩来总理生前的遗愿,工程浩大。刘季平馆长担任编委会主任主抓这项工作,我作为副主任负责具体日常事务和管理工作,解决工作中出现的具体问题。上海图书馆顾廷龙先生作为主编、冀淑英和潘天祯两位先生作为副主编,主持古籍善本目录的编辑、审校到定稿全过程。馆内外文书刊的订购、馆际交换要求很高的专业知识和外语水平,这些工作交由李镇铭、梅绍武等老专家主持。

1978年,馆里举办了一个科组以上的干部训练班,全面学习和介绍北京图书馆各科组业务情况,对1975年以后来馆的300多人分期分批进行训练;举办了一个外语学习班,全天脱产学外语,一年毕业,要求达到大学二年级的水平;还举办一些业务培训班;此外,派他们这些业务骨干参加业务研讨会,提高他们的业务水平。40年后我和赵燕群与一批当年进馆的知青在北京聚会时,他们共同回忆了当年接受培训、不断成长的难忘岁月。

二、现代化技术的应用

刘季平馆长对于中国图书馆现代化发展的贡献主要在于北京图书馆新馆建设,以及现代化图书馆事业进程的推动。结合北京图书馆和图书馆界的实际情况,走出一条适合我国国情的中国图书馆现代化之路。

刘季平馆长最早倡导在我国图书馆界应用计算机和网络技术,是我国图书馆应用计算机的倡导者和领军人。他出国考察图书馆现代化的发展现状与趋势时,对当时国外图书馆应用计算机的问题进行详细了解,认真考察,认为这些做法值得我们参考。内容包括:

(1)美国国会图书馆在书刊采购、联合编目、文献存储、图书出纳以及书目共享等方面进行计算机应用的情况;

(2)应用机器可读目录(MARC),特别是对于应用 MARC 查找文献,美国国会图书馆实现编目数据的共享;

(3)图书馆网的发展;

(4)美国医学图书馆在当时与美国国内外形成的 MEDLING 系统中如何利用电话线输入关键词查询、打印资料等。

1973 年,美国考察结束后,刘季平馆长不仅仅是发表一点观感,而是及时向上级部门,向图书馆界介绍国外图书馆业务应用计算机技术的情况,特别介绍美国机读目录(U. S. MARC)的应用,如何通过著录标准化,通过计算机技术的应用,从分类编目的统一达到类似美国国会图书馆那样编目数据的共享,通过关键词查找文献等。

当时,我国汉字信息处理还没有开始。汉字输入还无法解决,日本国会图书馆也仅仅解决了一些技术问题。为此刘季平馆长在提出编制中国机读目录时,一再强调中文机读目录"我们要进一步研究、试验,分类、编目也要标准化,搞些重点试验,将来赶上去并不麻烦"。

刘季平馆长访问英国后,介绍了规模宏大的不列颠图书馆作为全英图书馆网的主要核心,它的国家图书馆的功能:编制英国机读目录(U. K. MARC),作为推动全国图书馆计算机化的支柱;提出"我国也需要在抓紧解决汉字输入输出计算机技术问题的同时,及早考虑中国机读目录的编制问题",充分利用美、英、日等国外的机读目录处理外文图书的编目。1979 年 6 月,刘季平馆长在向中央报告《有关图书馆学及图书馆事业的几点意见》中,提出"应该特别重视图书馆事业的社会主义现代化与网络化问题"。同时提出应建立全国性的联机检索和编目系统。

刘季平馆长的这些建设现代化图书馆的理念,给北京图书馆新馆建设确定了方向标。后来北京图书馆的新馆建设，一直贯穿他的这些建馆理念。

三、现代化图书馆服务的条件

关于现代化图书馆服务问题，刘季平馆长在各种场合详细介绍美、英图书馆为不同层次、不同社会成员服务的情况，包括图书馆服务的对象、服务的内容和方式、制度等。特别提到，美国图书馆的基本建设中贯彻了开架服务的精神，突出阅览和书刊的使用。当时我国国家图书馆和公共图书馆仍处于闭架借阅的状态。刘季平馆长提出新馆的普通阅览室应该开架阅览，开架服务的理念对未来新馆建设的方案有很大的指导意义。

图书馆现代化需要向读者提供多样化馆藏，这是刘季平馆长关于图书馆现代化的一个观念。关于图书馆资料收集的问题，刘季平馆长十分认真地考察美国的图书馆如何为各级领导和研究机构搜集、提供他们所需要的书刊资料，其中包括对我国的史料，特别是沿海地区的史料。通过认真考察，刘季平馆长详细了解了美国的图书馆如何分门别类收集整理其他国家政治、经济、军事等各方面的文献资料，通过什么渠道、什么途径收集资料。他认为，美国国会图书馆"搜集资料是千方百计，求全、求快，无孔不入，不择手段""他们的某些方法值得我们参考"。因此，他提出图书馆应该进一步加强情报资料的搜集工作。

由于图书馆工作重心转到为社会主义现代化建设服务上来，就要进行业务整顿，要提高服务质量，注意服务效果，不能满足于借借还还。刘季平馆长提出新馆尽可能实行开架借阅服务，开展文献研究，扩大主动服务的范围。当时讨论比较多的问题是，开架是否会造成乱架和丢书。我们提出加强管理，避免乱架和丢书。新馆建成后，开架书刊达到100万—150万册，这是一个很大的变化，大大方便了读者借阅。事实上，开架以后，丢书等问题并不突出，相反，无论在服务态度、质量、效率和深度方面，读者感到比以往有显著进步，使北京图书馆在社会上树立一个崭新的形象。

四、现代化国家图书馆的定位与职能

北京图书馆新馆的建设,首先需要全馆上下在图书馆定位上取得共识,按照现代化功能开展工作。北京图书馆的工作中心开始转移到为社会主义现代化建设服务的业务工作上来,各项业务工作纳入为主要服务对象服务的轨道,更好地发挥国家图书馆应有的作用。刘季平任馆长8年,充分调动北京图书馆全馆上下的积极性,除了本馆业务水平的提升,还牵头开展了多项全国性项目。

(1)1975年10月,周总理在病重期间,提出"要尽快把全国善本书总目录编出来"的指示。北京图书馆遵照周总理的指示,在国家文物局领导下,组成编辑委员会,刘季平出任主任,顾廷龙、方行和我等6人任副主任,从1977年开始,首先进行全国古籍善本普查,各地方图书馆整理编目,1980年各地方将目录卡片报送北京,进行汇编。1980年底,刘季平馆长征求各副主任委员和编委意见,与文化部图书馆事业管理局负责同志共同决定,三位主编、副主编分别负责复审,最后定稿。

(2)随着社会科技文化事业的发展,北京图书馆作为国家图书馆,在全国图书馆界的功能定位越来越明确,参与的全国性项目也越来越多。例如,文献标准化工作的开展。1979年成立全国文献工作标准化技术委员会,我作为北京图书馆派任的副主任委员参与其中的工作,主持《中国图书馆分类法》《中国分类主题词表》的编制等。

(3)筹建中国图书馆学会。1978年3月26日至4月8日,国家文物局在南京召开"全国古籍善本总目编辑工作会议",会议期间一些同志提出成立中国图书馆学会的想法,我当即向刘季平馆长、国家文物局图书馆处处长胡耀辉同志反映了这个意见,他们很支持。会议期间,我们向各地与会代表通报了这个信息,并建议以北京图书馆名义倡议成立中国图书馆学会。本来只是希望代表们会后回去征求意见,但大家都主张立即成立筹委会。经过协商,会上推选北京图书馆等12个单位为筹委会成员馆,在京单位为常务委员馆,北京图书馆为主任委员馆。南京会议后不久,4月28日召开常委会议,决定常务委员馆各出一名工作人员组成筹备小组,集中在北京图书馆办公,起草《中国图书馆学会章程(草案)》《中国图书馆学会成立大会及第一次科学讨论会计划要点(草案)》等文件,并进行各项筹备工作。为了迎接中国图书馆学会成立大会的召开,各省纷纷成立图书馆学会。

1979年7月9—16日中国图书馆学会成立大会于太原召开,同时举行第一次全国科学讨论会。刘季平馆长被推选为理事长,他在会上做了长篇讲话,讲了四个方面的问题:①伟大的历史转变。②我国图书馆事业的重大作用与落后现状。③关于当前我国图书馆事业的三项要求和几个关系问题。④解放思想,开动机器。当时十一届三中全会刚结束不久,党中央提出"全党工作着重点从1979年起转移到社会主义现代化建设上来"。他的讲话以全会的中心思想,对我国图书馆事业的现状做了系统总结和深刻分析,结合全国的形势精辟论述了图书馆事业的未来,代表们很受启发和鼓舞。刘季平勤于思考,善于归纳,而且每次都是亲自写讲稿,从来不要别人代笔。他总是从战略和原则的高度分析问题,每次听他的讲话都有视野扩展,境界提升的感觉。

(4)对我国图书馆事业现代化建设的贡献。刘季平馆长认为新中国图书馆事业要办成"面向现代化、面向全国、面向世界、面向未来,边发展、边整改、边工作、边培育人才的社会主义图书馆网,办成社会主义大学校"(见1986年秋为《图书馆学通讯》题词)。党的十一届三中全会后,为了适应图书馆事业的工作重点转移到社会主义现代化建设方面来,刘季平馆长针对当时图书馆界存在的问题,提出必须努力改变落后状况,认真开展科学研究,应用现代化新技术,建设现代化图书馆网等。他的这些理念特别体现在全国图书馆学会成立大会的讲话,以及1980年5月向中央书记处提出的《图书馆工作汇报提纲》中,结合该《提纲》的制定,刘季平馆长在《有关图书馆学及图书馆事业的几点意见》一文中,再一次高瞻远瞩提出:"我觉得无论在图书馆学的理论研究上,还是在图书馆事业的实际工作中,都应该重视图书馆事业的社会主义现代化与网络化问题。现在书的形式正在愈益现代化,管书用书的方式方法也在愈益现代化,办馆也就非现代化不可。"在《关于"图书馆工作汇报提纲"的补充说明》一文中,他深刻分析了我国图书馆事业存在的问题,指出当时我国图书馆"既少又散,而且破旧、落后、被动之至,根本不能适应当前四化建设的迫切需要"。他继而分析了影响我国图书馆事业发展的原因,提出改变我国图书馆事业落后状况的意见。他的意见和建议对推动我国图书馆事业现代化的发展影响深远。

五、关于图书馆学教育的改革

刘季平馆长是我国图书馆学教育改革的先驱者。作为一位教育家,对于图书馆学教育十分重视。赴美考察时,他专门考察图书馆学教育的情况,提出我国图书馆学教育的课程非改不可,具体指出要像美国图书馆学专业教育那样,根据现代化图书馆发展需要,"压缩传统课程,把传统课程改变为知识的组织与分类、增加情报科学、管理自动化"等课程,"管理自动化"课程作为必修课,包括计算机的应用、照相缩微复制技术、识别资料等。刘季平馆长十分强调我国在职图书馆员再培训的重要性,为适应现代化国家图书馆建设需要,在新馆建设的同时,北京图书馆对不同层次的图书馆员采取了专业和外语的培训。

结　语

2017 年是国家图书馆南馆即当时的新馆建成 30 周年,也是刘季平馆长逝世 30 年,2018 年是他 110 周年诞辰。我一直想写一篇纪念刘季平馆长的文章,重温往事,思绪万千。刘季平馆长从教育战线转到图书馆领域后,北京图书馆的面貌改变之大,他的改革理念对于图书馆事业影响之深远,难以概述。作为晚辈,可以告慰季平馆长的是:我一直谨记他的教诲和重托,直到如今八旬之年,还在为图书馆事业现代化建设尽自己微薄之力,继续努力。

"传承"与"创新":我国现代图书馆史的历史主线

范兴坤

从 1949 年中华人民共和国成立至今,我国现代图书馆事业将要走过创立、建设、发展、前进的 70 年,但这 70 年的路不是一条直线,它经历了众多冲击、曲折,也经过了改革开放 40 年来的跨越式发展。对事业前进的观察可以有多种立场和视角,但对其的研究不能被一时一事"一叶障目",不能将整体切割成一个个残缺的局部,必须是基于我国图书馆事业 70 年发展的整体,从历史唯物主义的立场和观点研究事业发展的全局性特征,是准确认识我国现代图书馆发展史的必要要求。

79

1 中国现代图书馆发展奠基

我国现代图书馆,是在中国共产党领导下,在从新民主主义转向社会主义阶段的发展过程中,在全新的意识形态、政治制度、国家政体、事业管理体制环境下建立起来的新型文化事业。其与世界各国"图书馆"之不同之处,就是我国的图书馆是在思想上以马列主义、毛泽东思想为指导,在政治上接受党的全面领导,在管理上与中国社会主义事业管理体制相适应,以辅弼国家繁荣强大、促进社会文明和谐发展、满足人民群众文化需求为事业建设和发展目标的公共文化机构。

1.1 建立起基于单位体制的图书馆体系

图书馆是中华人民共和国成立以后较早推动发展的事业性机构。

范兴坤,广东药科大学图书馆,研究馆员。

1949 年后,我国图书馆事业建设的底子是原来各边区根据地的图书馆及接收旧政权体制下的各类图书馆。以这些图书馆为"种子",通过整合、分解建立新馆,一些单位则零起点直接创建新馆。此时,图书馆已成为国家单位体制的一个有机组成部分。经过事业初创的拓荒和"一五"时期的发展,图书馆在快速发展的经济和文化建设大环境下被激发起了高度的活力,积极学习借鉴苏联和东欧国家的图书馆经验,迅速实现了中国社会主义图书馆事业建设指导思想、管理体制、业务技术体系的完善,建立起了公共、学校(高校、党校、中小学……)、专业、工会、部队等图书馆系统,初步构建了较完备的事业框架。

1950 年 2 月,文化部制订的《中央人民政府文化部组织条例(草案)》中,规定文物局下设图书馆处,具体负责"全国图书馆、博物馆之管理与指导事项"。在此之前,1950 年 1 月 12 日,全国总工会党委扩大会议第 2 次例会通过的《1950 年加强工人政治文化技术教育工作的指示》提出:"在 1950 年内凡有 2000 人以上的工厂、企业,应创设一个俱乐部、图书馆及业余剧团,凡有 50 000 人以上的城市应创设一个比较像样的全市性的工人俱乐部、工人图书馆……"1950 年 4 月 28 日,中国科学院在办公厅设立图书管理处,统一管理全院图书工作。1950 年 5 月,解放军总政治部文化部指示要在全军各部队师、团以上单位普遍建立图书馆;学校图书馆则随着我国各类学校的调整和增设,在数量上迅速增加。1950 年 12 月,中央文化部在《1950 年全国文化艺术工作与 1951 年该部工作计划要点的报告》中指出要"有重点地整理与改革旧有博物馆、图书馆,使其成为进行群众教育的重要工具""整顿并充实中央、各大行政区及省市现有的图书馆。在有条件的村、镇设立图书室,发展农村图书网"。

公共图书馆的服务对象是全体人民,但在各类图书馆中,为全体人民服务恰恰又是发展的薄弱点。为了改变这一状况,1956 年 2 月,文化部、共青团中央联合发布《关于配合农村合作化运动高潮开展农村文化工作的指示》,对图书馆事业提出"……着手以现在的县文化馆图书室为基础,筹建县图书馆"。1957 年,县以上公共图书馆发展到 400 多个。针对农村基层图书馆建设的薄弱环节,1956 年 1 月,《1956 年到 1967 年全国农业发展纲要(草案)》中,第 29 条规定:"从 1956 年开始,按照各地情况,分别在 7 年或 12 年普及农村文化网,建立电影放映队、俱乐部、文化站、图书室和业余剧团等文化组织。"

从1949年至1958年，在全国实行工商业社会主义改造和农村的人民公社化，社会变迁的方向是"官进民退"，政府迅速掌握了越来越多的社会资源，政府办一切，图书馆的建设也几乎无一例外地由政府财政负担，农村地区的村镇图书室也被纳入地方政府财政计划，来自于社会的办馆资源投入只起到辅助的作用，"大部分的民间图书馆已改造成为公共图书馆，仅有极少数生命力特别顽强的民间图书馆还在坚强地生存着"[1]。这种官办图书馆体制必然形成对政府的依赖和依附，保证了图书馆事业发展的基本需求资源，并成为具有一定政府功能的"事业单位"。

各类型图书馆开始建立的同时，图书馆的制度化建设也随之进行。当时颁布的规章制度主要有《省（市）级图书馆试行条例（草案）》（1953）《关于工会图书馆工作的规定》（1955）《中国科学院图书馆暂行组织规程》（1956）《中华人民共和国高等学校图书馆试行条例》（1956）等。可以说，到1957年，我国已经建立起来较完备的图书馆体系，数量、质量、技术、制度、人员、服务等领域都达到了相当的水平。

1.2 中国图书馆事业指导思想

党把图书馆作为国家思想文化阵地和教育机构，党领导建立的我国现代图书馆已迥异于过去，"在今天，图书馆已不仅是普及和提高人类文化知识的地方，而应是传播马列主义毛泽东思想的地方"[2]。东北图书馆（今辽宁省图书馆）是中国共产党领导建立的第一所大型公共图书馆，1949年2月移址到沈阳后，就在阅览室设立名为"泽东文集"和"鲁迅文库"的半开架图书陈列柜；1953年7月，中央文化部下达《省（市）级图书馆试行条例（草案）》，规定图书馆的主要任务之一为"搜集、保藏并利用图书、杂志、报纸及其他印刷品，广泛宣传马克思、列宁主义学说，提高人民的社会主义觉悟，配合各个时期的中心任务，宣传政策法令，积极帮助人民接受科学、技术、文学和艺术等各部门的知识"[3]，表明党对新中国图书馆事业建设的原则方针具有明确的意识形态性，1949年后党对我国图书馆事业建设指导思想基本成熟，并在以后国家对图书馆工作的各种指示和制度规定上得以充分体现。

1955年7月2日，文化部发布《关于加强与改进公共图书馆工作的指示》，规定了公共图书馆的性质"是以书刊对人民进行爱国主义与社会主义教育的文化事业机构；是党和政府进行宣传教育工作的有利助手"，规定了公共图书馆的任务之一就是"向广大人民宣传马列主义、进行爱国主义与社会主义教育"[4]。1956 年 12 月举行的全国省市文化局长会议也指出农村图书室是"向农民进行社会主义思想教育传播科学知识的工具"。这一时期其他类型图书馆指导性文件中都有类似的规定。

1.3 事业理论的社会主义改造

1949 年后，我国图书馆的理论体系、员工队伍、工作理念都与将图书馆建成"宣传马克思主义毛泽东思想的坚强阵地"的要求存在差距，因此系统地对旧的事业理论进行改造便成为当时图书馆工作的重要内容之一。在 20 世纪 50 年代，我国开始向苏联图书馆学习，引进苏联图书馆事业理论及方法，批判并摈弃图书馆思想中具有明显西方意识形态的部分。

在 1950 年被广泛转载的《新图书馆的工作与任务》[5]一文中，提出"在阶级社会里，图书馆是有阶级性的""新的图书馆工作，是一种革命的政治工作，以图书作武器，来完成革命的政治任务"。该文概述的图书馆事业思想成为 50 年代我国图书馆改造、建设、发展的思想框架。

1951 年 4 月 20 日，中央文化部副部长周扬在政务院 81 次政务会议上做《1950 年全国文化艺术工作与 1951 年计划要点的报告》，指出："有重点地整理与改革旧有的博物馆、图书馆，使其成为推行群众教育的重要工具。"

1951 年 9 月，在中南图书馆制定的《中南图书馆条例（草案）》中，规定中南图书馆的基本任务是搜集保藏并利用报纸、书刊宣传马列主义、毛泽东思想，宣传党的政策，培养群众的共产主义意识。这种规定成为当时我国图书馆制定内部规章制度时的一种模板式内容。

1958 年，毛泽东同志指出"教育必须为无产阶级政治服务，必须同生产劳动相结合"。在中共中央、国务院发出的《关于教育工作的指示》中，把这两个"必须"提升为我国教育工作的根本方针。图书馆作为"群众教育的重要工具"，也积极地把教育工作两个"必须"和文化工作"两为"结合起来，成为图书馆事业思想的理论来源。

与建立新思想体系的过程同时进行的是 50 年代对民国时期图书馆思想的批判[6]，1958 年 12 月出版的《北京大学批判资产阶级学术思想论文集》（科学研究"大跃进"专刊）中，就收录了 3 篇批判著名图书馆学专家刘国钧、杜定友先生的文章：《关于我的资产阶级图书馆学观点的自我批判》（刘国钧）《批判刘国钧先生的〈中国图书分类法〉》《批判杜定友先生在图书馆学方面的资产阶级学术思想》，这些文章标志着我国图书馆思想与"西方"划清界限。"破旧立新"在图书馆领域的表现，就是在理论上学习苏联社会主义图书馆学并有所"发展"，其重要标志就是 1961 年 1 月文化学院图书馆研究班第一期学员集体编写的专著《社会主义图书馆学概论》出版。

1.4　藏书建设的纯洁化

1949 年后，中国图书馆的工作任务之一"是要提倡民族的、科学的、大众的文化，反对帝国主义、封建主义、官僚资本主义的文化"[7]，为了满足社会对图书馆服务工作的要求，第一位的工作就是要建设起符合新的工作任务所需要的馆藏体系。具体做法是迅速大量充实 1949 年后出版的图书，并"为了批判而保存旧有的书籍"[8]，对反映"帝国主义、封建主义"意识形态的原有图书（重点是社科、人文、哲学等类民国版图书、线装图书、外文图书），以批判和借鉴为目的进行有限制的使用，对定性为反动、淫秽、封建迷信类图书则严格清理。

清理"反动、淫秽、封建迷信类图书"的行动是迅速坚决的，如 1950 年 6 月由文教委拟订的《图书审查执行注意事项》，通知图书馆清理封建反动图书。1955 年 5 月 20 日，中共中央发出《中共中央关于处理反动的、淫秽的、荒诞的书刊图画问题和关于加强对私营文化事业和企业的管理和改造的指示》后，《人民日报》在 7 月 27 日第 1 版发文《坚决地处理反动、淫秽、荒诞的图书》，国内开始了一次对反动、淫秽、荒诞书刊的集中清理。这段时间由国务院文化部、各级地方政府、书店、图书馆等单位形成的针对性政策文件主要包括《国务院关于处理反动的、淫秽的、荒诞的书刊图画的指示》（1955 年 7 月 22 日）、全国人民代表大会常务委员会发布《关于处理违法的图书杂志的决定》（1955 年 11 月 8 日）、文化部发布《关于一些反动、淫秽、荒诞图书的处理界限问题》的通知（1956 年 2 月 16 日）、文化部发布《关于各省市处理反动、淫秽、荒诞书刊工作中的一些问题》的通知(1956年3月13日)等,这次集中清理过程中,全国各类型图书馆都积极地参与了进去。

除"反动、淫秽、荒诞的图书"外,为配合历次政治运动的需要,也不断地进行文献剔除工作。据不完全统计,从1950年到1978年的28年间,国内的政治运动约有50次之多[9],基本上每次运动都对图书馆藏书建设产生巨大影响,即增加购进配合运动的图书并进行宣传推广,剔除下架并封存与该次运动不相适合的图书,集中上缴或销毁,对页码中仅有部分问题的书刊则组织人员进行相应的"技术处理"[10]。

1.5 馆员队伍建设的"又红又专"

新的图书馆陆续建立,开始大量补充新人(军转人员、学生、工人),并部分继承民国时期图书馆职员。新补充的馆员需要进行专业理论和技能教育,录用的老图书馆员要进行思想教育及改造,都是新时期图书馆思想政治教育和专业教育的重要工作,"图书馆工作者,必须加强学习革命理论,确立革命人生观,才能完成历史的使命"[11],教育的目标就是"又红又专"。

馆员思想政治教育的主要方式是政治形势教育,即通过参加政治学习、参加社会活动提高图书馆员的思想认识,如积极参加抗美援朝宣传活动、参加"三反""五反"宣传等。

专业教育的方式普遍是在馆内进行专业的传帮带,由老职工带新员工,由技术力量较强的图书馆主办业务培训学习班,同时挑选政治过关、业务素质好的年轻同志送出去学习,如武昌文华图书馆专科学校(后合并入武汉大学)等学校为图书馆界培养了大批人才。

1.6 技术性与思想性结合

在《新图书馆的工作与任务》一文中,专门有"图书馆的工作不是纯技术性的工作"一节,提出了图书馆技术工作具有思想性的观点:"图书馆的工作,并不是纯技术的。技术虽是重要的,但必须和思想相结合。这种工作须有重点、骨架、科学的分类;这个工作须有学术的修养,更须有革命的人生观和理论修养。"新中国图书馆工作要继承改造旧的技术性工具体系,在合适的时候进行改造,以适应新社会的需要。其中最具代表性的技术工具就是分类法,"图书的分类应根据客观世界内在的联系,应有共通性。杜威分类法的排列,抹杀了社会进化的规律,不能反映客观世界,是不正确的"[12]。

我国民国时期图书馆较普遍使用的分类法主要是引进借用西方的十进制体系的分类法,"十进分类法"的编制是基于学科体系和管理实用目的的。但从马克思列宁主义毛泽东思想的立场观点来看,"图书分类法是包含有一定的阶级立场和观点的,旧的图书分类法,一般的是站在资产阶级的立场采取资本主义的观点的,所以它对社会主义及进步的书籍,有的完全忽视,有的把它分的颠倒错乱。"[13]因此,1950年8月,杜定友在《图书分类法问题研究资料》上发文《新图书分类法刍议》,提出要以毛泽东在《整顿党的作风》中关于知识的分类为编制新中国图书分类法的理论根据。

中国共产党领导下的图书馆分类法最早始于东北图书馆1948年编制的《东北图书馆图书分类法(草案)》,该法首次将毛泽东著作辟为特藏类目"毛泽东库";1951年初出版的山东省图书馆编《图书馆分类新法(草稿)》"按照社会主义新民主主义和资本主义的范畴,尽可能的加以区分,使之界限分明不致混淆,提高社会主义及进步的书籍在分类法中的地位",将马列主义、社会主义在各大类中前置突出体现;1952年出版的《中国人民大学图书馆图书分类法》,则以马列主义关于科学分类的理论作为划分大类的理论基础,类目的设置和类名体现了无产阶级的政治思想性,将"马列主义、毛泽东著作"列为首个基本大类。此后我国编制的各种图书、期刊、档案、资料分类法,都采纳了将马列毛设为基本大类并置于首类的分类布局,这一方法成为此后我国图书分类法编制的定制。

1962年,武汉大学黄宗忠教授在图书馆学理论研究中提出的"矛盾说",也是技术性与思想性结合的一个典型范例。

1.7 图书馆的"二为"服务理念

《在延安文艺座谈会上的讲话》(1942年)中,毛泽东提出"文艺为工农兵服务,文艺为政治服务",这成为此后我党对文艺工作的指导方针。1949年后,我国图书馆界在关于服务的描述中也引入"二为"方针,由民国时期向"公民""公众""民众"服务,转变为"为人民服务","图书馆是应该真心诚意为人民服务的,要改革旧的、不合理的、藏书楼式的、摆架子的作风；要建立新的工作作风，要深入群众，办宣传，搞展览会来吸引群众，而且要有重点地接近群众"[14]。1950 年 10 月，《文物参考资料》第 10 期发表文化部文物局局长郑振铎题为《一年来的文物工作》的总结性文章，强调图书馆工作要为工农兵服务。

第一个"五年计划"推动了我国国民经济的全面增长，科教文卫各项事业快速发展，加快科技进步为党和政府高度重视。1956 年 1 月 14日，在中央召开的关于知识分子问题会议上，毛泽东主席号召全党努力学习科学知识，同党外知识分子团结一致，为迅速赶上世界科学先进水平而奋斗。国务院总理周恩来在《关于知识分子问题的报告》中指出"具有首要意义的是使科学家得到必要的图书、档案资料、技术资料和其他工作条件"，要增加图书经费、极大地改善外国书刊进口工作、加大力度整理图书资料，为专家们能更方便地利用这些图书资料进行研究，有些工作人员认为图书资料工作是"小事情"的观念是错误的。在党中央向全国人民发出"向科学进军"号召的大环境下，周总理的指示迅速得到贯彻执行，如天津市文化局在 1956 年 2 月 18 日制定了《改进与充实天津市人民图书馆为高级知识分子服务的初步草案》。

20 世纪 50 年代初期，关于我国图书馆服务方向的认识，一直围绕"为工农兵服务""为人民服务""为经济建议服务""为知识分子服务""为科研服务""为政治服务"等论述，从内容逻辑上反映了图书馆面向普通大众服务、为阶段性国家任务服务的指导思想。1956 年 7 月 5 至13 日，中央文化部在京召开全国图书馆工作会议，讨论了社会文化事业管理局向大会提出的"明确图书馆的方针任务，为大力配合向科学进军而奋斗"的报告，明确了图书馆工作的两项基本任务：一项是向广大人民群众流通图书，传播马列主义，进行文化教育工作；一项是向科研工作者提供图书资料，促进科学的迅速发展。这两项任务都是不可缺少的。

这一描述成为对图书馆功能及服务目标的总结性结论。

1.8 图书馆协作

1949 年后，我国逐步建立的"社会主义制度"标志性特征之一就是能"集中力量办大事"，其在图书馆领域的具体体现就是积极推动并实现了（跨）系统、（跨）区域协作。1956 年，党中央向全国人民提出"向科学进军"的号召后,图书馆界开展了中华人民共和国成立后的第一次大协作。

1957 年 6 月 6 日,国务院全体会议第 57 次会议批准了由国务院科学规划委员会制定的《全国图书协调方案》,对为科研服务的图书工作进行全面规划和统筹安排,决定成立 2 个全国性、9 个地区性"中心图书馆委员会",统一领导和统一规划图书协作与协调工作,并在 11 月成立附设于北京图书馆内的"全国联合目录编辑组"。"《全国图书协调方案》的公布以及国家科学规划委员会'图书小组'的设立,使我国的图书馆事业走上了全面规划,统筹安排,资源共享的道路,并以此带动了图书馆的干部培养与业务学习,逐渐形成新中国图书馆事业在 20 世纪 50 年代末 60 年代初的发展高潮。"[15]

到 1957 年,我国的图书馆事业各个领域,包括成立"图书馆工作者协会""整理积存图书资料工作委员会"、各地方的图书馆委员会,其他工作包括国内外交换资料、编制分类法、图书馆学教育、图书馆学会成立筹备、图书馆学专业期刊、馆员训练班、图书馆学术研讨会、图书情报研究所(室)、馆际互借、国内外图书馆界交流、书刊缴送制度、古籍及地方文献工作、图书馆学研究、报刊与图书资料索引编制⋯⋯都取得了长足进步,形成清晰的事业建设思路,基本上构建起我国图书馆体制建设、制度建设、指导思想建设的宏观架构。

2 国家曲折发展对图书馆的冲击

1957 年的《全国图书协调方案》将我国图书馆发展推到一个高潮后,需要进入一个稳定、完善、提高、创新的阶段,但"大跃进"及"文革"改变了我国各项事业的正常发展轨道,图书馆发展也受到严重影响。

2.1 1958—1961:"大跃进"—大停滞

自 1958 年起,在"大跃进""鼓足干劲,力争上游,多快好省地建设社会主义"口号声中,图书馆界也被裹挟进"人有多大胆、地有多大产"的大潮中,建设和服务工作都开始打破常规"大跃进",对日常工作加量加码,对曾经有计划要开展但条件尚不具备的工作开始硬性推动。

1958 年 3 月 21 日，文化部召开全国各省、直辖市、自治区图书馆工作跃进大会，制定了图书馆工作'跃进'规划，向全国图书馆工作者提出了"十比倡议书"。之后一些图书馆开始"开门整风"，欢迎读者写大字报提意见，一些图书馆发出劳动竞赛倡议，召开"誓师大会"，不少图书馆制订了本馆的"'跃进'规划"；1959 年 3 月 21 日，由文化部在北京组织召开了全国省、直辖市、自治区图书馆'跃进'大会，提出了"打破常规、鼓足干劲、实现图书馆事业'大跃进'！"[16] 的口号，我国"大会战"式的图书馆事业"大跃进"在全国轰轰烈烈地展开，强调"在图书馆事业中坚决贯彻党的社会主义总路线和为总路线服务"[17]，要求图书馆工作要"政治挂帅，解放思想，为伟大的技术革命和文化革命服务"[18]。

在"大跃进"时期的图书馆工作中，群众的工作热情远远超越了现实，一些馆制定的业务工作指标甚至要按年度同比成倍或十几倍地增长，干部学习培训和科研活动计划也多得离谱。在"一切为了读者"的理念下，一些馆的工作口号化在今天看来十分可笑的。

但对图书馆发展造成更大损失的，是对条件尚不具备的工作硬性推动，代表性的是大干快上城市街道、农村乡镇图书馆（室）和民办图书馆[19]。虽然 1949 年后我国就强调建设基层图书馆，但由于财力限制，这项工作的推动并不乐观。在"大跃进"的推动下，1958 年 6 月，城市街道民办图书馆开始在上海市出现，广东省中山图书馆也拨出图书 5000 册建立第一批 10 个街道图书流通站，接着天津等大城市也建立民办图书馆。1958 年 7 月 8 日，湖南省文化局发出《关于大力发展农民办图书馆的通知》（附《农村民办图书馆组织章程（草案）》），《人民日报》1958 年 10 月 11 日发表的题为《民办图书馆人人夸赞》的文章对这一新生事物给予了高度评价。成立人民公社后，开始大办公社图书馆（室），"根据 1959 年 12 月的初步统计，全国人民公社举办的图书馆（室）有 28 万多个。全国平均每个公社有 11 个图书馆（室）"[20]，但这些一哄而起的图书馆不久即垮掉。

从今天的观点看，图书馆工作"大跃进"是一次失败的跟风随大流，打破了事业正常发展的节奏，带来了此后图书馆工作的困难[21]。但这一时期也提出包括推动民办图书馆建设、流动书车和流动图书站、"开门办馆""一切为了读者"等理念创新，各种基础性工作都在开展，并重视工作中的技术革新，在技术层面的工作方向没有改变，仍然在继续坚持为科研服务、为工农兵服务的思路,工作中仍然努力坚持科学化、现代化、协作化。如辽宁省图书馆于 1958 年 8 月 6 日召开了辽宁地区"书目工作专业座谈会",交流各大馆自"大跃进"以来的书目工作经验,及解决省内的书目协调问题,并制定了《辽宁省公共图书馆书目协调工作方案》;1958 年 9 月,中国科学技术情报研究所翻译编印《国际十进分类法简表》(自然科学和应用科学部分);1960 年 5 月,全国第一中心图书馆委员会及首都图书馆等单位联合举办"北京各系统图书馆技术革新展览会"等。

2.2　1961—1966:整顿—恢复

"大跃进"带来了全国性的管理混乱、生产率下降、资源和财政枯竭,中共中央在 1960 年 9 月 30 日提出了"调整、巩固、充实、提高"八字方针,以纠正"大跃进"带来的不讲科学、脱离实际的问题,图书馆界也进行了相应调整,停止和放弃了不切实际的"跃进"计划,在工作中强调服务于"三大革命运动"(阶级斗争、生产斗争和科学实验),继续执行1959 年提出的"为科研服务"的政策。1962 年 12 月,中华人民共和国科学技术委员会、文化部制定《1963—1972 年科学技术发展规划(草案)》,其中的"图书"部分指出"图书工作是实现 1963—1972 年科学技术发展规划,促进科学技术现代化的条件之一。……要做好科学技术书刊的进口、分配、复制、交换工作,做好图书馆协调和读者服务工作,以适应科学技术发展的需要,特别是农业科学技术和尖端科学技术发展的需要",要求"担负着为科学研究服务的图书馆,要逐步加强外交科学技术书刊的采购协调工作;合理组织藏书;改进目录和书刊的宣传和报道;大力开展参考咨询和阅览工作;加强全国联合目录的编制工作和集中编目工作,大力改进图书馆的管理方法,提高服务工作效率,逐步采用新技术、新设备"。

"三大革命运动"的内容之一是"阶级斗争"。进入 60 年代,特别是 1962 年中苏国际共产主义运动论战、毛泽东主席在八届十中全会上发出"要抓意识形态领域里的阶级斗争"的号召后,直接影响了全社会追求政治纯洁化。图书馆领域的反应之一,就是 1962 年 3 月文化部发出《关于整顿县图书馆工作的通知》,要求在整顿—恢复中继续做好基础工作,并积极配合农村社会主义教育工作。另一方面,是图书馆藏书建设的"纯洁化",图书馆开始积极购进和推广思想性政治性强的图书，毁、禁、封政治上或思想上有问题的图书。1963 年 6 月 29 日，文化部向各省、市发出《关于取缔非法流通反动、淫秽、荒诞图书的通知》，此后各省、市均采取了相应的措施，如辽宁省图书馆 1964 年成立审书组，制定"审书标准"，下架封存停止外借的社会科学图书品种约占馆藏同类书的 30%，1965 年 2 月提出"新审书标准"，进一步封存大批图书，如京剧剧本一律下架拒借。大批没有"标准"的图书馆在工作中具有很大的随意性，下架图书混乱、下架后保存不善，这样简单粗暴对待馆藏图书到"文革"时就走向了极端。

2.3 1966—1969：冲击—破坏

从 1966 年"五一六"通知开始的"文化大革命"，给我国带来了一次空前浩劫。6 月 1 日，《人民日报》发表社论《横扫一切牛鬼蛇神》，呼吁"破除几千年来一切剥削阶级所造成的毒害人民的旧思想、旧文化、旧风俗、旧习惯"；中央 8 月 8 日出台的"文革"《十六条》明确了"破四旧""立四新"是"文革"的重要目标。在 8 月 19 日开始的"破四旧"运动中，大批书刊被视为"封、资、修毒草"而受到禁锢，大量图书馆藏书毁弃、流失。1967 年，北京图书馆奉命全部停止借阅哲学、社会科学方面的图书，后来又先后被军管和工宣队管理。全国各地各级各类图书馆在斗批改后，大批图书馆员被下放到"五七干校"和农村参加劳动，大量图书馆关门甚至被撤销。1969 年，中苏关系恶化，一些北部省区大型图书馆的珍贵典藏进行疏散，对图书馆工作影响更是雪上加霜。

"文革"初期我国图书馆事业被严重破坏，只是一个特殊历史时期的特殊现象，不代表国家的图书馆事业政策有根本性的变化，更非图书馆人所愿。

2.4 1969—1976：稳定—破冰

1969 年 4 月中共"九大"后，8 月 28 日中央命令全国各地停止武斗，革命群众组织实行"大联合"和"三结合"，社会开始稳定，一些图书馆陆续以"宣传毛泽东思想"和服务"三大革命运动"为名开展了部分业务工作。

1971 年，周恩来总理提议在北京召开了全国出版工作座谈会，经毛主席批示后公开发表《全国出版工作座谈会纪要》，其中第 9 条指出："图书馆担负着宣传马克思主义、列宁主义、毛泽东思想，为三个革命运动服务的重要任务，要加强对图书馆的领导，充分发挥它的作用。目前很多图书馆停止借阅的状况应当改变。要积极整理藏书，恢复阅读。要根据图书内容、读者对象和工作需要，确定借阅办法，并加强读书指导。"会议的召开和纪要精神直接促成了我国图书馆由动荡停滞转向恢复工作。5 月 3 日，北京图书馆恢复开馆后，各地图书馆陆续不同程度地恢复工作，但仍然存在相当大数量藏书被禁锢、不能公开借阅的情况。"九一三"事件后，推动"文革"的极"左"势力受到严重打击，人心思定，相对缓和的政局使图书馆事业可以在恢复中缓慢发展。

特别是 1972 年中美、中日两国关系相继走向正常化，中国图书馆界与西方发达国家同行沟通增多，开始有条件接触了解西方图书馆事业发展，图书馆服务、图书馆学专业教育、图书馆管理、图书馆技术革新都开始重新起步。1973 年 9 月以北京图书馆馆长刘季平为团长的中国图书馆代表团出访美国 11 个城市，45 个专业机构，历时 38 天。回国后向上级和业界进行了专题汇报，打开了通向外界的一扇窗。而 1975 年一年里，就有周恩来总理批示北京图书馆扩建工程，并指示"要尽快地把全国善本书目编出来"；《中国图书馆图书分类法》编制完成出版；开始试验电子计算机情报检索；《汉语主题词表》开始编制；北京大学图书馆学系刘国钧教授在《图书馆工作》创刊号上发表论文"马尔克计划简介——兼论图书馆引进电子计算机问题"等重大事项，这表明我国的图书馆工作已经基本上逐步正常化，一些政治运动并没有对图书馆工作产生太大影响。

2.5 1977—1978：厚积—勃发

从 1976 年 10 月粉碎"四人帮"到 1978 年 12 月党的十一届三中全会召开前的两年多时间，在我国现代史上是一个过渡时期，国家政治和社会生活中较多地表现为"文革""左"倾政治的惯性残留和改革开放起步前的躁动。1977 年 5 月，邓小平提出"尊重知识，尊重人才"、1977 年起恢复高考、1977 年第 10 期《红旗》发表钱学森的文章《科学技术一定要在本世纪内赶超世界先进水平》、1978 年 3 月邓小平在"全国科学大会"上提出"科学技术是生产力"，短短的两年时间里在全国上下形成了尊重知识和学习文化的热潮。党和国家领导人也对实现科学技术现代化过程中图书资料工作的重要作用给予了高度的强调。

1977 年 8 月 8 日，邓小平在科教工作座谈会上讲话时指出："后勤工作就是要为科研工作、教育工作服务，要为科研工作者创造条件，使他们能够专心致志地从事科研、教育工作，这包括提供资料，搞好图书馆，跑器材……。"[22]

1978 年 2 月 26 日，华国锋同志在五届人大一次会议《政府工作报告》中提出"发展各种类型的图书馆，组成为科学研究和广大群众服务的图书馆网"。

1978 年 3 月 18 日，方毅在全国科学大会上的报告中，专列一节"努力实现实验手段和情报图书工作的现代化"，要求"要健全和加强我们科学技术情报机构""要尽快实现科学技术情报工作的现代化，用现代化手段装备情报机构，八年内要建立起一批文献检索中心和数据库，初步形成全国科学技术情报图书计算机检索网络，同时，还要加强科学技术图书资料的出版工作[23]。"

积极的中央政策对图书馆事业形成了巨大的促进：

1977 年 2 月 28 日，中国科学院图书馆在《光明日报》上发表题为《以实际行动迎接科研工作新的"大跃进"》的文章，提出："要把我国已有的大量的科技情报资料单位通过高密度信息储存、电子计算机检索、通信线路和终端显示设备等组成一个全国性的情报资料网……"

1978 年 4 月 24 日，国务院批转国家文物事业管理局《关于图书开放问题的请示报告》，明确了图书管理、借阅的界限，解放了长期禁锢的图书和广大图书馆工作者的思想。

1978 年，国家文物事业管理局发布了《省、市、自治区图书馆工作条例(试行草案)》，成立中国图书馆学会筹备工作小组。

1977 年 10 月 31 日至 11 月 22 日，由丁志刚、鲍振西、金凤吉等组成的中国图书馆建筑和现代化设备考察团赴日本，先后对日本国立国会图书馆、东京都立中央图书馆等 32 个单位的图书馆管理、建筑、现代技术装备应用进行了全面的考察，并于回国后进行详细介绍，承认我国图书馆发展的巨大差距，认为应遵循毛主席"洋为中用"的教导，独立自主、自力更生，"树雄心、立壮志，奋起直追，为实现四个现代化，为建设现代化的社会主义国家图书馆而贡献力量"[24]。

从整体上考察1958—1978年我国图书馆的发展，即使是不断地受到各种运动的冲击，也没有改变我国图书馆事业既定发展方向，也从来没有尝试重新建立一个事业新框架，在极为困难的政治运动冲击和社会环境下，图书馆人不忘初心，攻坚克难，坚持图书馆事业阵地，盼到了改革开放后图书馆事业春天的到来。

3 改革开放后的中国特色图书馆创新

1978年12月18—22日召开的十一届三中全会，开启了我国"改革开放"的新时代，我国图书馆事业进入了一个新时期。

3.1 现代化的接续

全国科学大会带来了"科学的春天"，十一届三中全会"改革开放"拆除了杂乱的政治藩篱，"真理标准大讨论"打破了人们思想上的桎梏，80年代初中央提出的"翻两番"战略目标明确了全国人民奋斗的方向，为实现这一宏伟战略目标，生产力的解放不但要实现生产规模的扩大，更重要的还有生产方式的革命。《未来的冲击》《大趋势》等西方未来学著作传入中国后客观上起到了对国人信息化知识的普及，信息化要成为经济增长和科学管理的倍增器，更需要图书情报工作现代化的支持。

1980年5月26日，中共中央书记处第23次会议上通过了北京图书馆馆长刘季平所做的《图书馆工作汇报提纲》，这是我国现代图书馆事业发展上的历史性事件。《图书馆工作汇报提纲》对我国图书馆事业当时的发展状况、存在的主要问题，以及对今后工作的几点意见进行了全面的论述，针对过去"把图书馆同文化馆一样作为群众文化工作看待，无形中忽略了对图书馆为生产建设和科学研究服务工作的领导"的问题，建议要根据《全国图书协调方案》和《1963—1972年科技发展规划》的精神，"加强各系统图书馆间的协作，促进全国图书馆网络化、现代化的实现"[25]。

在80年代中期，我国掀起"文化发展战略热"，中共中央宣传部、文化部、国家教委、中国科学院于在1987年联合印发了《关于改进和加强图书馆工作的报告》,针对《图书馆工作汇报提纲》通过后几年来的情况,认为图书馆事业的现状远远不能适应社会发展的需要,为进一步发挥图书馆为两个文明建设服务的重要作用,要全面地改进和加强图书馆工作。此后,国家各部委出台多项针对性政策,文化部先后制颁了多个文化事业发展五年规划,特别是文化部先后在 1994、1998、2003、2009、2013、2017 年进行的县以上公共图书馆评估,与从 2005 年国家"十一五"规划开始提出并积极推动的"公共文化服务体系"建设政策交互推进,推动我国图书馆在事业建设和发展理念、干部队伍培养、服务、现代化技术手段应用等各领域全面实现现代化。在这个过程中,无论是服务"四化""四有""为两个文明建设服务",还是为大众服务、为科研创新服务,都和 50 年代我国图书馆发展目标具有内容逻辑的一致性,改革开放以来的现代化是 50 年代发展的历史延续。

在推动图书馆现代化的过程中,党和国家领导人的指向性倡导发挥了重大作用,包括:1998 年江泽民总书记视察北京图书馆时发出"大兴勤奋学习之风"的号召、2003 年后胡锦涛总书记先后提出"科学发展观"和"和谐社会"建设的论述、2015 年习近平总书记提倡建设"人人皆学、处处能学、时时可学"的学习型社会,党和国家领导人对文化事业的重视、每一次国家对发展模式和理念的政策调整,都为图书馆发展带来了新的契机。

3.2 价值的传承

十一届三中全会开启的"改革开放"是对 50 年代以来社会主义建设方略的接续和回归,改革开放后的图书馆事业是"接续和回归"的重要组成部分,通过纠正事业中的"左倾"思想影响、加大投入、完善政策,使我国图书馆在标准化、机械化、计算机化、网络化、数字化等领域都缩小了与世界先进水平的差距,并在改良现有体制框架的过程中实现体制的创新。

但新时代图书馆的价值和理念具有新时代的特点。1996 年后,国家开始强调大众文化建设,文化部先后多次发文要求加强农村文化建设、加强老年文化工作、加强青少年文化工作、加强基层公共文化设施建设,尤其是在"三个代表"思想和"和谐社会"建设目标下,2005 年 10月,《中共中央关于制定国民经济和社会发展的第十一个五年规划的建议》首倡"公共文化服务体系"建设，图书馆也明确提倡为公共文化建设服务。在这里，我们可以清晰地看到文化"二为"方针和"为工农兵服务"的价值传续。

2012 年，党的十八大提出 24 字"社会主义核心价值观"，这需要图书馆服务更强地体现和强调社会教育、教化功能，培育更为全面、现代、开放、理性、包容的文化价值理念，通过高效完善的图书馆社会服务配合实现社会主义价值观建设。2017 年颁布的《中华人民共和国公共图书馆法》明确"公共图书馆应当坚持社会主义先进文化前进方向，坚持以人民为中心，坚持以社会主义核心价值观为引领，传承发展中华优秀传统文化，继承革命文化，发展社会主义先进文化"。作为我国图书馆协作组织的中国图书馆学会，在学会章程中也明确规定了成立学会的目的之一是"充分发挥学会组织在构建现代公共文化服务体系和创新驱动发展战略中的作用，团结图书馆及其相关专业人士为发展社会主义先进文化与和谐社会建设贡献力量"[26]，使图书馆的发展"与中国特色社会主义发展要求相契合，与中华优秀传统文化和人类文明优秀成果相承接"[27]，充分体现了我国图书馆界对事业价值传承责任的高度自觉。

3.3 向全世界开放

20 世纪 70 年代初中美关系正常化后，我国开始与西方国家恢复联系。1979 年后对外开放国策确立、1989 年中苏关系正常化，中国图书馆界与全世界同行的联系日益密切，这个过程是与中国的外交局面的展开是一致的。1981 年，中国图书馆学会恢复了在国际图联中的合法席位，1996 年第 62 届国际图联大会在北京举行，这些事件是我国图书馆融入世界的重要标志。

我国在与世界各国图书馆界的平等对话交流中，除全面信息沟通、工作互访、派出访问学者、学术交流外，还积极参与国际图书馆资源建设和服务联盟协作，国内图书馆学者参与国际图联管理工作，向国际图联和国外同行积极反馈我国图书馆事业现状与最新成就，向全球图书馆联合发展提供参考建议，这些工作对我国图书馆在业务交流协作、新技术应用、科研创新等领域均起到巨大的促进作用。

3.4 法制化建设

中华人民共和国成立初期,我国只制定了《宪法》《刑法》《婚姻法》这三部法律,对各项社会事业的管理主要是通过党的政策(狭义)和行业部门规章来实现的,法制化建设比较落后。

改革开放后,在"依法治国"大环境下,图书馆界也认识到图书馆立法的重要性和必要性,开始有学者呼吁为图书馆事业发展立法。

在1980年第1期的《图书馆通讯》上,李克西发表了《六律正五音,规矩成方圆——试谈也要用立法来保证我国图书馆馆事业的发展》一文,提出要用法律来保证我国图书馆事业的健康发展,在图书馆学界引起强烈的共鸣,关于图书馆立法的研究论文陆续推出。

1980年7月3日,刘季平在全国文物工作会议第二次会议上提到图书馆法的问题:"大家希望赶快搞出一个规划,并且起草一个图书馆法,这确实很重要。不过关于图书馆法,我们以前尚未认真研究。……所以只能等会后尽快抓紧先搞出一个近期工作计划,再进而草拟长期规划初稿,提请各地和有关方面讲座、修改。"[28]

1981年起,先后有徐文绪、桑健、朱象喜、吴勋泽等人,在参照国外图书馆立法的基础上,结合我国政治制度和管理体制特点,拟成"个人版"的"公共图书馆法"建议草案共十几篇。

1982年,广东省图书馆学会与河南省图书馆学会先后举办了图书馆立法学术讨论会。1982年11月,中国图书馆学会也在南宁举行了"图书馆法专题学术讨论会"。

从80年代初开始由学界倡议的我国图书馆立法,其实践起步是从行政法规和地方性法规建设开始的,先后出台了深圳市(1996)、内蒙古(2000)、湖北省(2001)、北京市(2002)4部地方性图书馆法规。图书馆立法在几经波折后于2005年正式启动,2017年11月4日《中华人民共和国公共图书馆法》由全国人大常委会通过并公布,揭开了我国图书馆事业法制化建设新篇章。"《公共图书馆法》的颁布是我国图书馆界的一件大事,它不仅有助于公共图书馆的稳步向前发展,而且对我国图书馆事业乃至公共文化事业的提升有着巨大的推动作用。"[29]

3.5 中国特色图书馆之路的探索

我国的图书馆建设是一场全民参与的理论探索和实践运动,国情决定着图书馆事业发展，因系统归属、地域、需求、资源、时代等特性的差异，每一个图书馆也都有不同的环境条件和际遇。为实现现代化改造、提升读者服务能力、提高读者满意度、提高服务当地经济文化建设服务效益的目的，图书馆人也发挥主观能动性积极争资源、"抢蛋糕"，努力获取国家和各级政府的政策重视和资源投入。通过文献调研、请进来、走出去的方式了解发展水平较高的图书馆的情况，按"本地区高级别的图书馆—经济发达地区图书馆—京沪地区图书馆—港澳台图书馆—发达国家图书馆"的梯次模式，实地调研，选择学习和追赶的对象。在新建图书馆的选址、馆舍建设标准上，很多地方都将图书馆规划成所在城区的地标性建筑；各图书馆主要领导对事业快速发展的积极推动、地方政府在提升文化事业发展水平目标下的助力、文化部1994年以来的多次评估及各省市的类似评估，都成就了图书馆事业的快速增长。虽然不可避免地在一些图书馆规划制订中存在崇洋望高、互相攀比的情况，但在客观上促进了中国图书馆的发展，避免出现"建成即落后"，特别是随着我国近几十年来城镇化和市政建设快速发展，这种建设中的适度超前客观上起到了"歪打正着"之效。但也有不少偏远落后地区的图书馆建设没有搭上改革开放的快车，以至于到2017年11月，全国还有12%县（区）没有公共图书馆[30]。

　　我国图书馆的发展成就在很大程度上得益于行政力量的推动，这有赖于1994年的分税制改革，使中央财政有充足财力通过转移支付来支持经济落后地区公共文化事业的发展。在继续推动县级以上图书馆发展的同时，21世纪以来又将图书馆建设向基层倾斜，实现"重心下移、资源下移、服务下移，加强资源整合，把优质公共文化服务向城乡基层延伸"，建立起"坚持导向、服务大局，政府主导、社会参与，统筹兼顾、创新发展，服务基层、提升效能"的特色化公共图书馆服务体系[31]。而且因国家大、区域广、馆际差异大，各图书馆结合本馆实际开拓探索，在我国出现了诸如上海图书馆的馆所一体化建设、苏州图书馆的总分馆制、深圳市的图书馆之城建设、佛山联合图书馆建设、东莞城乡一体化图书馆建设等种种创新。

　　当然，我国图书馆在这个过程中也走了一些弯路。最具代表性的是从80年代开始因业务经费不足、馆员待遇差而较普遍出现了有偿服务现象，并得到了国家相关政策的支持。例如1987年2月文化部、财政部、国家工商行政管理局发出《关于颁发〈文化事业单位开展有偿服务经营活动的暂行办法〉的通知》；1987 年 8 月，中共中央宣传部、文化部、国家教委、中国科学院联合印发的《关于改进和加强图书馆工作的报告》中规定"图书馆在搞好无偿专业服务的同时，也可以进行合理的有偿专业服务"。这是在当时国家财政投入无法充分支持公益性的大众文化服务背景下的特殊现象。2005 年 10 月，在《中共中央关于制定国民经济和社会发展第十一个五年规划的建议》中，提出"加大政府对文化事业的投入，逐步形成覆盖全社会的比较完备的公共文化服务体系"后，大众文化服务的公益化、福利化理念和政策思想渐趋成熟，2006年深圳图书馆、杭州图书馆率先实现免费开放。2007 年党的十七大报告要求"坚持把发展公益性文化事业作为保障人民基本文化权益的主要途径"，公共图书馆免费服务才渐成主流，直到 2011 年文化部、财政部出台《关于推进全国美术馆、公共图书馆、文化馆（站）免费开放工作的意见》，才全面启动所有公益性文化单位的免费开放工作。

我国图书馆 70 年的发展历程具有复杂的阶段性，但它首先是一个整体的有机进程。通过中华人民共和国成立之初图书馆体制的设计构建和"一五"时期社会主义改造，我国图书馆事业体制实现了基本定型，此后的"发展"就是对原有体制架构的完善和细节的雕饰、随不同时代政治环境变化而做的政治性跟随调整、随不同时代技术发展水平提升而实现的服务方法和服务模式的提升。这一过程中出现了严重的曲折甚至失败，但"改革开放前的社会主义实践探索为改革开放后的社会主义实践探索积累了条件，改革开放后的社会主义实践探索是对前一个时期的坚持、改革、发展"[32]，改革开放至今我国图书馆事业的进步和壮大，莫不植根于这一政治和社会环境中，前 30 年曲折和失败的教训也是宝贵财富。这也从实践上验证了习近平总书记所说的"中国特色社会主义是在改革开放历史新时期开创的，但也是在新中国已经建立起社会主义基本制度并进行了 20 多年建设的基础上开创的"[33]这一科学论断。肯定改革开放 40 年我国图书馆发展成绩，客观评价前 30年的历史，就能不忘初心、砥砺前行、不惑于途，在中华民族复兴之路上创建更发达的中国特色现代化图书馆事业。

参考文献

[1][7-8][12][14]吴汉华.中国民间图书馆研究[M].武汉:武汉大学出版社,
2014:94.

[2]新图书馆的工作与任务[J].文物参考资料,1950(7):19-21.

[3][18]陈源蒸,等.中国图书馆百年纪事[M].北京:北京图书馆出版社,2004.

[4]国家图书馆研究院.我国图书馆事业发展政策文件选编(1949—2012)[G].北
京:国家图书馆出版社,2014:9.

[5][11]新图书馆的工作与任务[J].文物参考资料,1950(7):19-21.

[6]北京大学图书馆学系1955年级资产阶级学术思想批判小组.批判杜定友先生
图书馆学资产阶级学术思想[J].图书馆学通讯,1958(5):7-10.

[9]胡建淼.1950年至1978年新中国搞了多少场政治运动?[EB/OL].[2016-08-
22].http://news.china.com/history/all/11025807/20160822/23349512.html.

[10]范兴坤."文革"时期图书馆藏书的"技术处理"特征研究——以安徽省图书
馆为例[J].图书馆,2009(4):24-26.

[13]山东省立圕图书分类新法简要说明及分类大纲[J].文物参考资料,1950(8):
23-32.

[15]张树华,赵华英.新中国图书馆事业发展的一次浪潮——记"全国图书协调
方案"及其协作、协调活动[J].中国图书馆学报,2009(5):21-26.

[16]钱俊瑞.打破常规、鼓足干劲、实现图书馆事业大跃进![J].图书馆学通讯,
1958(3):1-4.

[17]胡耀辉.在图书馆事业中坚决贯彻党的社会主义总路线和为总路线服务[J].
图书馆学通讯,1958(4):1-4.

[19]吴稌年,顾烨青.1950年代的中国图书馆事业:跃进再跃进,服务广开展,研究
难深入(1957—1959)(二)[J].高校图书馆工作,2015(5):62-70.

[20]本刊评论员.把农村图书馆工作推向新阶段[J].图书馆工作,1960(5):
12-13.

[21]韩淑举.图书馆大跃进:历史述评(1958—1960)(下)——省思与批判:图书
馆大跃进的负面影响[J].图书馆理论与实践,2017(8):104-112.

[22]邓小平.关于科学和教育工作的几点意见[M]//邓小平文选:第二卷.北京:
人民出版社,1994:48.

[23]方毅.在全国科学大会上的报告(摘要)[J].红旗,1978(4):19-31.

[24]丁志刚,鲍振西,金凤吉.日本图书馆现代化设备情况考察见闻[J].国家图书
馆学刊,1978(1):32-41.

[25]张白影,等.中国图书馆事业十年:1978—1987[M].长沙:湖南大学出版社,

1989:59 – 65.

[26] 中国图书馆学会章程[EB/OL]. [2018 – 06 – 25]. http://www. lsc. org. cn/
contents/1143/7141. html.

[27] 中共中央办公厅印发《关于培育和践行社会主义核心价值观的意见》[EB/
OL]. [2018 – 06 – 25]. http://hxjzg. ecupl. edu. cn/s/306/t/92/49/de/in-
fo18910. htm.

[28] 刘季平同志在全国文物工作会议上的第二次发言[J]. 图书馆通讯,1980(3):
4 – 5.

[29] 图书馆事业发展步入新时代——专家解读《公共图书馆法》[N]. 图书馆报,
2017 – 11 – 10.

[30] 环球网. 文化部:全国还有12% 县(区)没有公共图书馆[EB/OL]. [2018 –
06 – 25]. http://news. ifeng. com/a/20171106/52993566_0. shtml.

[31] 文化部. "十三五"时期全国公共图书馆事业发展规划[EB/OL]. [2018 –
06 – 25]. http://www. gov. cn/xinwen/2017-07/07/content_5230578. htm.

[32] 中共中央宣传部. 习近平总书记系列重要讲话读本(2016 年版)[M]. 北京:
学习出版社、人民出版社,2016:32.

[33] 中共中央宣传部. 习近平总书记系列重要讲话读本(2016 年版)[M]. 北京:
学习出版社、人民出版社,2016:31.

晚年时期的季平同志

吴 瀚

一

1987 年 6 月 11 日清晨,季平同志在病床上以他最后的微弱的目光望了我一下,随后就无力地闭上双目,静静地离开了人世。在他临危前的 20 多天,在 5 月 16 日他 79 岁生日时,他不让我有任何声张,默默地在自己房间里做了一生的回顾。他在日记本里写道:"我已满 79 岁,开始步入 80 岁行程,今年 2 月又是我加入中国共产党整整 60 年,可以说是出生 80 载,入党 60 年。"他在文中叙述了他一生的追求和志向。他虽经历了不少的风险,但也取得了始料未及的收获,能亲眼看到整个中国与世界发生了天翻地覆的变化,他感到是非常值得庆幸的。

不过,我从他最后向我看的一眼中,觉察到他还有一些话想说出来:他对折磨他的疾病发展如此之快,是始料未及的;他对好些还在脑子里思索的问题没有来得及系统整理,很感遗憾。我体会到,他在嘱咐我要珍惜宝贵时光,好好地安排老年的生活与学习,尽可能地为党多做点工作,不要辜负党多年的培养。

我在他使用多年的书桌上、抽屉里,找出了他遗留下来的案头日历、小纸片、笔记本和一沓沓的思考提纲及手稿。这些东西都是他平时不愿意让我翻动的。他生前除了让我帮他整理报刊资料及文件外,不要我动他所写的东西,担心我打断他的思路。现在,这些纸片、手稿的字里行间都显现出他最后目光中对我的希望。

吴瀚,刘季平先生的夫人,原北京图书馆研究员。

二

1972 年，当国务院通知他由"五七"干校回京检查身体时，就被诊断出患有肺气肿。他觉得自己不过 60 多岁，还没有什么病，只要上级安排他工作，他就服从组织的安排。这样，他站上了最后的一岗。我过去虽随着他工作的调动，从东到西，从南到北，但一直是在基层单位工作的。而这次他从干校回来被派到北京图书馆工作，我随后也调到北京图书馆，就在同一个单位了。这时他身边已不单设秘书，我从旁了解，他的工作担子更重了。这时他的健康既有肺气肿的影响，又患了十二指肠溃疡，经常难以进食。但当时如按医嘱进行手术治疗再进行疗养，势必影响工作。他坚持利用业余时间请中医按摩，后来竟奇迹般地使严重的溃疡逐渐得以愈合。由此，他愈来愈相信自己的体力可以克服疾病，便专心致志地忘我工作。他设想把所有各种图书馆建成为促进社会主义精神文明建设的基地之一。他为了团结全国广大图书馆工作者积极投入有关的学术研究，更好地发挥作用，推动组织建立了中国图书馆学会，直到退居二线以后，在 1986 年秋，还为《图书馆学通讯》题词：

> 希望图书馆工作者抱着远大理想，切实抬头乐干，把新中国图书馆事业办成面向现代化、面向全国、面向世界、面向未来，边发展、边整改、边工作、边培养人才的社会主义图书馆网，办成促进精神文明建设的社会主义大学校。

我于 1978 年离休后对各地图书馆事业的发展情况没有直接了解，但从他逝世后，全国各省、市图书馆发来唁电、唁函 40 余件，各省、市文化厅局也发来唁电 10 余件，对他的逝世表示哀悼和惋惜，我感到他的倡议虽然不可能在短时期就能实现，但深得图书馆工作者的响应和支持。福建省文化厅社文处特别指出："刘季平同志非常关心图书馆事业，为图书馆事业的建设和发展起过很大的推动作用。他的崇高品质和忘我精神永远值得我们怀念和学习。"1988 年夏天，我应杨应彬同志邀请去参观广东省中山图书馆和广州市图书馆。省馆佟德山馆长和广州市馆朱副馆长都向我介绍了两馆近年来取得迅速扩充发展的情况。

他们谈到季平同志在主持工作时向中央书记处做了关于图书馆事业的情况及发展意见的汇报后,得到中央领导的重视。文化部将中央书记处批转的《图书馆工作汇报提纲》传达到各省市的同时还专门召开会议讨论如何具体贯彻的措施。因此,这两个处在沿海地区对外开放的馆争取到了省、市领导的大力支持,取得了目前的成就。这些年全国图书馆事业是跟上了我国整个社会主义建设事业发展的大好形势,得到了迅速的发展,北京图书馆的新馆能在较短的时间建成,并正式改称为国家图书馆,都可以看出国家在四个现代化建设中对图书馆事业的高度重视。

季平习惯在每个阶段要对自己的工作进行反省,他谦虚地认为自己的最后一岗未能完全站好。1986 年 7 月 1 日,他参加文化部图书馆事业管理局召开的纪念中国共产党建党 65 周年纪念会,也是他最后一次参加党的组织生活。会上,他恳切地谈了几点感想和心愿。他认为关于图书馆工作方面,还有很多应做的事,而自己未能做出应有的贡献。这年国庆节他在日记上写道:"由于身体条件限制,没有出去参加国庆活动,着重学习和思考了社会主义物质文明和社会主义精神文明的辩证关系。"过了十余天,他的病情更加严重,不得不住进医院诊治。他觉察到医生已经诊断出他已患不治之症时,心情很坦然。在日记里写道:"我对此从未感到紧张。这是因为(1)我不信真患有肺癌;(2)即使真有这事,也没有什么可怕的。我很快就要进入 80 岁,早已大大超过我们这一代人的平均寿命。过去年轻时干革命不怕死,现在老了,不能再作什么贡献了,为什么还要贪生怕死呢?"他的病情稍见稳定就要求出院。因为在自己家里他可以多看、多听、多了解各方面的情况,可以更自由地思索问题,还可以把自己的疾病完全置之度外。

季平对革命事业的忠诚,对个人生命的态度,给我留下的印象是难以忘怀的。

三

季平同志青年时曾用"力花"的笔名。他认为参加革命活动必须亲自到革命大风浪中去冲撞、去锻炼,不惜以自己的生命去撞出火花。后来被捕因于反动派的监狱,狱中他仍要求自己奋力参与激起马列主义的波涛,又用了"满力涛"的笔名(谐音"马列涛"),坚持自学革命理论,并以这个笔名写了若干文章,冒险设法寄出,请王洞若同志帮助发表。他曾回忆当时自学的期间:

> 斗室独处,臭虫无数;白天读书,傍晚踏步;探索哲理,奋力求知;小小囚徒,俨然书蠹。

1985 年 10 月,他为了竭尽晚年余热试用马列主义理论研究陶行知先生的思想、作风和精神,同时结合这一研究工作进一步端正自己的思想作风,又改用了"满立陶"的笔名。

他酷爱学习、酷爱工作,他说"什么地方都能变成革命的大学校"。在毕生的工作和学习中,他结合实际,一面从工作中学,如从战争中学战争,从工作中学工作;一面又不间断地进行自学。在各种不同的工作中逐渐摸索学习,积累了从总结工作经验再提高到进行理论研究分析的能力。

他不怕人生道路上的任何困难,在克服各种困难的过程中,他找到了"化困难为力量,向必然要自由"的一套工作方法,使他在解决诸如发生在苏南新解放区的干群纠纷、山东的生产救灾和安徽的甄别平反等复杂问题时,圆满地完成了上级交给的任务。

尽管有人说他"好标新立异",他却不以为然,总是抱着对革命事业的执着追求,在一个个新的工作岗位上给自己不断提出新的目标。直到晚年退居二线,他在学习党中央、国务院各项方针、政策、决定的文件时,还结合实际孜孜不倦地、夜以继日地进行思索,提出自己的看法和建议,向有关领导汇报。他非常关心教育问题,考虑到教育工作在整个社会主义建设中的战略地位十分重要,连续发表了一系列的意见。他在 1981 年 5 月建议上海市教育部门与上海市陶行知研究会在陶行知先生创办的上海宝山县山海工学团的基础上,试办新型的社会主义工学团。他倡议把图书馆建设成为社会主义精神文明建设的重要基地。他对群众团体、工会组织、社会上的青年读书会、各种补习学校、自修大学等能够进行学习教育的单位和组织,都发生了极大的兴趣,并积极支持他们的工作。他曾经设想与工会协作搞好职工教育,认为这是整个社会主义建设迫切需要的。整个工人阶级队伍的理想、风气与法纪教育,科学文化补习与新技术革新教育,中青年干部与技术人员的知识更新教育,以及职工子女的幼儿教育、基础教育和职业教育等,这一系列的教育工作如能妥善统筹安排好,就能对整个职工队伍文化素质的提高起到极大的作用。他看到山西省太原钢铁公司教育处出版的《教育通讯》(现改名为《太钢普教报》)报道重视教育工作所取得的成就后,十分重视。他从广播新闻中听到介绍北京市环境保护研究所与大兴县(今大兴区)在留民营村共同建立农业生态循环试验区的情况后,亲自约北京市教育科学研究所的同志一起到那里去参观。这个试验区结合农业生产和多种经营进行的农业生态循环试验取得了很大的成就,已引进了好些技术设备,如沼气设备、日光灶设备、土壤试验设备以及多种农产品加工机械等,群众的生活设备也极齐全,家家都有自来水、日光灶、沼气灶和电视机等。他看到留民营村所办的教育仅有幼儿园及三个年级的小学,觉得这里的教育发展大大落后于生产发展的需要,建议他们应当重视教育工作,要注意基层干部及青壮年成人的补习教育,以提高科学文化水平,也应该注意农村妇女的扫盲识字教育,不应该忽视儿童的基础教育,并指出特别应当结合生产发展的需要,迅速培养自己的技术队伍,以保证促进农业生态循环试验的更好发展。

　　他生前一直认为他个人的一生是微不足道的,只是追随革命洪流中所展现的小小波涛,始终跟着党、跟着革命不停地前进。他认为经过了曲折多变、危险丛生的历程,受过了各种锻炼和考验,虽然为党、为革命干了一辈子工作,但自己远远没有做出应有的贡献,却享受到了党与国家给予的高级待遇。他理解中国社会主义革命和建设的艰巨性,对党的十一届三中全会以来的各项方针政策都是拥护的。他原来还想对自己以往 60 年革命实践的正反两方面的经验教训进行深入的剖析,作为党的历史的一个侧面的参考材料。他还想到,老干部应积极参加党史研究,并进一步开展马列主义理论的研讨,以尽到一个革命者的最后职责。可是,未料到疾病缠身未能着手进行,为此,他遗憾不已。他还留下了殷切的期望,他希望新的一代在党的正确领导下,结合实践,实事求是地吸取前一辈革命者留下的正反两方面的经验教训,更加努力不懈地为实现社会主义建设的宏伟理想做出贡献。

四

　　我带着他临终留下的遗憾和希望，尽力整理他案头所存的材料。前些年，将他的日记和文章，分别选送给有关报刊，《人民日报》上曾刊登了他的一篇病中日记和《我国需要众多的现代陶行知》一文的摘要，他的《南沙沟杂记》刊登在文化部党史征集委员会主编的《新文化史料》上，其他有关教育改革方面的建议，则在中国教育工会的会刊《教工》及中国陶行知研究会和各地陶行知研究会的刊物上陆续发表。

　　近几年，整理季平遗稿的工作又进一步得到文化部、江苏省委、国家图书馆和中国陶行知研究会有关领导的重视，以及江苏省教育厅、江苏省陶行知研究会和江苏省南通市委党校的领导和同志们的热情鼓励和大力帮助，于1999年组成季平文集的编校出版组，2002年又与国家图书馆一起组成编审组。承担文集编辑出版的同志们，以认真负责态度，对季平的遗作进行了认真研读，并做了大量细致的选编工作。近期季平的文集将出版，我记述此文特向上述单位的领导和同志们表示由衷的感谢，也以此文作为对季平逝世十五周年的怀念。

于 2002 年清明

本文摘自：《刘季平文集》

奉献，只知奉献

——忆我的父亲刘季平

刘　爽

"不要抢救"

经过北京医院的地下通道，我们把父亲推进冰冷狭窄的大抽屉中……三天来，父亲是半张着嘴，粗喘着，静悄悄地走的，没有任何要求。大夫按父亲的书面陈述"无法治就不要浪费药品和人力了，不要抢救"，尽职守候。我们用玻璃吸管往他干涩的唇边、舌尖上点一滴清水，但都会引起他用全身的力气来吞咽，无法让他在人生的尽头稍为好受一些。喘着，喘着……忽然父亲睁开双眼看着我，想说什么。我俯到爸爸耳边轻轻地说："我会照顾好妈妈的。"随着心电图仪屏幕上越来越乱、越来越大的脉冲间隔，父亲的表情越来越安详了。父亲没有再说什么。我总觉得父亲应该向我再说句话。可是从担心让他讲话增添劳累不忍心问，到怎么也摇不醒了无法问，我后悔极了。

6 月 11 日清晨，人们去工作的时候，我们从医院回到家里。妈妈从父亲终日守着的案头里翻出一个日记本。大家从他最后几个月的日记中，理解了他遗容中透出的安详和满足："入党 60 年，越过了多少牺牲的关头；不仅能幸存下来，而且居然能活到七八十岁，这是始料不及的！……在生逢曲折多变危险丛生的乱世，提着头走路，终于走过来了，从未贪生怕死、动摇偷懒过。所以也就很值得庆幸。"

爸爸最终昏迷前竟然端坐了三天三夜！母亲疲劳至极，爸爸令她躺下休息，还逼我每天早晨去上班。这么长的时间，是妈妈默默地代替我们这些膝下人尽了义务，她也是 74 岁的古稀人了。

刘爽，刘季平先生之女。退休于全国总工会。

爸爸，有一件事情我从未告诉过您：6月7日中午，当您开始昏迷时，市急救站的一位不知姓名的电话员，应着我们手忙脚乱的电话，10分钟后即派来了闪着蓝光的急救车，一位着急而又冷静的女大夫赶来护送，一位位不相识的民警同志制止住长安街上一个个交叉路口的所有车辆和行人，瞬间全是红灯。让我们超越过所遇到的同向车辆，通过一个个交叉十字路口。这一切，您是不乐意那样安排的，请别生气。

不要特殊照顾的父亲

父亲从来都不要对他特殊照顾。我们这些子女常常为伺候不上他而发愁，埋怨他。我从记事起在家里很少能见到父亲。他即使在家，不是写，就是看，或者和人谈话。我们是不能去打扰的。

求学期间，我只是奇怪爸爸总是用着妈妈缝制的特殊布兜肚，还经常要吃烤大蒜，我又多是住校，后来才知道父亲患有一身慢性病。参加工作后，正赶上自己和父母一样，各奔东西去参加农村"四清"，接着一下子就迎来了那个黑白颠倒的年代，父亲住了"牛棚"，被扬着皮带当鞭的红卫兵押着去"劳改"，又赶到了安徽凤阳"五七干校"……

1972年春，由于周总理的努力，一些人得以从"牛棚"回来检查身体。从缓缓停下的列车窗口，第一次觉得父亲那么老，那么瘦，那么黄。是岁月，还是劳累，还是肺结核复发外加新添冠心病、肝炎的踪迹？一阵辛酸哽塞咽喉。"他不老，你们怎么长大？"幸亏刘坚贞叔叔的一句话把我拉回到与父亲重聚的欢欣。不管怎么样，父亲幸存了。我在父亲"不许向组织提什么要求"的指令下，用我的小家的锅碗瓢勺为底，在组织分配的西城区东养马营十七号大杂院的两间小平房，为父母安下了新家。搬煤安烟筒生炉子，排队上公共厕所，依次洗脸刷牙……父亲没有一点怨言。

刚"解放"的父亲还没有工作。为了给父亲增加一点乐趣，我们买来当时的高档消费品——一台14吋黑白电视机。谁知在第二天，我就为此对父亲埋怨起来。下班一回家，好家伙，黑压压的一屋子人，老少20多人把12平方米的屋子里的床上、地下塞得满满的，真是进退两难！从人缝里挤到看不见荧光屏的墙边角落，饿着肚子，一直站到电视机发出最后的"沙沙"声。我压着不敢发泄的怒气，猛听见父亲一声"没有群众观点，还像个共产党员的样子吗"，才从烦恼中自拔，父亲能洞悉一切，父亲确实是正确的，我只有让步。从此我当上了一名业余义务电视放映员。天气好的晚上，在房门口放张桌子，荧光屏对着院子，招待大家。有的女儿扶着偏瘫的父亲，有的奶奶提着小凳拉着"咿呀"学语的孙子，熙熙攘攘，好不热闹。逢刮风、下雨、天冷的晚上，还要想办法把这个人群浓缩进 12 平方米的小屋里。父亲为此笑容常开。这样的乐趣一直持续到我们搬家离开大杂院。

作为生活在父亲晚年身边的子女，尽管爸爸浑身是病，但在这 15 年中，却很少照顾他。除了父亲最后昏迷的三天三夜，他无法约束我了，我请了两天假陪爸爸外，另外只请过半天假陪爸爸去做了一次体检。那天是妈妈身体不适，而体检时间又是医院定的，父亲不易变更了，就"赐予"了我半天陪伴他的时间。这半天我知道了两件事：第一件事情让我吃惊，父亲的左眼是完全失明的，而且他竟然对医生讲不清楚那只眼睛是何时开始不适，何时最终失明的？第二件事情让我感到从未有过的满足——父亲是那么爱我们。在大夫检查他的胸腹部时，父亲解开外衣，拉下开胸毛衣衫的拉链，从毛衣前襟里摸索到并解开反扣在前襟里的"护胸"，掀起一层旧粗羊毛绒线编织的兜肚；在衬衣、汗布背心里面还翻起一个白棉绒布的贴身兜肚。大夫微笑着说："刘老，您对慢性肠胃病真有经验。"父亲马上浮起了笑靥，显得那么慈祥："这些都是女儿做的，外面买不到的，少麻烦了你们，比药还有用。"

那次陪父亲体检看到病历上记载颈椎、腰椎都有严重的骨质增生，可是他从没有对我讲过或表示出疼痛。因此我才知道了父亲的毅力。

后来空闲时，我设法凑近爸爸，想施展一下我学过的按摩手法，但终因无法使他离开伏案的纸笔而未成。时来运转，闻电动振动按摩垫上市，我爱人兴致勃勃地买来一个。父亲观赏了片刻说："让妈妈用吧。"第二天垫子不见了。一问才知父亲把垫子转送给多年卧床不起的老战友宗阿姨了。如此反复，共买回来三个，竟没有一个留在家中用。我们伺候不上爸爸的埋怨只得又一次习惯地转化为理解和服从。

父亲是临终前八个月被确诊得了晚期肺部多处鳞状细胞癌的。大夫同时约见组织和我们交代："无法手术。化疗，他的身体也受不了。只能局部试试放疗。但最大的一块在肺门处，离心脏太近，不敢施正常的治疗剂量。再发展就把呼吸通道全部堵死了……没有多长时间了。"见多识广的大夫想安慰我们，却又不得不和我们交底："经常输氧，人会稍好受一些，但终也无甚益处。他的肺功能坏了，因陈年结核、支气管炎、肺气肿，早已咳成肺大泡，大部分肺组织都不能进行氧气交换了，结果血液中的二氧化碳含量越来越高，气喘、手脚冰凉、全身无力，恶性循环……若同意，明天就开始放疗。"在难熬的沉默中，妈妈喃喃地做了决定："老刘听组织的，听大夫的。"爸爸原只说他"感冒"了，还买好了机票要去上海参加陶行知研究会的一个重要会议，被扣下住院还好大不愉快呢。

在父亲接受住院"治疗"的三个月后，有一天他告诉我要出院。黄葳阿姨送来了欧阳钦伯伯生前用过的中号氧气瓶，父亲说行了。我们怕氧气换接不上，又瞒着他跟组织商量买了个小号氧气瓶，父亲一看不免嗔怒："你又去找文化部的麻烦了！"回家后，父亲因出院心境平静得多，在早、中、晚起床穿衣或脱衣感到格外劳累时，他才用 10 分钟氧气，说这样，可以一个月才请组织派一次车去充气。每当父亲病厉害一些时，我们提出要他住院，他都拒绝了："住院一天，要白花掉国家多少医药费！"他临终前的半个月，南沙沟的宿舍统一粉刷修缮，在涂料油漆味浓得他快窒息了还不肯住院的情况下，我们只得骗他说组织上安排他去中组部老干部招待所住几天。一住下，因环境好，空气清新，病情大大减轻。但当父亲偶尔从服务员话中得知一天要组织花费 48 元房租后不干了，住了五天又回到家里。

父亲就是这样，在垂危之时也不要任何特殊照顾。他支撑着连躺都没有福气平躺的病躯，舍不得多吸一口氧气，多花国家一分钱，坚持到生命的最后一分钟。

总是认认真真的父亲

"文革"初期他还未被关进"牛棚"时，白天去"劳改"，晚上写检查，因教育部造反派有多支，"检查"也必须复写几份。是出于相信组织相信群众的信念吧，他总是认真地写，总是厚厚的一叠。实在累得不行了，我才得以帮助誊写的机会。他认认真真地写了怎么从 16 岁起追求真理，认认真真地写了前后两次被捕和被审讯、监禁和出狱的经过。他讲述抗战初期国共合作的历史，经过中央同意周恩来出任了国民党政府军事委员会政治部副部长，经过委婉曲折的斗争，筹建了主管宣传工作的第三厅，在总理的领导下，怎么样开展抗战宣传的工作……有的派开始"保"他了，因为他的检查材料印证了敌档中的表现，他在电刑时、老虎凳上都未低头。也为此，有的派更恨他，对他更加以折磨，以至关进"牛棚"。我在机关食堂排队买饭时偶然听到议论说："刘季平不像真有问题。天天这么斗，每顿饭总还吃得下两个窝窝头。"我知道，这是父亲在认认真真地保持体力。

心惊肉跳的年代过去了。爸爸一身是病，该歇息一下了。可他还终日伏案认认真真地在写……

1984 年，我在中央整党工作指导委员会办公室工作时，一天父亲突然问我："对照检查怎么写？"他严肃的神态好像我是大人物。我把一些部委领导同志对照检查的一般模式介绍了一番后说："你历史没有问题，'文革'中没有问题，十一届三中全会后又不工作了，从来也不开后门照顾过我们哪一个，没什么好检查的，写个情况提纲就行了。"几天后父亲给我一摞稿纸。一看他竟然检查了多条：什么"文革"中尽管未完全按"四人帮"一套办，但实际上未能摆脱过去某些"左"的影响。什么十一届三中全会后，自己不是一下子就对改革开放完全理解的，等等。父亲最后还是拿着这个稿子，在党小组会上认认真真地检查了。

以后，他是成天翻书看材料，不断地要我们买回稿纸、圆珠笔芯和复写纸。后来从父亲陆续发表的十多篇论文和讲话中看到，一辈子只知道工作的父亲停不下来，他在为国、为党担忧——改革中对教育是不容忽视的。改革的浪潮激发了这个 60 年党龄的共产党员的事业心。他早年倾心于教育事业，但千疮百孔的国家安放不下一张平稳的书桌。中华人民共和国建立后又因组织需要多次中断改行。父亲在有生的最后五年找到自己致力于改革的突破点。他从批评自己开始，各地奔波，倡导筹建成立了中国陶行知研究会，提出了陶研工作的总课题。他像当年从事的每一项工作任务那样，认真分析各方面的情况，研究工作方法，拟定工作步骤。他得知我到中国工运学院工作，很兴奋，拟了个《关于和工会协作，搞好职工教育的设想》。在这个设想中，他对整个工人阶级队伍的理想、风气与法纪教育，科学文化补习与新技术革命教育，中青年干部与技术人员的知识更新教育,职工子女的幼儿教育、基础教育、职业教育这几个方面,提出了意见。他认为现在设专门工作机构是相当好的,只要有决心、有办法、有计划,就可以得到中央和各有关部门、企业的支持。父亲认为自己入党 60 年的奋斗历程中,因"头十年,大部分是在国民党监狱里度过的。后二十年,不单头几年过着隔离和靠边的生活,后来也只能勉强敲了几年边鼓,便在实际上离休",有一半年份精力浪费了,深知有生之年甚短,因此在他生命最后五年更加迸发出对教育改革的热情和永远的奉献精神。父亲关于教育改革的研究和探索,就这样认认真真地坚持到他最终昏迷的三天中,他还说:"请方明同志告诉陶研会的同志,我做不了工作了……"

1986 年 12 月 2 日,父亲突然跟我说:"病重了,不要抢救。……不举行遗体告别,遗体献给医院解剖、使用……"我口里反复念道,"懂了,懂了",心里难受极了! 父亲是想用他仅有的不能发热的肉体,为扭转党风和社会风气做最后一次奉献。

这就是我的父亲。从来不要特殊照顾,永远认认真真地工作。奉献,只知奉献……

1989 年清明

本文摘自:《纪念刘季平文集》

生逢乱世提头走路　竟然走过来了

刘　鲁

刘季平,江苏如皋县(今如东)人,中国近现代教育家。原名刘焕宗,笔名力花、满力涛等。1927 年 2 月加入中国共产党。中华人民共和国成立后,历任上海市人民政府秘书长、副市长兼中共上海市人民政府秘书长、中共上海市委教育卫生工作部部长,中共山东省委、安徽省委书记处书记,教育部副部长、代理部长,北京图书馆馆长,文化部顾问。今天是刘季平先生去世 30 周年的日子,我们刊发其子忆文,以表纪念。

越狱时父亲掉到沟里,侥幸逃脱,其他四位同志都被抓了回去,有的下落不明,有的牺牲

父亲出身贫寒,1923 年高小毕业后就读于如皋师范的初师和高师。1925 年他在学校受到革命影响,参加了"五卅运动",反对英、日帝国主义。1927 年 2 月,他便加入了中国共产党。那年夏季,因领导学潮,他与另外六名同学一起被开除学籍。1928 年春,如皋教育局局长吴树谷把这些进步学生引荐给人民教育家陶行知先生,就读于陶行知先生创办的南京晓庄师范。他在晓庄建立了党支部,是第一任支部书记,他还担任了晓庄联村自卫团的副团长。

1930 年初,父亲被任命为中共南京市委宣传部长,并成为中国自由大同盟南京分部的负责人。当年 4 月下旬,因李立三"左"倾路线的影响,南京党组织制订了南京地方暴动计划。让父亲负责"五卅"那天公开发动学生罢课。不幸的是,他在组织活动时被捕了。

刘鲁,刘季平先生之子。退休于科技日报社。

父亲被捕后，一口咬定自己刚从安徽六安来，受人雇佣，什么也不知道，不承认自己是中共党员。他先被关在南京警察厅看守所，后又被送到苏州高等法院十字监（当时政治犯一般都由高等法院审理）。当他在为狱内特支向省委写书面报告时被发觉，又与其他30人（其中有管文蔚）被送到镇江军法会审法庭处理。他们每5人一组，被隔离在国民党江苏省警察厅的各个派出所里。他和黄子仁、郑廷桢、李会、马达等五人被关在镇江麒麟巷一个专抓土匪小偷的警察宿舍里。

由于军法会审法庭还未审理案情，所以对只钉脚镣的犯人看管得较为松懈，不锁门，院子又很小，父亲感到从这里可以设法脱逃，并立即着手准备。他让马达（原姓贾，非党员，是当时武汉警备司令贾伯涛的兄弟）和一个青年警察联络感情，结拜把兄弟；自己与外面联系搞破坏脚镣的东西。我的祖父（刘逸东）年前来探望父亲时，将一小钢锉夹在馒头里，偷偷送了进来。

马达和那个青年警察拜把兄弟的事也成功了，他们决定趁阴历年初一行动。事先大家都把镣链锉开了缺口，用布条缠住（布条缠镣本是为防磨破脚踝），锯断镣链后即可吊在两腿上行走。马达与那个青年警察约定，年初一夜间十二时，他上岗后行动，并带他一同走，之后给他介绍个更好的工作。

初一白天，他们装得若无其事，买了些酒菜吃喝，只等夜间行动。不料，那个青年警察动摇了，不敢上班，夜间称病请假，却也没有告密。大家决定当天不走，再寻找机会。但马达怕万一那个警察告了密，后果不堪设想。便趁代岗的警察在另一处喝酒之际，立即穿过小院走出大门。父亲当机立断，叫其余三位同志也赶快走，自己首先快步跟出。大门是向北开的，他出了门，跑过一条巷子，走上通向城里的马路。此路与铁路平行，中间隔着一堵矮墙。父亲沿着墙脚向东走，刚跑了不远，就听到后面警察大叫："犯人跑了……""抓住了一个……""又抓住了一个"……他立即翻墙，沿着矮墙向西走，然而他一脚落空，跌进了路旁的沟里。这时，有两个警察也从东边不远处翻过墙，沿着铁路经过他身旁，幸亏天黑，父亲匍匐在沟里未被发现。两个警察边走边问："有犯人跑过来吗？"路人回答："没有，没有。"两个警察又转身再次从父亲身旁跑过，沿铁路向别处追去。等警察走远，父亲过了铁路，接着越过一个小山头，折而向东南一直走到天黑。他躲在一个小火车站后面的一个小树林里,并乘当晚最后一次车到常州。为避开警察搜捕,第二日清晨六点钟,他从常州乘车到真如,再由真如乘公共汽车到了上海。

到上海后,父亲身无分文,腿上仍吊着被锯断的镣铐。幸好在半路上碰到了晓庄学校同学方与严(中华人民共和国成立后任教育部副司长),经他又找到戴伯韬等同志,这才弄到了钱,借到了衣服,买了锉,用了两天除去残存的脚镣。与父亲同时逃跑的四位同志,都被抓了回去,有的下落不明,有的不久就牺牲了。

4000 多人听从父亲等人的手势指挥,
一起大吼大叫,掀起了"大狱啸"斗争

1932 年,父亲在上海与几个晓庄同学住在法租界,受"文委"嘱托,筹建了左翼上海教育工作者联盟(即教联)。教联正式成立后,他担任党内负责人,并负责总务,编辑出版《教育新闻》。这时,他与从日本流亡回来的陶行知先生也联系上了。6 月 25 日,父亲从外边回来,不料房间里有几个"包打听",为保护同志,父亲当即把一张记有联络名单的纸片吞下肚。他再次被逮捕,关进上海法租界的巡捕房。在狱中父亲遭到半个多月的严刑拷打——坐过老虎凳、被灌过辣椒水、坐过电椅、上过"电梯",但他始终未暴露自己是共产党员,未供出任何同志。

7 月上旬要开庭审判,父亲感觉宣判肯定轻不了,就设法托人送信给陶先生。当天下午两点钟,法庭开庭审判,有律师出庭辩护才可免于绝境。法院虽已代找律师,但必须在开庭前交付 500 大洋。正在自然科学园开会的陶先生收到信时,距开庭只有 4 个小时了。他当即休会,设法筹款,并赶在开庭前筹足了 500 块大洋送去。结果,父亲这个"政治犯"只被判了 5 年徒刑。若无陶先生的鼎力营救,父亲很可能就慷慨就义了。

在上海马思南路监狱里服刑时,父亲等人秘密成立一个叫作"难友会"的组织,他任书记。在半年中,他们秘密建立了全狱的交通网,还办了一个手抄的《大牢月刊》,向全监犯人进行宣传。为了改善狱内生活条件,他们在狱中成功地组织了一次"大狱啸"斗争。全监四层楼 4000多人完全听从父亲等几人以手势指挥,一起大吼大叫。"大狱啸"吓得监狱当局惊惶失措,四面架起机关枪,并很快做出让步。两三个钟头的

狱啸斗争,无论从规模、威力、组织的严密性来讲,都极为罕见。这次斗争也引起法租界当局的恐慌。1933年春,父亲等8名政治犯及60个普通犯人被送到烟台监狱关押。

陶行知得知父亲换监的消息后,特派晓庄学生徐一冰(徐明清,即王观澜的夫人)持函致知交冯玉祥将军,试图请他通过其旧部山东省主席韩复榘营救我父亲。但由于烟台监狱由国民党威海特区管辖,山东省主席无权过问,营救未能如愿。不过当时仍受国民党通缉迫害的陶行知,能为营救自己的学生殚精竭虑,令人感动不已。

臭虫成群的监房里,父亲不仅自修日语, 还在狱外成了著名的马列传播者

烟台监狱的建筑很特殊,看守室在中心,共有五排由中心向五个方向辐射出去的监房。从上海去的政治犯被关押在其中一排,最末端是专关死刑犯的独监,与其他四排监房完全隔绝。每个监房只比双人床稍大一点,如要互相说话,只能把嘴巴凑在碗口大的门洞上讲,再用耳朵靠着门洞听。监房里臭虫成群结队,还常常爬上天花板,团成一个球,像炸弹一样忽然掉下来。因拍打臭虫,四壁搞得像壁画一样。除了臭虫外,夏天还要和满屋蚊蝇搏杀。冬天监房冰冷,夏天闷热无比,真是困居斗室,四季不安。父亲就在这样的牢里住了三年半,天天拂晓杀虫,白天读书,晚间踏步。

狱里能看书学习,纯属意外收获。父亲第二次被捕后,由于担心被翻出上次脱逃的老账,不敢上诉。但他又不甘心,便给法租界巡捕房写了一封抗议信:说自己被捕时,住处有好多书籍和衣物,判决书上并未宣判没收,应该发还。巡捕房只好胡乱弄了一些东西交给他,其中多是些被巡捕房没收的别人的衣物和书籍。书籍多半是日文的,却都是马列著作和进步书刊,如《资本论》《自然辩证法》、河上肇的《政治经济学》等等,甚至还有一本封面上印有"国色天香"的我党六大文件。父亲便从中挑选了一大箱中日文书籍,先存在上海监狱保管室,后又带到烟台监狱。这一笔"财富",恰好被父亲用来学日语,提高自己的理论水平。

在烟台监狱,父亲等几个政治犯为改善生存环境,进行了七天六夜

的绝食斗争。他们提出去除脚镣、改善伙食、给予读书自由等条件,最终取得了胜利。其中最主要的就是不再扣留外面寄来的新书刊,并获准父亲把那一箱书拿进监房,还特准给他两个新瓦罐(尿罐),一个放书箱,一个当坐凳。这样,他的监房就变成一个小型图书室。父亲利用这个机会,一面继续自修日语,阅读日文的社会科学和自然科学书籍,一面慢慢读完了包括《资本论》等在内的经典著作。他曾作诗一首,反映他们刻苦读书的状况:"斗室独处,臭虫无数;白天读书,傍晚踏步;探索哲理,奋力求知;小小囚徒,俨然书蠹。"

　　父亲与狱友还利用牢房与看守离得远的条件,常常讨论问题或谈学习心得。只要听不见看守的脚步声,他们就不约而同地站到门旁,对着门洞小声讲或认真听,专心一意,引经据典,各抒所见,据理力争,谁也不肯轻易罢休。在学习中,父亲又做专题研究,写心得体会。狱里是严禁写作的,他利用书箱里未被查出的练习簿、铅笔头、钢笔尖,采取先想、再写、立即隐藏的办法,写出了以"满力涛"(马列涛)为笔名的几篇文章,请一个愿意帮助他的看守悄悄寄出,陆续发表在上海的几个刊物上。张劲夫(原国务委员、晓庄学生)后来曾评价说:"刘季平的这些文章,当时在传播马克思主义,弄清教育与社会、政治、经济的关系方面,对知识青年起了启蒙的作用。"

　　父亲说过:我对于那短短一段生活经历终生难忘。因为我原先只是一个师范生,参加革命活动七八年,也只凭一点爱国热情,一切方面都很幼稚。由于尝到了那几年苦中有乐的甜头,我才更加体会到,不管在什么地方,不论碰到多大困难,都可以把它变成锻炼提高自己的革命学校,并且因此而增强了信心,多少养成了随时结合实际看书学习的习惯。

率领 3000 多非战斗人员,历险 20 多天
穿越敌后完成转移

　　1984 年 2 月,父亲给我们讲述了 1947 年初,率"黄河大队"突围的故事。

　　黄河大队成立于 1946 年 6 月。此时,国民党大举进攻华东解放区,陈、粟大军以退为进,转移大部队,苏皖边区政府随之配合也进行了

117

战略转移,把非战斗人员统一编成一支队伍,命名为黄河大队,随军北撤。计雨亭任大队长,父亲任政委。这支队伍有 3000 多人,包括边区政府各部门的机关干部、勤杂人员,还有政府下辖的诸事业单位,并有相当数量的干部家属、学校学生、医院的伤病员、孕产妇。11 月,黄河大队撤到山东的沂蒙山区,本想在这里潜伏下来,然而,1947 年 1 月,国民党调集了 30 万大军重点进攻山东。这支队伍也被国民党军队发现了,误以为他们是华东野战军的一支主力军。黄河大队只好被迫向西转移。当时正是莱芜战役前夕,这一举措竟无意中起到了在战线西侧钳制敌人的作用,使敌军不能在莱芜战役中及时增援李仙洲。

2 月 14 日,西撤队伍的 20 个中队全部出发完毕。行军路上最难的是担架队,有四五十名临产产妇和 10 多个重病号。母亲就是其中的一个,她已近临产,行军很困难。军情万变,危险丛生,军令火急,黄河大队命令所有人负重不得超过 20 斤,为了减负,母亲忍痛将二女榴榴(4岁)、长子劳劳(2 岁)送给沂水马家崖村的老乡,只带能跟队行走的大女儿康康(7 岁)出发。父亲压阵在后,根本顾不上母亲。他最后在路过马家崖时,因深虑老乡的安危,又将两个孩子接了回来。这两个孩子,被民兵用独轮车推着或放在箩筐里挑着跟着行军。2 月 20 日,走到费县时,母亲在钱讷仁(医生,季方夫人)助产下,生了次子(鲁鲁),仅休息了一天,就去追赶大部队。

走到山东大汶口,发现敌人正沿着津浦铁路向济南进发,黄河大队是顶着走,要过黄河。护送民兵都是沂水地区的,他们已经出来好多天了,怕送队伍过河后,敌人来了回不了家,因此,有的人不想过河。父亲将他们集合起来,自己跳上一张方桌,振臂一呼:“是共产党员的站出来,跟我们走!”民兵大部分是共产党员,都站出来了,问题才迎刃而解。

敌军追得很紧,黄河大队始终处于敌人重重围困中,又与不断转战的华东局和华东野战军司令部失去了联系。无奈之下黄河大队队部果断决定,向西经过蒙阴的崇山峻岭突围。危困中,白天有时仅能吃一顿饭,为躲避敌机的侦察、扫射,队伍就改为夜行军。夜行军时,康康被十几岁的大孩子拉着,边走边睡,鞋都跑掉了。大汶口过津浦封锁线时,全大队 3000 人马必须从敌人眼皮子底下经过。那夜,老天很帮忙,没有月亮,伸手不见五指。所有人员每人胳膊上系上白毛巾,一个紧跟一个,悄然无声,从铁路下一个过水涵洞里穿了过去。终于抢在敌人前头来到平阴黄河渡口,又在船工们冒着生命危险的帮助下,顺利渡过黄河天险。当敌机来封锁黄河渡口时,大队人马已躲在岸边的一个村庄里,一个人不少。

历经20天的千辛万苦,黄河大队终于来到河北故城。时任故城地委书记的周惠后来回忆说:"在鲁冀交界处见到这支精疲力竭的部队,看到大家走都走不动了,谁不心动。大胡子刘季平向我吼着要给养救急,我这个地委书记能见死不救吗!"

后来,黄河大队在故城修整,搞土改,形势好转后,又转回山东。1949年2月回到淮阴。父亲到故城后,立刻写了20天的行军总结,在完成了这一最艰苦时期的任务后,离开了黄河大队,接受新的战斗任务。

"我能活到今天,实在是非常难得的幸事"

父亲于1987年6月11日病逝。5月16日是他的生日,他在79岁生日那天,写下了生前最后一篇日记,对自己的一生进行了回顾:

"我能活到今天,实在是非常难得的幸事。1928年,如不离开如皋,转学到南京晓庄学校,那么那年夏秋间就很可能同刘君遐、苏德馨等同志一齐因为暴动失败而牺牲。还有,假如我不被捕,或不被转送到苏州伪高等法院审理,那么在那年夏季前后就很可能会和石俊、叶岗、刘大伟、黄祥宾等同志为准备南京大暴动而牺牲。1930年在镇江与黄子仁、徐家瑾等同志组织越狱时,如不能侥幸逃成,也被半途抓回,那又将必和黄子仁、徐家瑾等同志一起被枪杀。后来在第二次被捕的五年内,在抗日战争的八年中,在解放战争的四年中,可能牺牲的关头也很多,我都不仅能幸存下来,而且居然能活到七八十岁,这是始料不及的!"

父亲曾在多个省市、多个领导岗位工作过,他说自己从未计较个人安危得失。工作起来也都能认真负责,常常夜以继日,废寝忘食,从未偷懒不干……"最大幸运只在于生逢曲折多变、危险丛生的乱世,提着头走路,终于走过来了,从未贪生怕死、动摇偷懒过,所以也就很值得庆幸。"

父亲离开我们已经30年了，我们自己也都步入古稀之年，但每每回忆起父亲在艰苦岁月里的忘我奋斗以及他的谆谆教诲，依然感慨万分。同样在二三十岁的时候，为什么前辈们能如此执着于自己的理想？而我们及我们的后代们却有时沉迷于自己利益的那一点小圈子里不能自拔，是时代使然？还是人性衰微？

　　谨以此文祭奠长眠于天堂的父亲，也在此祝愿104岁的母亲，愿母亲颐养天年、健康快乐。

本文转载自：《北京青年报》,2017 年 6 月 11 日

刘季平与《中国古籍善本书目》的前期筹备工作

——以国图档案中的刘季平文稿为中心

刘 鹏

1973 年 11 月①，刘季平同志正式出任北京图书馆（今国家图书馆）馆长，结束了北京图书馆自 1955 年以来没有实际履职馆长②的历史。在中国社会急剧变化的七年多任期（1973.11—1981.2）③里，他对北京图书馆乃至中国图书馆事业的发展，做了一些卓有成效的工作，业界、学界已有评价④，在此不必赘述。在这些工作中，最为古籍业界和文史学界瞩目的，是 1975 年动议、1998 年出齐的影响深远的学术工程——《中国古籍善本书目》的编纂。这项工作的编纂历程，当事的领导、学者及工作人员多有回忆，但多集中于 1978 年 3 月工作全面展开之后，对于《中国古籍善本书目》的缘起和前期筹备工作，则多以"1975 年，周总理在病中发出了'要尽快地把全国善本书总目录编出来'的指示"一笔带过，语焉不详。实际上，自 1975 年 10 月周恩来通过国务院交办此事，至 1978 年 3 月"全国古籍善本书总目编辑工作会议"（即南京会议）

121

刘鹏，国家图书馆研究院，副研究馆员。

① 根据《刘季平文集》（北京图书馆出版社，2002 年）中所载《日记选》，刘季平于 1973 年 4 月到馆任职（第 525 页）。但据《国务院关于刘季平等三同志任职的批复》（国图档号：1973 - &253 - 027 - 2 - 3 - 002），国务院于 11 月 19 日始正式批复国家文物事业管理局的任职报告。

② 自 1955 年 12 月起，丁西林先后以文化部副部长、中国对外文化联络委员会副主任、中国科协副主席、中国人民对外文化协会副会长等职兼任北京图书馆馆长，实际并未到馆视事。

③ 据《刘季平文集·刘季平夫妇要事年表》（第 580 页），其于 1981 年 2 月 28 日任文化部顾问。

④ 如薛殿玺《刘季平同志对中国图书馆事业的贡献》（《北京图书馆馆刊》1992 年第 1 期）、朱天策《共和国时期的北京图书馆馆长》（《国际人才交流》1998 年第 12 期）等文。

召开，北京图书馆一直在刘季平的领导下，根据国内形势和馆内实际，灵活而努力地推进工作，并做了一些力所能及且不可或缺的准备工作。国家图书馆藏档中，一份名为"有关我国古籍善本的一些收藏情况"的档案［档号：1975 – &533 – 058 – 3 – 001，文号：(78)文物字第 30 号］，则忠实记录了这一过程。本文拟以其中刘季平同志 1975 年 11 月 16 日致国务院吴庆彤同志信函、1978 年 3 月 28 日《在全国古籍善本书总目编辑工作会议上的发言》①的草稿和正式文本为中心，结合其他文献，对《中国古籍善本书目》的前期筹备工作及其曲折略加考述，并着重对刘季平同志在其中所做的具有总揽全局、承前启后意义的工作加以揭示。

一、接受重托(1975 年 10 月—1975 年 11 月)

1975 年 10 月，周恩来总理在病重住院中②指示编制"全国善本图书总目录"。相关材料显示，指示是由国务院吴庆彤通过电话口头传达给时任馆长刘季平的③。

这一指示目前未见具体、正式的文本，北京图书馆似亦未留下电话记录。1978 年 3 月 14 日，馆长刘季平曾于南京会议前夕致信吴庆彤，"为了力求对周总理生前有关这个问题的指示理解得更深一些，转达得更准确一些"，请吴庆彤"把周总理作出这一指示的有关情况再择要讲

---

① 参见《有关我国古籍善本的一些收藏情况》［国图档号：1975 – &533 – 058 – 3 – 001，文号：(78)文物字第 30 号］。下引均据此。又刘季平的发言中多将"古籍"写作"古笈"，本文统一改为"古籍"。

② 当时国务院工作由第一副总理邓小平主持，据中共中央文献研究室《周恩来年谱(1949—1976)(下卷)》(中央文献出版社，1997 年，第 721 页)记载，1975 年 9 月间周恩来"病情急转直下，全身癌细胞继续扩散，免疫力严重下降，不得不取消所有接待活动和几分钟的散步运动"。

③ 1978 年 3 月 28 日，刘季平宣读《在全国古籍善本书总目编辑工作会议上的发言》中回忆道："周总理有关善本问题的指示，是在他不幸逝世前不久，即一九七五年十月，由国务院办公室负责同志电话传达的。内容是要尽快把全国善本书总目录编出来。周总理在重病中还对这一工作十分关心和重视，使我们非常激动。"李致忠主编的《中国国家图书馆百年纪事(1909—2009)》(国家图书馆出版社，2009 年，第 76 页)，本年 10 月条亦云："吴庆彤打电话给刘季平，传达周恩来总理在病重住院期间的指示：'要尽快地把《全国古籍善本书目》编出来。'"

一讲,并请一位同志记录下来,尽快寄下"。但因为时过境迁,当事人已记不清细节,故最终没有形成文字①。

(一)

作为政治家的周恩来,面对"文革"后期复杂的政治形势,为什么在病情恶化、自知已不久于人世之际②,做出"要尽快把全国善本书总目编出来"这样看来并非当务之急的指示呢?刘季平于 1978 年 3 月 28 日发表的《在全国古籍善本书总目编辑工作会议上的发言》(后文省称"1978 年《发言》")中第二部分"对周总理生前关于编辑全国善本书总目的指示和当前新时期总任务的关系的理解",曾提出两个方面的看法:

> 第一,为了便于系统、全面地总结、利用我国古代文化遗产,贯彻毛主席"古为今用"的方针。……周总理对毛主席的这些指示,一直都是理解得很深,执行得很坚决的。

> 第二,为了同"四人帮"③斗争,肃清"四人帮"的流毒。……敬爱的周总理在疾病已日益严重的一九七五年十月,还想到编辑全国善本书总目录的问题,显然还有一个原因,就是为了和"四人帮"进行针锋相对的斗争,为了挽救我国的历史文献,使我国人民能够肃清"四人帮"的流毒与影响,据以正确理解和利用我国悠久的历史文献。

这些看法,当然可备一说,却不乏时代因素,也不免事后之言,更多地具有鼓舞人心、推动工作的意味。现在已经无法确切知晓促使周恩来发出这一指示的契机何在,但将"编辑全国善本书总目"视作周恩来

123

----

① 吴庆彤接信后,批示称:"请茂峰、纪东同志协助回忆一下。此事是我转达的,但具体情况记不清了。"茂峰指赵茂峰,与纪东当时同为周恩来秘书,直至周恩来去世。3 月 18 日,纪东复信吴庆彤,称他与赵茂峰"对此事都记不清了"。吴庆彤在此信上批示,请侯颖同志和鲍正鹄(副)馆长一起回忆。但侯、鲍二人并非直接当事人,故此事似亦无后文。以上信件为刘季平家属提供。

② 据《周恩来年谱(1949—1976)(下卷)》(第 720 页),1975 年"9 月 20 日前",总理"自己判断病已无治,对大夫张佐良、吴蔚然说:我的病,在医院待下去已没有多少意思了,可否搬回家(西花厅)去住"。

③ 今按:原文作"四人邦",当时一度将"四人帮"写作"四人邦",本文统一改为"四人帮"。

生命最后阶段的遗愿之一,则是恰当的。

接到国务院电话后,北京图书馆就召开了中层干部大会,传达了这一指示,并做了具体部署,据回忆:

> 1975 年的秋末冬初……一个阴云密布,秋风瑟瑟,落叶萧萧的下午,北图中层干部聚集在狭窄的会议室,静静等候馆长兼党委书记刘季平同志的到场。大约两点三十分,季平同志出现在会议室的一端,会议开始。季平同志说:"上午接到国务院办公室吴庆彤同志的电话,他传达了周总理的指示。他说周总理让他转告北京图书馆,请北京图书馆组织力量,'尽快把全国善本书总目编制出来'。这是一项很艰巨的任务,待馆里商量后再做具体安排。"会后没几天,当时主管善本部工作的副馆长鲍正鹄在他的办公室召见我,让我先摸一摸善本书在全国的分布情况。我受命之后积极进行调研。①

(二)

11 月 18 日,刘季平正式函复吴庆彤,对北京图书馆在接到指示后所做的相关工作做了汇报。其全文如下:

> 庆彤同志:

> 遵照领导上关于要编制全国善本图书总目录的指示,我们**找少数有关同志**②进行了初步讨论。认识到这一工作意义十分重大。**就适应平战结合**③**的要求**,更好地发挥文献作用,加强管理和保护来讲,也是一项重要措施。我们完全拥护,决心协同全国有关部门努力办好。

> 在讨论中,我们根据现已了解的情况,对全国善本图书的

---

① 李致忠. 北图改革开放二十年回顾[J]. 北京图书馆馆刊,1999(1).

② 加粗的文字为刘季平在铅笔草稿基础上所增加,下同。

③ **平战结合:**"国防经济及整个国民经济中与军事关系密切的部门实行平时建设和战时需要相结合的方针。在我国,平战结合要求在军事、政治、经济、文化等领域,平时的各项建设和工作都要照顾到战时的需要,以便国家在实施动员时,迅速转入战时体制;军事工业,平时也要注意为民用服务,努力发展民品生产。早在20 世纪 60 年代中期至 70 年代初,毛泽东已多次强调把平时工作和战争准备结合起来。"见:余源培. 邓小平理论辞典[M]. 上海:上海辞书出版社,2012:380.

分布、清理、鉴定、编目等方面状况作了分析,认为着手编制全国善本图书总目,**先要明确著录范围(除古籍善本外还要包括现代珍贵的新善本)**;要由点到面地调查各种善本图书分布、入藏情况;并统一善本的规格、标准。关于区分古籍的分类法等工作,**也须作些调查研究,力求有所改革**。由于缺乏实际经验,建议先组织一个五至七人的专门小组(参加者北京二至三人,其他省市三至四人),先在北京、上海、浙江等处,商同有关单位进行重点试验。**这样既有利于及早搞清收藏善本较多的地区情况,又可以摸索出一些切实可行的具体办法**。然后再拟定初步方案,召集有省市领导和专业人员参加的会议,讨论制定计划,正式布置执行。考虑到这一工作涉及面较宽,**各地情况不一,建议由国务院或国务院办公室召开会议,责成有关领导部门组织专门小组**,负责筹备办理。

此外,我们还正在文物局统一安排下派人出去选择适当地址,准备一面筹建战备库,一面加强复制力量,抓紧善本复制工作,以满足读者日常阅读需要,而把现有馆藏善本尽早转移到安全地点去。

以上意见当否,请指示。

刘季平

一九七五年十一月十八日

除现代善本图书收藏情况尚须进一步了解外,现将有关古籍的情况附上供参阅①。

这封信对于编制《中国古籍善本总目》提出了一整套方案,包括:

1. 明确著录范围(包括新善本),统一善本标准。

2. 调查研究古籍分类法。

3. 组织专门小组,在京、沪、浙等重点收藏地区进行试验。

4. 拟定初步方案,召开全国会议,制订计划并实施。

5. 由国务院或国务院办公室责成相关领导部门组织专门小组筹备办理。

---

① 后附《有关我国古籍善本的一些收藏情况》《北京图书馆的善本书》《日本国会图书馆善本书标准》三份文档。本文省略。

以上最后一点，即"由国务院或国务院办公室召开会议，责成有关领导部门组织专门小组，负责筹备办理"非常重要，因为北京图书馆虽然是实际上的国家图书馆，但不属于行政主管部门，对于高校、文博系统的图书馆乃至省、市、县级图书馆，均没有管辖权。因此，由行政主管部门（即国家文物事业管理局）来出面组织，而由北京图书馆具体负责实施，对于推动工作进行是最为有利的。

应该说，刘季平信中提出的这一套方案可操作性很强，所提出的几个方面的问题，提纲挈领，抓住了问题的关键，奠定了日后编制工作的开展基础，也全部为"文革"后的编纂工作所采纳。

但这封信也有两处值得注意。其一，信的开头称遵照"领导上"的指示，而非"周总理"的指示，似于常理不合，体现出一种谨慎。其二，刘季平在草稿末特意增加了一段似乎与主题并不相关的筹建战备库、抓紧善本复制并进而将善本尽早"转移到安全地点去"的内容。这两点的微妙之处，我们留待后文分析。

信末所附三份文档，应该就是善本部按馆里的布置所撰写的调研报告。《有关我国古籍善本的一些收藏情况》一文，分三部分。第一部分"我国古籍善本分布很广，入藏情况不平衡"，介绍了当时全国图书馆、文博系统、佛寺道观及私人藏书的大致情况。第二部分"各单位入藏善本书标准不一致"，介绍了几种有代表性的关于"善本"的标准，还提到老专家越来越少、各地鉴定"常有弄错"的情况。第三部分"古籍分类法亟待制定"，指出当时对于作为主流的四部法已不适应"思想性、科学性"的要求，但其他如刘国钧"十五类分法"和北大《古籍类表》分类法尚未有共识的情况。《北京图书馆的善本书》一文，分五部分。第一部分统计北京图书馆的善本数量（26 127 种）。第二部分介绍其来源及宋（792 种）、金（27 种）、元（658 种）善本数量。第三部分介绍北京图书馆藏书的特色。第四部分介绍北京图书馆善本入藏标准。第五部分介绍北京图书馆和台湾编制的四种北京图书馆善本书目。《日本国会图书馆善本书标准》[①]一文，附上国会馆对"和书"和"中国书"的善本判定标准。

---

① 文末注明"摘自昭和三十七年十月十八日制定的《国立国会图书馆贵重书指定基准》"，昭和三十七年为 1962 年。

（三）

刘季平的这封信未见回复。国家图书馆《有关我国古籍善本的一些收藏情况》档中接着是 11 月 26 日国务院侯颖写给吴庆彤的信①：

庆彤同志：

关于编制全国善本图书总目录问题，我和王冶秋、刘季平、鲍正鹄同志做了研究。他们都同意由国家文物局承担这项工作。拟成立一个五—七人的专门小组（鲍正鹄同志负责），先在善本图书较集中的北京、上海、江苏、浙江、四川等地的文物系统和公共图书馆做些调查，摸清收藏情况、研究著录范围和善本标准、编制全国善本图书目录方案。在做好这些准备工作的基础上，进行编制全国善本图书总目录，力争在不太长的时间内完成这项任务。

以上意见当否，请批示。

侯颖

一九七五年十一月二十六日

信首"庆彤"二字有铅笔圈阅记号，并有铅笔"我同意这样办"六字，当为吴庆彤的批示。

这封信和刘季平 18 日信的内容基本相同，笔者推断，刘季平 18 日信发出后，国务院由侯颖出面，与王冶秋（时任国家文物局局长）、刘季平、鲍正鹄（时任北京图书馆主管善本部的副馆长）再次进行了讨论。一方面基本接受了刘季平信中的工作建议，一方面按照刘信要求，确定"有关领导部门"——国家文物局——来领导这项工作，而专门小组则确定由北京图书馆（鲍正鹄）负责。这封信中，刘季平筹建战备库、抓紧善本复制并进而将善本尽早"转移到安全地点去"的计划未被提及。

总体而言，从国务院到文物局再到北京图书馆，似乎达成了进一步开展工作的共识。

还有一个需要说明的问题。在今天人们的印象里，北京（国家）图书馆是归属文化部领导的，那么，为什么 1975 年 11 月，周恩来的指示

---

① 此信为蓝色打印稿，信末有"国务院 传 1385 号 75 年 11 月 27 号"红印，印中数字为钢笔填写。

没有经过文化部,而直接传达到了北京图书馆呢? 北京图书馆为什么又找国家文物局而不是文化部相关领导商量呢? 这个问题涉及当时的北京图书馆和国家文物事业管理局的历史沿革与归属,故略作说明。1949 年 1 月 31 日后,国立北平图书馆先后归属中国人民解放军北平市军事管制委员会、华北高等教育委员会。1949 年 10 月 31 日,华北高等教育委员会结束,将所属国立北京图书馆移交文化部文物局①。11 月 1 日,中央人民政府文化部文物局成立。文物局是以华北高等教育委员会的图书文物管理处为基础建立的,以郑振铎、王冶秋为正副局长。1955 年 3 月底,成立文化部文物管理局。1965 年 8 月,改为图博文物事业管理局。1970 年 5 月,成立图博口领导小组,由国务院办公室直接领导。1973 年 2 月 14 日,撤销图博口领导小组,成立国家文物事业管理局。1975 年 9 月 30 日,国家文物事业管理局成为国务院直属局②。明白了"国务院—文物局—北京图书馆"这一隶属关系,也就自然明白为什么此事由国务院通知,由文物局领导、北京图书馆牵头,而与文化部没有发生关涉了。

二、陷入停滞(1975 年 12 月—1976 年 12 月)

编制全国善本书总目的工作自然是很有意义的,也自然是北京图书馆应该竭力推动的,再加上出于总理的指示,所以北京图书馆在接到指示的当日下午就召开了中层干部会予以传达,也很快布置了调研工作。然而,工作很快就陷入了停滞。"直到 1976 年底,几乎一年的时间里馆里再未过问此事"③。个中的缘由,其实颇为复杂。

(一)

较为通行的说法是,当时的政治环境(具体而言就是"四人帮""兴

---

① 中国国家图书馆百年纪事(1909—2009)[M].北京:国家图书馆出版社,2009:38 - 49.

② 国家文物局.国家文物局暨直属单位组织机构沿革及领导人名录[M].北京:文物出版社,2002:3 - 4.

③ 李致忠.北图改革开放二十年回顾[J].北京图书馆馆刊,1999(1).

风作浪")不允许。刘季平在1978年《发言》中这样回忆：

> 周总理在重病中还对这一工作十分关心和重视,使我们
> 非常激动。但这件事相当复杂艰巨。当时"四人帮"又在继续
> 兴风作浪,一切对社会主义革命和社会主义建设有利的事都
> 很难顺利进行,我们只能一面学习领会周总理指示的重要意
> 义,一面同部分有关单位酝酿筹划。直到华主席党中央一举
> 粉碎了"四人帮"以后,才有可能逐步作好必要的准备,召开这
> 次会议。

"文革"末期那种波谲云诡、前路茫茫的政治环境,读一读《周恩来
年谱》《邓小平年谱》便可体会。虽然在1975年初邓小平主持"全面整
顿"之后,全国的局面已有所好转,但想要开展一种全国性的、纯业务
的,而且是"四旧"(旧思想、旧文化、旧风俗、旧习惯)最重要载体的古
籍善本的书目编制工作,也是非常困难的,何况到1975年底,"全面整
顿"即被迫结束①。

另外,在政治领域,信息的传递方式和信息的来源,有时候比信息
本身还要重要。从信息来源看,编制善本书目出于周总理指示,非常权
威②;但从信息的传递方式看,指示通过国务院第二人口头传达,并非正
式文件,其具体日期并无文字记载,且指示内容也未形成确定文字(致
使后人引述多有微异),又不可避免地削弱了这一权威。

综合来看,这一指示应该令刘季平颇费踌躇,编制全国的善本书目
当然是北京图书馆应为的,但在当时形势下意图有为,又面临不少困
难,"相当复杂艰巨"。因此,他一方面于当日下午即开会传达指示,并
做了一定的布置;一面在致吴庆彤信中,使用"遵照领导上关于要编制
全国善本图书总目录的指示"的句子,且遣词十分谨慎,没有表态"尽

---

① 1975年11月20日,邓小平出席中共中央政治局会议,讨论对"文化大革
命"的评价问题。"会议根据毛泽东的意见,提出由邓小平主持作一个关于'文化
大革命'的决议,总的看法是'文化大革命'基本正确,有所不足。邓小平婉拒,表
示:由我主持写这个决议不适宜,我是桃花源中人,'不知有汉,无论魏晋'。"1976
年1月28日,"毛泽东正式提议由华国锋主持中央日常工作"。见:中国中央文献
研究室.邓小平年谱(1975—1997)(上)[M].北京:中央文献出版社,2007:132,
146.

② 虽然当时的周恩来已在重病之中,而且已经不主持国务院工作,但他在党
和政府以及全国人民中的威望,仍是仅次于毛泽东的。

快"，只说要"努力办好"。

虽然，周恩来的口头指示中要求"尽快"，侯颖致吴庆彤信中也以"力争在不太长的时间内完成这项任务"做了呼应①，但在当时形势下，能否实现周恩来的这一指示，无论是刘季平还是王冶秋，自然都十分清楚，而且有可能达成"做而不说"的共识。国家文物事业管理局方面，1975 年 12 月印发的《1976 年—1985 年文物、博物馆、图书馆事业发展规划初步设想草案》(供讨论用)②和 1976 年 1 月 24 日印发的《国家文物事业管理局一九七五年工作简况和一九七六年工作计划要点》③等下发文件中对编制全国善本书目均无一语以及。北京图书馆方面，毕竟是周恩来总理指示的直接接受者，因此上报文物局的《北京图书馆一九七五年工作简报》④及 1975 年 10 月至 12 月馆党委印发的《情况简报》(十九至二十五)⑤虽然都没有提及此事，但 1976 年 1 月 30 日(此时周恩来已逝世)内部印发的北京图书馆《1976 年工作要点(草稿)(供讨论用)》⑥中，还是用很小的篇幅提出"古籍善本要贯彻'古为今用'的方针，积极为当前的三大革命运动服务，组织编辑《全国善本书目》"。可见，北京图书馆确实是按照刘季平致吴庆彤信中所言，试图去开展这一工作，还借助毛泽东提出的"古为今用"方针为这一工作的合法性提供理论依据(并且一直持续到"文革"之后)，但在实际执行中，囿于政治环境和口头指示的局限，就只能限于"找少数有关同志进行了初步讨

---

① 周恩来口头指示中"尽快编出来"之说，始见于"文革"后的相关文件，距离事件最近的刘季平致吴庆彤信中并未言及。不过侯颖信中的这一说法，可以作为"尽快"说的一种佐证。

② 此文于 1975 年 12 月 22 日下发北京图书馆，但多位馆长仅表示已阅，并无具体意见。《1976—1985 年文物、博物馆、图书馆事业发展规划初步设想草案及我馆对该草案的意见》，国图档号:1975 - &001 - 001 - 1 - 1 - 002。

③ 《文物局 1975 年工作简况和 1976 年工作计划要点》，国图档号:1976 - &001 - 001 - 1 - 1 - 001。

④ 该简报为逐月简报(含草稿及铅印稿)，9、10、11、12 月均未提及周总理指示编制善本书目事。国图档号:1975 - &040 - 006 - 3 - 5 - 026。

⑤ 国图档号自 1975 - &040 - 006 - 3 - 5 - 019 至 1975 - &040 - 006 - 3 - 5 - 025。该批简报主要为全馆"农业学大寨"的情况报告，但涉及不同部处的业务情况，其中第二十三期简报中涉及善本部的工作，题为《对照大寨找差距》，也未提及编辑善本书目事。

⑥ 《北京图书馆 1976 年工作重点(草稿)》，国图档号:1976 - &011 - 003 - 3 - 3 - 001。

论",并在内部做一些初步的调研和摸底了。

而且,1976年发生的事情超出了人们的预料。1月8日,周恩来逝世。4月5日,天安门发生"四五"运动;7日,邓小平被撤销党内外一切职务。7月6日,朱德逝世。7月28日,唐山发生大地震,余震不断,北京震感强烈。北京图书馆对主建筑及员工家属宿舍进行排险、修缮,搭建抗震棚,至8月23日始恢复开馆及业务工作①。9月9日,毛泽东逝世。10月6日,"四人帮"被捕。在这一系列剧变中,北京图书馆虽然是一个文化单位,却也不可能不受到或大或小的影响。

本年度北京图书馆甚至没有正式总结,在1976年12月8日钢笔稿《一九七六年工作回顾(提纲)》②中,无论常规工作还是临时性的重点工作(包括纪念毛泽东、周恩来,揭批"四人帮",宣传鲁迅,举办农业展览,服务防震、抗震斗争等),尤其是善本部的工作中,均未提及编辑善本书目事。不过善本部党支部于1976年7月20日致馆党委的一份报告,提出"打算在今年下半年,集中人力,集中时间,对旧的四部分类法进行再批判,同时在《中国图书馆图书分类法》的基础上,调整部分类目,编制新的古籍分类表"③。实际上,"编制新的古籍分类表"便是在编制善本书目的背景下提出的。以上所引观点也成为1977年8月由北京图书馆邀请在京重要古籍收藏单位举行的座谈会上各方的共识(详见后文)。

总的来说,笔者认为时代局限(包括政治环境、口头指示等)是善本书目编辑工作未能顺利展开的最主要的原因。

(二)

不过,历史总是受到许多层面因素共同作用的。因此,宏观层面(时代局限)之下,微观层面(当事者)的因素,也不可不察。根据时人记述,编制善本书目"此事在馆内,乃至在善本部内都遇到了阻力,难以

---

① 李致忠.中国国家图书馆百年纪事(1909—2009)[M].北京:国家图书馆出版社,2009:77.

② 《北京图书馆1976年回顾(提纲)》,国图档号:1976 – &013 – 004 – 1 – 2 – 001。该钢笔稿《提纲》扉页天头铅笔题云:"本年无正式总结。"

③ 《善本部关于编制新古籍分类表的报告》,国图档号:1976 – &281 – 036 – 2 – 1 – 002。这一工作实际上到1977年始正式进行,详见后文。

实施"①。这种情况自然存在,因为彼时尚在"文革"期间,北京图书馆内部的许多纷争,并不会在刘季平到来后几年间全部消弭。但内部的阻力显然只是次要原因,在当时的组织体系中,一个全国性的大项目,如果上级决心推进,下级总是无法阻挡的。而且,如果以内部阻力作为主要原因,便无法解释为什么"文革"一结束,阻力便似乎自然消失,善本书目的编纂工作便紧锣密鼓地展开这一事实。

此外,笔者在阅读1976年前后北京图书馆档案的时候,产生一种感觉,即北京图书馆当时的中心工作,或者说馆领导最为关切的工作,并不在外,而在于内;并不在组织全国力量编制善本书目,彰显北京图书馆的行业地位,而在于理清北京图书馆内部的工作,既要"跟上形势",又要努力解决业务遗留问题,维持稳定的局面。即以1976年1月30日印发的《1976年工作要点(草稿)(供讨论用)》为例,该年的工作要点共分十个部分:

1. 认真学习无产阶级专政理论。

2. 抓紧意识形态领域里的阶级斗争。

3. 加强党的领导。

4. 认真做好宣传马克思主义、列宁主义、毛泽东思想,批判资产阶级,批判修正主义的工作,为促进上层建筑各个领域的社会主义革命服务。

5. 积极为促进工农业生产和整个国民经济发展提供书刊资料。

6. 搞好藏书建设,积极搜集三大革命文献资料,使我馆更好地发挥为三大革命运动提供书刊资料的后勤作用("组织编辑《中国古籍善本书目》"仅是许多项工作中的一项,且仅此一句)。

7. 继续抓紧整顿改革,做好核对馆藏、整顿目录、清理积压。

8. 行政总务工作要政治挂帅,加强对全馆同志勤俭节约、艰苦奋斗的教育,更好地为抓革命、促生产提供物质条件。

9. 加强馆内外协作,促进成立北京地区图书情报系统的协作组织。

10. 制订长远规划,搞好新馆筹建工作。

除了带有时代特点的前四条之外,后六条业务或实际工作中,编辑《中国古籍善本书目》的分量如何,一望可知。尤其考虑到刘季平致吴

---

① 李致忠.北图改革开放二十年回顾[J].北京图书馆馆刊,1999(1).

庆彤信中,正式稿中增加的那一段关于筹建战备库、抓紧善本复制并进而将善本尽早"转移到安全地点去"的内容,可以想见刘季平心中,可能是希望将编制善本书目与馆藏善本的收藏、管理与保护工作乃至北京图书馆新馆的规划和搬迁工作①联系在一起,作为推进馆内相关工作的一个抓手。到了1978年《发言》中,刘季平的工作思路,仍是以编制善本书目为契机,谋划全国图书馆的事业发展,其中第一部分,即为"图书馆工作在新时期总任务下该怎么办",这一点在后文再加以分析。

三、重整旗鼓(1977年1月—1978年2月)

1976年10月6日"四人帮"被捕,标志着"文革"的实际结束②。中国在艰难地进行着转型,但整个国家的秩序已开始恢复,前文所述的不利于书目编制的政治环境也已经大大改善。于是,从1977年初起,在国家文物局和北京图书馆的共同推动下,编制全国善本书目的进程再次启动,而且不再是"少数有关同志"和小范围的调研与试点,而开始公开召集相关收藏单位进行座谈和研讨。这一时期未见刘季平对编制善本书目有具体的指示,但北京图书馆这方面的相关工作,他自然都是知晓并支持的。

1977年1月18日,《北京图书馆一九七七年工作要点(供讨论用)》铅印稿中,再次提出"编制'古籍分类表',编完未编的馆藏善本,着手为编辑'全国善本总书目'做好准备工作"③。

1月21日,国家文物局邀请北京图书馆、北京大学图书馆、首都图书馆等单位就编制《全国古籍善本书目》问题进行座谈④。

---

① 1949年后,北京图书馆长期为馆舍紧张、人员不足所困扰,自1973年起,即谋划北海文津街馆区的扩建,后来经周恩来指示,得以在白石桥现址规划新馆。1975年至1976年正是北京图书馆新馆的规划设计阶段。详见:李家荣等.北京图书馆新馆建设资料选编[M].北京:书目文献出版社,1992:613-615.

② 1977年8月,中国共产党第十一次全国代表大会正式宣布"文革"结束。

③ 《北京图书馆1977年工作要点》,国图档号:1977-&011-003-3-3-001。

④ 李致忠.中国国家图书馆百年纪事(1909—2009)[M].北京:国家图书馆出版社,2009:78.

北京图书馆方面,则自1月份起对新旧善本进行清点、编目(此事持续进行),编制《古籍分类表》。4月,讨论分类法,修订著录条例。开始《全国古籍善本书目》编目的试点工作①。5月,完成分类法讨论稿和条例修改稿。6月,讨论善本收书标准。7月19日起,开始编制《全国善本书目》②。

北京以外,试点工作也渐次展开。6月13日至16日,南京图书馆、浙江图书馆、上海图书馆的负责人及有关同志共15人,"根据国家文物局的意见"在上图召开编制全国善本书总目第一次协作会议。会后上报国家文物局《关于南图、浙图、上图为参加编制全国善本书总目召开第一次协作会议讨论情况汇报》主要内容有:①大家一致认为这是一项光荣而重要的任务,决心抓紧时间进行工作。②会议着重讨论了善本书目收书范围及善本书目著录条例两个问题。③会议就以上两个问题形成一些共识,但还有三点争论:著录字体用繁体字还是简体字;作者时代如何著录;有些经过后人加工或注释的图书,对于原作者,书中未注明,目录中应否加上。④商定由上图将讨论意见汇总整理,起草全国善本总目收书范围(草案)和著录条例(草案),上报国家文物局审定。⑤会议的三点建议:关于图书分类,过去各馆使用四库分类法,对子目均有所改动,建议北京图书馆能予统一,并建议文物局安排着手进行编制新的古籍分类法的研究工作;为确保书目质量,建议由北京图书馆主持,由各馆组成鉴定小组,对疑难版本进行研究鉴定;建议北京图书馆加强对各馆此项工作的指导,及时交换业务资料。⑥商定于1977年10月在南京图书馆召开第二次协作会议。⑦介绍了北京图书馆李致忠、丁瑜于10月16日到沪后对会议三点争论表达的意见。本《汇报》附《全国善本书总目收书范围(草案)》《全国善本书总目著录条例(草案)》于7月7日上报国家文物局,并由上海图书馆革命委员会于同日发文至北京图书馆。7月14日,送鲍正鹄副馆长及善本部。12月8日,善本部由任金城回复:"善本部已阅。关于'收书范围'和'著录条

———————

① 李致忠.中国国家图书馆百年纪事(1909—2009)[M].北京:国家图书馆出版社,2009:78.

② 本段除注明外,均据《1977年善本组工作统计》,国图档号:1977 - &087 -008 - 2 - 25 - 001。

例',善本组已另有文件报局。"①

8 月 11 日至 15 日,北京图书馆邀请首都图书馆、北京大学图书馆、北京师范大学图书馆、中国科学院图书馆、故宫博物院图书馆、中国历史博物馆图书馆等单位的有关同志进行座谈,着重就"全国中文古籍善本总目"的收录范围、著录内容、分类方法等问题进行讨论。对于收录范围,一致认为应从古籍的历史文物性、学术资料性和艺术代表性三方面进行考察,具备一项以上特点者,即可收录。对于著录方法,一致认为既要简单明了,又要体例统一。对于分类方法,一致认为不宜继续沿用"旧的四部分类法",应力求改用新的分类法,认为应组织一个专门的班子,按照《中国图书馆图书分类法》的原则、体例,"编制一个能够反映古籍特点,有较新的思想体系,又便于使用的分类法"。8 月 24 日,北京图书馆将座谈意见和《关于〈全国中文古籍善本总目〉收录范围的意见》和《中文古籍善本著录条例(草案)》上报国家文物局②。

11 月 22 日至 26 日,南京图书馆、浙江图书馆、上海图书馆在南京图书馆召开了三馆编制善本书目第二次协作会议。三馆的负责同志和有关同志 15 人参加,国家文物局吕朗、北京图书馆鲍正鹄、李致忠等到会指导(吕、鲍讲话),江西省图书馆列席会议。会议的主要内容有:①交流各馆的工作情况。②对北京图书馆草拟的《全国中文古籍善本书总目收书范围(草案)》和《全国中文古籍善本书总目著录条例(草案)》进行讨论并加以修订。③一致同意以《北京图书馆善本书目》所用"四分法"为基础,略加调整和修改。④组织版本鉴定小组,上海图书馆为召集人,各馆派一至二人参加。⑤初步商定于 1978 年 4 月在杭州召开第三次协作会议。上海图书馆革委会于 28 日将会议纪要上报国家文物事业管理局及苏、浙、沪文化局并抄送北京图书馆③。

随着北京图书馆、上海图书馆、南京图书馆、浙江图书馆等古籍核心收藏单位(同时也是试点单位)善本书目编辑、研讨工作的进行,召开一次全国性工作会议,以带动全国编辑工作的全面开展,时机已经成

135

---

① 《关于南图、浙图、上图三馆为参加编制全国善本书总目召开第一次协作会议讨论情况汇报》,参见《有关我国古籍善本的一些收藏情况》[国图藏档号:1975 – &533 – 058 – 3 – 001,文号:(78)文物字第 30 号]。

② 参见《有关我国古籍善本的一些收藏情况》。

③ 《南京图书馆、浙江省图书馆、上海图书馆编制善本书目第二次协作会议纪要》,参见《有关我国古籍善本的一些收藏情况》。

熟。1978年1月29日,国家文物事业管理局致函江苏省文化局,建议该年3月在江苏省召开一次全国古籍善本总书目编辑工作会议,会期半个月,人数不超过100人。3月3日,国家文物局下发通知,定于3月27日至4月10日,在南京召开全国古籍善本书总目编辑工作会议(史称"南京会议")。会议的任务和目的是:①学习周总理指示,揭批"四人帮"罪行。②讨论研究编辑善本书总目的具体做法和措施,制定工作规划。③成立编辑委员会和鉴定小组及各级相应工作机构。④开展协作竞赛活动。⑤安排小型座谈会,研究筹备成立全国图书馆协作委员会和图书馆学会,图书开放工作和省图书馆工作条例等问题。此次会议,北京图书馆有10人参加,主持会议并做报告:刘季平。代表:谭祥金、杨殿珣、冀淑英、丁瑜。工作人员:李致忠、薛殿玺、陈杏珍、薛英、任金城①。

四、继往开来(1978 年 3 月)

　　根据南京会议的《会议纪要(讨论稿)》②,该次会议于1978年3月26日至4月8日召开,参加会议者包括全国图书馆、文化馆、博物馆系统代表106人,江苏省部分图书馆24人(列席)。会议领导小组组长为国家文物局党委委员、北京图书馆馆长刘季平。大会依次由潘皓平(上海图书馆)、李维(江苏省委宣传部)、刘季平讲话。会议选举成立全国古籍善本书总目编辑工作领导小组,刘季平任组长,北京图书馆(北方片领导小组组长)③、上海图书馆(南方片领导小组组长)任副组长。会议讨论并定稿了《全国古籍善本书总目收录范围》《全国古籍善本书总目著录条例》《全国古籍善本书总目分类表》这三个重要文件,一致同意"三年编目,两年出版"④的规划,也宣告《中国古籍善本书目》编纂工作

---

①　本段所述,均据《有关我国古籍善本的一些收藏情况》中相关文档。

②　《全国古籍善本书总目编辑工作会议纪要》油印本,刘季平家属提供。

③　本次会议将全国划分为南北两大片,南北又分别为华东、中南、西南、华北、西北、东北六区。

④　即各省市自治区于1979年6月底前完成汇编工作,各大区1979年9月底完成汇编工作,南北两大片在1980年3月底前完成汇编工作,全国在1980年底前全部完成汇编工作。

的正式展开。

事实上,南京会议并不止是一次全国古籍善本书总目编辑工作会议,更是一次全面谋划新时期中国图书馆事业发展的重要会议。在这次会议上,刘季平做了重要的发言,即《在全国古籍善本书总目编辑工作会议上的发言》,从档案中《发言》草稿的大幅修改情况来看,刘季平对《发言》是非常重视的。

非同寻常的是,《发言》一开始谈的并非古籍书目编纂,而是整个图书馆的工作——"一、图书馆工作在新时期总任务下该怎么办"——对此作者的解释是:

> 会议原定的目的,是请同志们共同商讨如何高举毛主席的伟大旗帜,实现周总理生前关于编辑全国善本书总目的遗愿。最近五届人大①胜利召开了,科学大会②正在进行,全国各条战线上的大好形势都比去年有了更大更快的发展。我们仍要抓紧研究古籍善本方面的工作,但形势有了新的发展,整个图书馆工作所应负起的使命比过去更为繁重了,这就需要充分利用这次极为难得的机会,更全面地研究一下整个图书馆的工作。

137

此次会议的主题,前引文物局通知中主要还是聚焦于善本书目的编纂,只是在最后提到要"安排小型座谈会,研究筹备成立全国图书馆协作委员会和图书馆学会,图书开放工作和省图书馆工作条例等问题"。而且,从《发言》的草稿来看,第一部分"图书馆工作在新时期总任务下该怎么办"几乎全是刘季平新增的,而正式稿的第二部分"对周总理生前关于编辑全国善本书总目的指示和当前新时期总任务的关系的理解"在草稿中是第一部分。

---

① 五届全国人大一次会议于 1978 年 2 月 26 日至 3 月 5 日在北京召开。会议听取和审议国务院总理华国锋所做的题为《团结起来,为建设社会主义的现代化强国而奋斗》的政府工作报告以及中共中央副主席叶剑英所做的关于修改宪法的报告;审查和批准《一九七六至一九八五年发展国民经济十年规划纲要(草案)》。

② 1978 年 3 月 18 日至 31 日,中共中央、国务院在北京隆重召开了全国科学大会。在有 6000 人参加的开幕式上,中共中央副主席、国务院副总理邓小平作了讲话,号召"树雄心,立大志,向科学技术现代化进军"。这次大会是中国科技发展史上一次具有里程碑意义的盛会,邓小平在讲话中明确指出"现代化的关键是科学技术现代化",重申了"科学技术是生产力"这一观点。

可见,将《发言》的首要主题转换为"整个图书馆的工作",是刘季平审时度势,通过对1978年2月26日至3月5日召开的五届全国人大一次会议、1978年3月18日召开的全国科学大会会议精神的体会,敏锐感知整个国家将要从"十年动乱"彻底向发展经济、重视科技、实现现代化转向,进而给图书馆事业发展带来巨大机遇后,及时做出的改变。他接着论述道:

> 中共十一大和五届人大,提出了"社会主义革命和社会主义建设的新的发展时期的总任务",在这样的新时期、总任务和具体要求面前,我们该怎么办? 必须马上进行认真研究,做出明确的回答。因此,我们建议在讨论善本总目工作的同时,采取"会中套会"的办法,从这次到会的同志中抽出各馆部分领导同志成立一个专门小组,研究一下当前全国图书馆事业的整个工作问题。同时,我们还建议,在这一方面只抓住一个主题来好好加以讨论,就是怎样为在今后几年内(例如前三年、后五年),尽快建设和发展全国社会主义现代化的图书馆网打下一个切实有力的基础。

> 我们认为这个问题势在必谈,而且一定要谈出一个决心,谈出一股干劲,谈出几点切实可行的办法。……北京图书馆……草拟了几个有关问题的初稿,供同志们参考。其中主要有:《全国图书馆协作委员会组织简则(草案)》、《关于成立"中国图书馆学会"的几点建议(草案)》、《关于修订"中国图书馆图书分类法"工作的初步意见(草案)》、《关于建立全国书刊联合目录报道体系的初步意见(初稿)》。……此外,关于建设全国图书资料电子计算机检索网络等问题……这次会议中如何提出倡议,想在大家商量以后再定。

由此能够看出,刘季平《发言》的核心目的,在于总揽全局,谋划整个图书馆事业发展。北京图书馆也是有备而来,带着包括成立中国图书馆学会,修订《中国图书馆图书分类法》,建立全国书刊联合目录报道体系,乃至建设全国图书资料电子计算机检索网络等重大的全局性问题的草案供与会者讨论。

《发言》的第二部分,是"对周总理生前关于编辑全国善本书总目的指示和当前新时期总任务的关系的理解",包括:第一,为了便于系统、全面地总结、利用我国古代文化遗产，贯彻毛主席"古为今用"的方针。第二，为了同"四人帮"斗争，肃清"四人帮"的流毒。前文已有分析，此处从略。

《发言》第三部分"需要商讨决定的几个主要问题"，具体谈及善本总目的编纂。主要内容包括：

①建议成立一个全国领导小组，下设常设办事机构。全国六大地区、各省均设立类似机构。②队伍问题。结合编纂工作，以老带新，培养古籍队伍；建议设立研究员、副研究员和助理研究员制度。③各馆可保留各自的古籍采选、著录、分类习惯，但编制总书目应根据本次大会讨论通过的《全国古籍善本书总目收录范围》《全国古籍善本书总目著录条例》进行。④本次书目编制不存在平调问题，请各馆同志放心。⑤总的规划为第一年普查，第二年编目，第三年编辑、发稿，第四、第五年出版。这些问题都非常切实，而且在这些具体问题中，仍涉及培养古籍队伍、设立研究员制度等全局性问题。

发言的最后，刘季平号召大家：

> 同志们，建国二十八年来，专门召开全国图书馆工作会议的次数很少，这次能召开这样一个会，共同商讨这样几个相当重大问题，这件事本身就说明了全国整个形势的大好，说明了图书馆工作大有希望，大有前途。只要我们……同心协力，团结战斗，就一定能多快好省地完成历史赋予我们的光荣使命。

4月8日下午的闭幕式上，刘季平还做了总结报告，主要内容仍在讨论图书馆事业①，七条意见中，只有第四条与善本书目编纂有关。值得称道的是，在馆内代拟的总结报告草稿②上，刘季平同志于4月7日批示道：

> 内容很好，但写法采取了登高一呼的口气。按我现在的身分(份)和这次会议上的情况，宜于贯彻民主集中的原则，偏重于归结会议期间大家共同学习讨论的若干主要收获。因此决定改变一下方式和语气，再适当改写了提要。此稿仍存档

139

---

① 此总结报告未见定稿，见：骆伟. 春华秋实——记《中国古籍善本书目》的编辑工作历程[J]. 图书馆论坛，2010(6).

② 此件为刘季平家属提供。

备查。

作为大会的领导小组组长和总目编辑工作领导小组的组长,刘季平的这份谦虚和民主精神,也预示了善本书目编辑工作和新时期图书馆事业的光明前途。

五、余论

在《中国古籍善本书目》的前期筹备(包括正式开展)中,刘季平所做的工作,更多是宏观性的。一方面,他的专业背景并不在此,但更重要的原因在于,作为北京图书馆(也是实际上的国家图书馆)馆长兼党委书记,刘季平的职务决定了他需要有更高的站位,需要更多地具有全局意识和前瞻意识,需要更多地从北京图书馆乃至中国图书馆事业发展的大局和前途着眼来考虑问题。这方面他的作为,在本文重点分析的一函一文及其他文献中有着清楚的展现。而从许多细节,如确定由上海图书馆的顾廷龙先生担任《中国古籍善本书目》的主编,聘请卧病已久的赵万里先生担任《中国古籍善本书目》顾问(包括担任中国图书馆学会名誉理事),以及前文他对于南京会议总结发言的批示来看,还体现了他作为领导者的胸怀和对于学者与专业的尊重。"唯有相见胸次广,乃能同心力万钧"①,刘季平的诗句,既是对于善本书目编纂人员的鼓励,也是他自己领导和工作风格的写照。遗憾的是,刘季平同志生前没有能够看到《中国古籍善本书目》的全部出版,但在他的领导下,奠定了编纂工作成功的坚实基础。刘季平圆满地完成了周恩来总理以及时代交付他的使命,他的劳绩也将为图书馆人和历史所铭记。

---

① 诗句字条由刘季平家属提供。

刘季平先生的"宏观矛盾说"与中国图书馆事业的新格局*

肖　鹏　戴　珊　姚午言

1　引言

图书馆界谈及"矛盾说",以往所指主要都是图书馆内藏与用的矛盾,这一"矛盾"涉及图书馆内部资源分配与业务重心取舍,在今天虽仍有一定价值,但客观来讲,学界与业界对"藏"与"用"的认识,早已远超传统矛盾说的范畴。除了藏与用的经典阐述之外,在本领域或相关领域又存在所谓"广义矛盾说"[1]、"供求矛盾说"[2]等诸多相关提法,视角同样聚焦于图书馆、情报工作的内部矛盾,它们自然引发过有益的议论或争鸣,但随着学界、业界对图书馆研究对象的讨论兴趣日缺,对实践业务与实证研究的关注度日渐高涨,这些议题也逐渐离开图情领域的中心位置。

与以上诸说相比,国家图书馆原馆长刘季平先生对于中国图书馆事业发展矛盾的认识,则体现出恢宏开阔的实务倾向。在 1979 年中国图书馆学会成立大会的发言中,他试探性地提出,中国图书馆事业中存在突出的"新的历史使命与旧的落后现状的矛盾"[3]。严格来讲,刘季平先生对这一"矛盾"的文本阐述并不充裕,但在某种程度上却为我们

141

* 本文为教育部人文社会科学研究规划青年基金资助项目"改革开放以来中国图书馆事业发展路径与经验总结:口述史与数字人文视角下的探索性研究"(项目编号:17YJC870019)的成果之一。

肖鹏,中山大学资讯管理学院,副研究员。
戴珊,北京大学信息管理系硕士生。
姚午言,美国北卡教堂山分校信息学院硕士生。

梳理刘季平的图书馆思想、认识改革开放后中国图书馆事业的新格局提供了新的思路,同时,它比之传统的矛盾说也更具鲜活的生命力与更强的时代适应性。以上两点,正是笔者斗胆将其说法总结、提炼为"宏观矛盾说"的主要原因。

为初步整理刘季平先生"宏观矛盾说",拙文将简要论述刘季平先生提出"宏观矛盾说"的内容与场合,将宏观矛盾说与经典矛盾说做一比较,呈现异同;由于刘季平先生身份与工作的特殊性,宏观矛盾说的阐发、实践与影响显然不在文墨与"被引率"之间,而是要关注他如何为中国图书馆事业开拓出崭新之格局,因此,文章的最后一部分还将着重阐述其事业实践与宏观矛盾说之间的关联。

2 宏观矛盾说的提出与主要内容

2.1 宏观矛盾说的提出

图书馆行业组织的建立,对于一国、一地的图书馆事业具有重要的影响。譬如,在图书馆史上,"1876"这个年份之所以被认为是美国图书馆事业的里程碑,原因之一便是美国图书馆协会在是年成立,美国图书馆的从业者从此奠定了稳固的合作和交流网络;类似地,"1925"这个年份也因为中华图书馆协会的成立而被铭记。

中华人民共和国成立后,建立一个崭新的、符合社会主义建设需要的全国图书馆行业组织,成为中国图书馆人的不懈追求。早在 20 世纪50 年代,建立中国图书馆学会的倡议已被提上日程[4-5],甚至已经成立筹备委员会、草拟诸项事宜并基本确定在 1957 年底结合科学论文研讨会召开总成立大会,但由于种种原因,当时未能克竟全功。

1977 年底 1978 年初,随着国家提出向科学技术现代化进军等一系列新的发展目标,建立"为科学研究和广大群众服务的图书馆网"作为新时期的任务要求受到高度重视。在这一背景下,1978 年 3 月 26 日至4 月 8 日期间,南京召开了"全国善本书总目编辑工作会议",在会议上,"北京图书馆提出了成立中国图书馆学会的倡议,当即得到与会各地图书馆代表的赞同"[6],此后各项筹备工作迅速推进,这在谭祥金老师的《中国图书馆学会筹备工作报告》中已有比较完整的记录,拙文不再赘述。

1979 年 7 月 9 日至 16 日,中国图书馆学会成立大会暨第一次科学讨论会在山西太原召开,会议上聚集来自全国的 200 多名代表,其中包括"蒙、藏、回、哈、满等少数民族代表和在北京工作的台湾地区图书馆工作者",被誉为"我国图书馆界建国以来一次盛况空前的会议"[7]。

在这次会议上,时任北京图书馆馆长的刘季平先生被推选为中国图书馆学会理事长,他不仅负责主持会议,更就当时中国的图书馆事业做了重要报告。随后,这一发言被整理并发布在《图书馆工作》1979 年第三期[8],有趣的是,由于这一发言具有极为重要的影响,到场的图书馆人均全神贯注、认真听讲,因此,除了正式发表的演讲稿之外,笔者又幸运地收集到 2 份抄录件或相关笔记,内容不尽相同,部分观点也未能全录,但对于宏观矛盾说的记录均属完整。

2.2 宏观矛盾说的主要内容

笔者之所以将刘季平先生关于中国图书馆事业突出矛盾的表述称为"宏观矛盾说",原因就在于,他的视野不局限于图书馆事业本身,而是与国家的宏大发展图景紧密结合。以下试以《图书馆工作》1979 年第三期整理的发言稿为主要文本对这一"宏观矛盾说"进行剖析。

该发言可分为四个部分,包括:伟大的历史性转变;我国图书馆事业的重大作用与落后现状;关于当前我国图书馆事业的三项要求和几个关系问题;解放思想,开动机器。宏观矛盾说的阐述主要集中在第三部分。在第一、第二部分,刘季平先从大局层面梳理了国家的历史性转变与重大需求对图书馆界的影响,同时以天津图书馆馆长黄钰生、考古学家尹达等的举例与说法为启发,提出对中国图书馆学会的期待,即"把我国图书馆事业同当前社会主义现代化建设的关系,同提高整个中华民族科学文化水平、发扬光大科学文化成果的关系,同以后消灭一切阶级、最终实现共产主义理想的关系,全都联系起来,全面深刻地加以研究,更加高瞻远瞩地提出我国自己在这方面的理论观点,用以统一我们对这一工作的重大历史使命的认识,提高我们认真抓紧搞好这一工作的自觉性和积极性"。通过这种方式,刘季平先生为中国图书馆学会的工作确定了一个基本目标和方向,但问题也随之而来:如何实现这个目标?

刘季平先生自己给出的回答,便是做好三项要求:

(1)将图书馆的工作着重点转移到为实现社会主义现代化建设服务上来;

(2)"有计划、有步骤、有准备地抓紧建设我国社会主义现代化图书馆网";

(3)"采取现代化技术与传统操作方法相结合、大中小改并举的方针",做好图书馆的调整、改革、整顿及提高工作。

而宏观矛盾说,事实上是贯穿三项要求的理论指导与思想工具。刘季平先生谨慎地说道:"我有一个想法,请大家考虑是否合适,就是要搞懂这些道理,主要还是要学习和运用马列主义关于生产关系与生产力矛盾的学说,来加以研究。因为这在实质上就是社会上的生产关系和生产力之间的矛盾反映在当前我国图书馆事业方面,进而发展出来的一系列更为具体和特殊的矛盾关系。"他具体提出这一矛盾是:新的历史使命与旧的落后现状的矛盾。

按照刘季平的观点,这种矛盾反映在图书馆事业的方方面面,既反映于图书馆事业与社会主义现代化之间的关系,也反映在图书馆内部的工作关系、方法和效率之间。在此基础上,他又继续谨慎地提出一个"不完整版本"的具体"矛盾清单"。笔者简要总结如下:

(1)全国工作重点转移后,图书馆工作的服务要求与原来图书馆工作基本任务的规定的关系;

(2)全国工作重点转移后,图书馆服务对象与原先规定为工农兵服务的基本方针之间的关系;

(3)社会主义现代化建设与图书馆网建设之间的关系;

(4)现代化新技术与正确对待传统工作方式之间的关系;

(5)现代化图书馆网与内部基础工作要求的关系;

(6)社会主义现代化图书馆网与外国图书馆网的关系;

(7)社会主义现代化图书馆网的建设与图书馆教育之间的关系;

(8)图书馆学理论研究与我国当前图书馆事业的实际工作之间的关系。

从日后的实践看来,这个清单,恰恰深刻地影响了中国图书馆事业的新格局,更重要的是,这个清单中的许多内容,事实上对于正在再次经历变革期的中国图书馆事业,仍然具有重要的参考价值。

2.3 宏观矛盾说与传统矛盾说的对比分析

上文简要呈现了"宏观矛盾说"的主体内容,值得一问的是,这一矛盾说与传统的矛盾说有何区别?

以"矛盾"切入社会观察,这一视角本身并不特殊,但在 20 世纪 50 年代编辑《毛泽东选集》的过程中,毛主席完成于 20 世纪 30 年代的《矛盾论》被重新发掘,经过了若干次修改,最终成为影响中国思想界的关键文本[9]。此后不同领域出现的"矛盾说",多在一定程度上受到《矛盾论》的影响,图书馆界自莫例外。

1957 年,刘国钧先生在为北京图书馆训练班做的"图书馆学概论"演讲中,关注到了文献保管和流通之间的矛盾,并提出解决这一矛盾是现代图书馆学的任务之一,这是矛盾论的思想较早被运用于图书馆学理论研究中,一般也被认为是传统矛盾说的起源。1962 年,黄宗忠充分阐述了图书馆学理论中"藏与用的矛盾",他认为"藏与用是图书馆工作的两个方面,构成了图书馆工作的基本内容",并提出当时图书馆工作中存在的问题,包括片面地看待与处理文献的藏与用关系、对数量与质量的关系处理不当、图书馆的制度破多立少等,进而明确藏用关系,强调两者的对立统一与动态调整,完成了传统矛盾说的基本构建[10]。其后,黄宗忠、彭斐章、谢灼华等又进一步对传统矛盾说进行完善、补充和讨论。近年来,吴稌年等对传统矛盾说做了较为全面的回顾,包括其产生的历史条件[11]、图书馆界"藏与用"矛盾说与情报界"供求"矛盾说的比较[12]、中华人民共和国成立初期图书馆学术思想的发展[13]等。

传统矛盾说与本文论述的宏观矛盾说相比,两者都产生于图书馆的变革时期、关注图书馆工作的调整与发展,也都试图为图书馆工作的开展提供思想武器,但它们终究存在多个方面的差异。

一方面,在关注对象与关注范围上有本质的不同。传统矛盾说认为"藏与用"的关系是图书馆发展中的主要矛盾或特有矛盾,但刘季平所提的宏观矛盾说则置于国家的宏大话语背景之下,关注图书馆事业与社会主义建设的关系,强调历史使命与发展现状的矛盾问题。事实上,尽管笔者将刘季平的矛盾说指称为"宏观矛盾说",但它对图书馆事业内部结构的逻辑关系同样进行了较为细致的梳理。

更重要的,是两种矛盾说发挥作用的不同。"藏与用"矛盾说是在对中国的图书馆工作进行观察与研究后总结出来的理论,总结了特定时代背景下图书馆工作面临的突出问题,对于解决特定时期的图书馆问题、厘清工作思路具有重要的价值,但在新的历史条件下,国内图书馆藏与用的尖锐矛盾更多已被"数字"与"纸质"的对抗所取代。

宏观矛盾说则被认为是调整中国图书馆事业与社会主义现代化建设之间关系的理论工具,它是我们观察刘季平图书馆思想的重要切入点,对改革开放后中国图书馆事业新格局的形成具有一定程度的影响。但是,在过去的很长一段时间,宏观矛盾说并没有引起学界的重视,这其中有几个方面的原因:

第一,刘季平先生本身并不以图书馆学研究而著名,某种程度上,由于其特定的官方身份,他的思考反而少被学界所关注和议论。

第二,作为发言稿或汇报,宏观矛盾说的文本形成在何种程度上代表了刘季平先生自己的态度和思考,抑或是集体协作之功? 在知识归属上似乎不易判定。但考察其发言稿,可以发现文中举出的案例颇具生活气息与生动性;2018 年 7 月,又得国家图书馆工作人员告知对刘先生家人口述历史录制过程的一些细节,了解到他的写作与发言习惯,结合起来做一个估量,笔者认为宏观矛盾说确应来自刘季平先生自己的所思所想。

第三,宏观矛盾说究竟在何种程度上影响了中国图书馆事业,这一点其实并没有广泛地为大家所知。客观来讲,由于相关文本的匮乏,也难以做出过于严谨的考证。但毋庸置疑的是,在刘季平先生为中国图书馆事业所开创的多项工作中,都可以看到他对"新的历史使命与旧的落后现状"这一矛盾的关注。下文将进一步以刘季平先生的图书馆生涯为切入点,展开分析。

3 中国图书馆事业新格局与宏观矛盾说

刘季平先生进入图书馆这一行,有一定的偶然性,这在其文集和信件中有一定的阐述,兹不赘述,尽管如此,刘季平先生对图书馆事业无疑付出了极大的心血,同时也做出了深刻的思考。在笔者看来,宏观矛盾说只是一个"点",要正确认识这个"点",必须将它放到中国图书馆事业现代化进程的这条"线"中来做考察。宏观矛盾说是在一个特定场合下的特定阐述，但它为我们理解刘季平的图书馆思想提供了重要的"线头"，可以说，从刘季平先生切入图书馆事业以来，他就一直关注如何推动中国图书馆事业现代化的问题，以满足国家的发展要求。

通过梳理刘季平主导、参与中国图书馆事业的一系列工作，包括且不仅限于：访美之旅、北京图书馆新馆建设、古籍善本总书目编撰、访英之旅、中国图书馆学会成立、《图书馆工作汇报提纲》，等等。笔者认为，其中有两个工作最值得关注。其一，是 1973 年的访美之旅以及其后有一定相似性的访英之旅，它们在某种程度上为宏观矛盾说提供了思想和灵感，让中国认识到自身落后之现状；其二，则是 20 世纪 80 年代的《图书馆工作汇报提纲》（以下简称《提纲》），尽管这一"提纲"理当是集体工作的结晶，但刘季平先生无疑在其中起到主导作用，宏观矛盾说的具体思考也被充分地融入《提纲》之中，进而实现对中国图书馆事业发展的影响。

3.1 访美之旅

1972 年，尼克松访华实现中美破冰之旅。次年，应美中学术交流委员会的邀请，国家文物局派时任北京图书馆（今国家图书馆，以下称"北图"）馆长的刘季平率中国图书馆界代表团访问美国。是年，刘季平与鲍正鹄于 9 月 25 日率领中国图书馆界代表团访问美国（据《人民日报》报道）。据刘季平给夫人吴瀚的信中记载，代表团 9 月 28 日抵达华盛顿，当天下午"1 时 46 分坐车到美国科学院去和美中学术交流委员会及有关方面的负责人商谈，直到下午 4 点半才结束"[14]。9 月 29 日，"上午参观白宫，基辛格接见了我们代表团，然后浏览了华盛顿市"；10 月 1 日，"上午参观美国国家科技情报服务局，下午参观国会图书馆。晚间参加了我国驻美联络处举行的国庆招待会"，在招待会上，刘季平见到不少美国客人，如"曼斯菲尔德参议员，斯诺原先的夫人等"；10 月 2 日，"继续参观国会图书馆。晚间参加美国科学院为我们举行的晚宴"，晚上 8 点后，"又应邀到专栏作家蔡尔兹夫妇家去采访了一下"；10 月 3 日，"参观美国医学和农业图书馆"；10 月 4 日，"参观斯密生自然历史博物馆和哥伦比亚特区公共图书馆"，"傍晚飞往纽约"[15]。按照行程，"（10 月）4 日下午去纽约，10 日去波士顿，15 日去俄亥俄，17 日去芝加哥,22 日去俄克拉马荷,24 日去旧金山,30 日回国"[16]。实际上,代表团最后一站还去了夏威夷。中国图书馆代表团在"美国 38 天,访问了11 个城市,参观了 45 个专业单位"[17],于 11 月 6 日圆满回国。

随后,刘季平在北京做了《中国图书馆界代表团访美情况汇报》,详细介绍访美经过以及对中国图书馆发展的想法。

首先,该报告大致介绍了在美国访问的经过,并分析本次访美活动"表面上是美中学术交流委员会安排的,实际上是美国国务院在掌握",访美过程中各方安排、接待的周全、到位,"同毛主席、周总理邀请尼克松访问中国,同中美两国关系正常化的发展是分不开的"[18]。通过这次访问,可以"更深刻地体会到毛主席革命外交路线的胜利"[19]。

其次,也是最主要的,刘季平对美国图书馆的情况做了介绍,主要包括以下几个方面[20]:①美国各类专业图书馆。以东亚图书馆为例说明美国图书馆"重视情报资料的程度";同时结合我国情况,认为"我们在科学技术图书馆系统搞得比较好,其他图书馆还要进一步加强这方面(情报资料)的工作"。②读者服务。美国图书馆服务"很注意区别对象,在实际工作方面迎合各种读者的需要","为适应读者办了各种类型的图书馆";且"越来越突出阅览和书刊的使用";读者"零零碎碎的问题都可以到图书馆来查询"。③技术应用。"美国图书馆正在推广缩微化、机械化","利用电子计算机进行的联合编目",利用"机器取书、还书"。④图书馆学教育。美国根据实际需求,进行图书馆学课程改革,并强调对在职人员的再培训以及对图书馆学位专业的要求。

尽管报告中也对美国的图书馆进行了一些批判,如用"为美国垄断资产阶级服务"为美国图书馆服务下定义,将移民服务视为一种"同化"行为,将"垄断资本家要用机器控制图书馆"列为美国图书馆大量推广电子计算机的原因之一。但考虑到这一文本的产生年代,我们更应该关注的,是它实事求是地向国内介绍了美国图书馆的长处和优点,让中国了解到西方图书馆事业发展的情况,为我国图书馆事业提供发展的新方向。

在长久的阻隔之后,刘季平等代表国家在官方层面重访美国图书馆,毋庸置疑,这一次出访不仅具有象征性的意义,更成为宏观矛盾说的重要实践来源之一。当时的图书馆人正是通过这一次访问考察,认识到和发现自身的"落后现状",并得到中国图书馆现代化建设的初步灵感。

2017 年,笔者对谭祥金教授和赵燕群教授进行了口述访谈。谭祥金教授曾任北京图书馆副馆长,在他任内,有多项工作是在刘季平先生的指导下完成的,他对刘季平先生的图书馆现代化思想做出了以下的回忆,从中可以发现访美之旅对刘季平启发之深:

> 访美之行让刘季平脑中中国国家图书馆现代化建设的理念逐渐成形,他指出图书馆的现代化涉及藏书多样化、图书馆服务标准化、人员知识化、计算机的应用等方面。为了了解现代化国家图书馆的要求,国家图书馆派人到欧美各国考察访问,加强对外交流。1978 年第五次全国人大的工作报告首次提出了图书馆网的问题。同年 10 月,刘季平为如何建设国家图书馆的问题,率团出访英国,此外,还为提高馆员的服务水平问题,派人赴澳大利亚考察访问。

访美之后数年,刘季平又应英中友协邀请,于 1978 年 10 月 12 日至 11 月 6 日率中国图书馆界代表团访问英国图书馆;在归国途中,同时访问罗马尼亚国家图书馆[21]。其后,刘季平在成都会议上做了访英汇报,由北京大学图书馆系关懿娴副教授根据报告整理成文,后又经刘季平自己修改,完成《关于图书馆的现代化与网络化——中国图书馆界代表团访英报告》一文。在报告中,刘季平总结了英国图书馆事业发展快速的原因——"一是图书馆网的普及与发展;二是采用电子计算机等新技术,促进了图书馆工作的现代化",并详细地介绍了英国图书馆的网络化和现代化情况,归总几点可供借鉴的有效经验。报告最后着重探讨了"关于现代化与网络化的关系问题",认为"现代化与网络化可以说是当前图书馆事业发展历史上发生重大变革的一个主要特点。而这二者之间的关系,在实质上又是生产力与生产关系的矛盾在当前图书馆事业上的一种具体反映"。刘季平由英国图书馆网络化与现代化经验,结合我国实际,提出三点建议:"第一,切实加强我国社会主义现代化图书馆学的理论研究";"第二,切实加强我国在社会主义现代化图书馆网建设中的统筹安排";"第三,还要积极设法改进和发展图书馆教育"[22]。

从这篇报告可以看出,此次访英和访美有所不同,刘季平已经形成明确的问题意识,带着"如何建'图书馆网'"的问题出发,考察借鉴英国图书馆发展经验,并从参观交流中认识到图书馆现代化与网络化的关系——"网络化是现代化的必要条件与基础,又是现代化的必然结果"。由于与1979年宏观矛盾说的提出时间比较接近,这些对图书馆网的思考,非常明显地体现在中国图书馆学会成立大会的发言稿中,这在上文第二部分已有清晰的展现,由此,也可见两次出访与宏观矛盾说之间的紧密关联。

3.2 《图书馆工作汇报提纲》

1980年,国家文物局应中央书记处要求,令文物局图书馆处起草《图书馆工作汇报提纲》(下称《提纲》)。同年5月26日,刘季平在中共中央书记处第23次会议上,依据《提纲》,进行图书馆工作汇报。谭祥金老师在口述访谈中说道,"也只有他(刘季平)能够把这个《提纲》提给中央那边去"。

根据1980年5月26日刘季平列席中央书记处会议时的发言稿,可以发现,当时刘季平的汇报思路基本上就是以"落后现状"与"历史使命"之间的矛盾为切入点,以"少、散、破旧、落后、被动"五个词概括全国图书馆基本情况特点,将存在问题的原因归结为"文革"破坏以及管理体制不完善。同时,对今后工作提出建议如下:构建现代化图书馆网,大力发展图书馆事业;加速进行北京图书馆新馆建设;加大图书馆专项投资经费;改善图书馆事业的管理体制问题[23]。

会后中央书记处通过了《提纲》,并做出以下决定:"1. 在文化部设立图书馆事业管理局,管理全国图书馆事业;2. 按原来周总理批准的方案,把北京图书馆建设列入国家计划,并责成一名书记处领导同志挂帅,由北京市负责筹建。"同时还提出,"可以考虑把北京图书馆搞成一个中心,建设全国性的图书馆网,把图书馆办成一个社会事业"[24]。《提纲》通过两年后,即1982年,文化部又发出通知,要求各地对"两年多来执行《图书馆工作汇报提纲》的情况进行一次检查"[25]。之后,每逢《提纲》通过的周年庆,都会有一批学者就《提纲》通过的历史背景、起草过程、内容、意义、影响及图书馆有关政策等进行回顾与反思。

《提纲》作为一项由中央书记处正式通过的国家级公共图书馆政策,一经通过就在全国图书馆中产生巨大影响。对应数年前在中国图书馆学会上的发言,可以发现,它落实了三项要求,尤其是对图书馆网和现代化技术的重视，也深刻地推动了宏观矛盾说中八项具体关系的调整与重构，引发了一阵学习热潮[26-27]。由于对《提纲》的研究和阐述已经很多，这里仅举一个不常被学界提起的小例子，就是它对"社会主义现代化建设与图书馆教育关系"的调整。在英美图书馆学开始渐现颓势的当时，《提纲》反而加强了中国图书馆学界与图书馆业界的关系，不仅推动了若干图书馆学系的建立，更推动了一批函授班的兴办，如广西图书情报中等专业函授学校甚至在其简介中直接点出它们与《提纲》的关系："广西壮族自治区文化局根据《汇报提纲》精神，委托区图书馆和广西图书馆学会抓紧筹办图书馆中专函校"[28]。

本文斗胆提出"宏观矛盾说"的概念，并对其背景、内容、思想源流、事业影响等做出初步的考察。这一工作十分粗糙，某些立论也存在可以斟酌之处，但是，笔者重点并不在于为前人"敷衍"出何种理论成就，而在于呼唤学界重新关注和重视刘季平这一辈图书馆事业先行者的思想。刘季平先生将图书馆事业置于国家话语下，他阐述的新的历史使命与旧的落后现状的矛盾，有着超脱于书斋之外的野心和卓越见识，对于当前的公共文化服务建设与公共图书馆事业亦有着无可取代的关键价值。

参考文献

[1] 刘国华. 论广义矛盾说与矛盾说——纪念陈光祚先生广义矛盾说发表50周年[J]. 高校图书馆工作,2010,30(2):19-25.

[2][12] 吴稌年. 图书情报界"矛盾说"的产生与比较[J]. 高校图书馆工作,2017,37(6):3-8.

[3][8] 刘季平. 中国图书馆学会理事长 北京图书馆馆长刘季平同志在中国图书馆学会成立大会上的发言[J]. 图书馆工作,1979(3):6-14.

[4] 李钟履. 中国图书馆学会积极进行筹备工作[J]. 图书馆学通讯,1957(1):43.

[5] 朱踵武. 中国图书馆学会筹备工作进行情况[J]. 图书馆学通讯,1957(3):52.

[6] 谭祥金. 中国图书馆学会筹备工作报告[J]. 图书馆学通讯,1979(2):28-30.

[7] 刘久昌. 图书馆事业的春天——记中国图书馆学会成立大会暨第一次科学讨论会[J]. 图书馆工作与研究,1979(2):1-3.

[9] 徐西永. 《矛盾论》文本研究[D]. 北京:中共中央党校,2006.

[10] 黄宗忠. 试谈图书馆的藏与用[J]. 武汉大学学报(人文科学),1962(2):91-98.

［11］吴稀年.产生"矛盾说"的历史条件［J］.山东图书馆学刊,2016(5):1-5.

［13］吴稀年,顾烨青.新中国"17年"的图书馆学术思想发展［J］.图书馆,2018
　　　(1):28-40.

［14-16］刘季平.给夫人吴瀚的信(1973年9月28日)［G］//刘季平.刘季平文
　　　集.北京:北京图书馆出版社,2002:507-508.

［17］［19］刘季平.中国图书馆代表团访美情况汇报［G］//刘季平.刘季平文集.北
　　　京:北京图书馆出版社,2002:85.

［18］刘季平.中国图书馆代表团访美情况汇报［G］//刘季平.刘季平文集.北京:
　　　北京图书馆出版社,2002:88.

［20］刘季平.中国图书馆代表团访美情况汇报［G］//刘季平.刘季平文集.北京:
　　　北京图书馆出版社,2002:94-103.

［21］编者.附录二:刘季平夫妇要事年表［G］//刘季平.刘季平文集.北京:北京图
　　　书馆出版社,2002:578.

［22］刘季平.关于图书馆的现代化与网络化——中国图书馆界代表团访英报告
　　　［M］//刘季平.刘季平文集.北京:北京图书馆出版社,2002:104-121.

［23］刘季平.关于《图书馆工作汇报提纲》的补充说明［G］//刘季平.刘季平文集.
　　　北京:北京图书馆出版社,2002:133-135.

［24］中共中央书记处最近批准国家文物局《图书馆工作汇报提纲》［J］.图书情报
　　　工作,1980(4):15.

［25］省文化局召开会议检查《汇报提纲》执行情况［J］.山东图书馆季刊,1982
　　　(4):35.

［26］江苏、福建省图书馆学会结合年会传达指示找差距奋发努力促实现［J］.图书
　　　馆学通讯,1980(4):2.

［27］武汉市、孝感、恩施地区文化局召开图书馆工作会议——明确图书馆在四化
　　　建设中的地位和作用［J］.图书馆学通讯,1980(4):2.

［28］力克.广西图书情报中等专业函授学校简介［J］.图书馆界,1985(2):66.

刘季平与《中国古籍善本书目》的编制

周余姣

刘季平(1908—1987),原名刘焕宗,曾用名石剑雄、力花、艾文、徐建人、满力涛、胡致、季平、石一今、满力陶等,党的革命工作者,教育家,陶行知的弟子。他在晚年,因一个偶然的机缘被任命为北京图书馆(今国家图书馆)馆长。在其任期内,带领中国图书馆事业转型,主持了多项影响深远的工作:如1973年带领中国图书馆代表团访美,1978年访英,重新叩开了中外图书馆学术交流的大门;1980年筹备设立中国图书馆学会,担任第一任理事长,使中国图书馆事业又有了专门的学会组织;1980年向中央书记处呈报《图书馆工作汇报提纲》,使图书馆事业发展有章可循,推动了中国图书馆事业的发展;主持北京图书馆新馆的设计,关心北京图书馆新馆建设[1];等等。关于其对图书馆事业的贡献,已有《忆季平同志与图书馆事业的发展》[2]等文章进行了探讨,也有学者专门探讨其教育思想和实践[3]。本文特选取其鼎力支持的又一影响深远的事业——《中国古籍善本书目》的编制进行研究,以窥其对中国古籍保护事业的贡献。

一、与图书馆事业结缘

1973年3月25日,时年65岁的刘季平在病房同国家文物事业管理局临时党委书记刘仰峤(1911—1980)闲聊时,表达了自己迫切想从事实际工作的愿望。刘仰峤告知北京图书馆迫切需要人去主持,并表示如果刘季平愿意,他将与国家文物事业管理局局长王冶秋报请国务院批准。4月4日,刘仰峤的报告经国务院办公室主任吴庆彤请示李先

周余姣,天津师范大学古籍保护研究院讲师,历史文化学博士后。

153

念(时任中共中央政治局委员)和纪登奎(时任北京军区第一政委),获得同意。4月16日,刘季平即由王冶秋、刘仰峤陪同,到北京图书馆任职。这一切在刘季平看来,"真是想不到,随便闲谈闲谈,竟然成了真事"。但他很快就下定决心做好这份工作。在日记中他如此表示:"这次一定要坚决做到'先当小学生',真正从零学起;如此要花一段时间,好好深入下去,串门,认人,谈心;一定不能当老爷,坐办公室,不能下车伊始就哇啦哇啦。"[4]在这样的心态下,刘季平很快开始了各项工作。

在刘季平任职2年后,1975年10月,周恩来总理在病重期间通过吴庆彤做出指示——"要尽快地把全国古籍善本书总目编出来"。据回忆,刘季平向北京图书馆相关工作人员做了以下传达:"同志们,昨天我接到国务院办公室主任吴庆彤同志电话,传达周总理指示,要我们'尽快把全国善本书目编出来'。大家先考虑考虑,我们应该做哪些准备工作,怎么样才能尽快编出来。今天不讨论,回去都好好想一想。"[5]因其时"文革"尚未结束,困难重重,这项工作暂未启动。

二、《中国古籍善本书目》的编制过程

(一)准备与动员

"文革"结束后,百废待兴,很多被搁置的工作重新提上日程。作为周总理的遗愿之一,《中国古籍善本书目》的编制得以启动。按照谭祥金的划分方法,整个《中国古籍善本书目》编制过程分为准备阶段、普查阶段、编目著录阶段[6]。准备阶段持续时间长达两年。1976年12月,国家文物局组织召开三次座谈会,讨论该书目编辑的问题。为稳妥起见,1977年4月,北京图书馆和上海图书馆进行编目试点工作,其后又由上海、浙江、江苏进行联合试点的工作。1977年11月,又在南京召开北京图书馆、上海图书馆、南京图书馆、浙江图书馆的联席会议,在这次会议上讨论编制该目录的三个规范性文件,即收录范围、著录条例和分类表。刘季平在这次会议上提出三个问题:①图书馆工作在新时期总任务下该怎么办?②对周总理生前关于编辑全国善本书总目的指示和当前新时期总任务关系的理解;③需要商讨决定的几个问题。他当场宣布中央不搞"平调",以消除大家的顾虑,并提出五年工作规划的方

案[7]。不搞"平调",也是为了让参与人员在编辑过程中能够安心照顾家庭。12月,又由北京图书馆会同辽宁、天津、陕西、山东等省市图书馆就这三个纲领性文件听取意见。1978年1月,北京图书馆、上海图书馆、南京图书馆联合召开筹备工作会议,为全国善本书总目编辑会议的召开积极准备。

1978年3—4月,刘季平在南京主持召开"全国古籍善本书总目编辑工作会议",并担任编辑领导小组组长,重申总理遗愿,进行动员。在这次会议上,大家统一了认识,认为该书目的编纂"在我国图书馆学、目录学、版本学史上,是一次承前启后,继往开来的大事情,有着重要的现实意义和深远的历史意义"[8]。会议决定成立全国、南北两大片、各大区、各省共四级领导小组,其中全国领导小组组长由刘季平担任,南北两大片的领导小组组长由北京图书馆和上海图书馆担任,其他领导小组组长也各有分工。会上正式通过编制该书目的收录范围、著录条例和分类表这三个纲领性文件,并制定时间点,希望在1980年底完成。1978年11月,在成都召开全国古籍善本书总目编辑领导小组会议,王冶秋和刘季平出席,讨论工作重点从普查转至版本鉴定等。同年,为了培养相关的人才,由北京大学图书馆学系组织举办为期三个月的"古籍编目培训班",对30余位工作人员进行培训。

(二)推进与发展

1979年3月,全国领导小组在广州召开全国善本书版本鉴定及著录工作座谈会,形成《收录范围举例》《著录条例举例》《四部分类讲解及使用举例》等文件,继续指导善本书总目的编辑工作。1979年12月11—20日,在南昌召开编辑工作会议,会议由刘季平主持,讨论善本书总目汇编前的复查和总目汇编的方案等问题,制定了《对各省、市、自治区善本书总目汇编时的复查要求》。刘季平还担任了编委会主任,在其所做的总结中提到:"全国开展古籍善本普查著录仅一年零八个月,就取得了很大成绩,表现在:①基本上完成了上报卡片的著录;②初步造就了一支古籍版本整理队伍,改变了后继乏人的状况;③抢救了大批古籍,不同程度地改善了古籍保护条件;④发现了一定数量的好书,为全国汇总打下了良好的基础。"他同时也指出了存在的问题[9]。1980年5月,43位参与人员在虎坊桥香厂路国务院机关事务管理局信访招待所集结,进行汇编与初审工作。各单位都派人参加,如上海图书馆顾廷龙馆长带了沈津与任光亮参加。1980 年底,因为产生了一些人事问题,遂将著录卡片拆分,由上海图书馆分编经部和史部,南京图书馆分编子部,北京图书馆分编集部和丛部。为了更好地查出编制过程中出现的问题,刘季平决定先行油印书本目录,作为征求意见稿,有利于后期的完善[10]。1981 年 4 月 22—28 日,又召开一次主编工作会议,刘季平虽没能参加,但会议坚持要继续实行编委会领导下的主编负责制[11]。1981 年 12 月,刘季平任国务院古籍整理出版规划小组组员。1983 年 5 月,在安徽黄山召开编委会扩大会,会议决定将"全国古籍善本总目"正式定名为《中国古籍善本书目》,在接收对征求意见稿反馈意见的基础上,由正副主编率领部分人员集中在上海图书馆定稿并交上海古籍出版社出版。

(三)问世

1984 年 5 月 20—23 日,在上海举行编委会扩大会议,由刘季平主持,对经部目录的清稿进行了最后的审议。主编顾廷龙、副主编潘天祯、冀淑英还就前一阶段的工作和经部目录编辑情况及意见进行汇报,提请会议审议。1986 年 10 月 23 日,《中国古籍善本书目·经部》正式由上海古籍出版社出版,举行了发行仪式,此时刘季平因为病重,已不能出席这个仪式。在谭祥金代读的书面致辞中,刘季平论及,"编辑全国古籍善本总目,是一项繁重而艰巨的任务,组织编辑出版这样全国规模的大型善本总目,在我国历史上还是第一次";"中国古籍善本书目的编辑出版,在我国图书馆事业史和文化史上是具有重大现实意义和深远历史意义的事情,不仅满足了图书馆实际工作的需要,而且对促进图书馆学、目录学、版本学和其他学科的科学研究,对我国四化建设也会起到积极的作用"[12]。该书目曾获 1988 年全国古籍优秀图书二等奖。此后,丛部于 1990 年出版,史部于 1993 年出版,子部于 1996 年出版,集部于 1998 年出版。该书目所涉及的藏书机构共 782 处,著录的古籍善本共约 13 万部[13]。

可见,在《中国古籍善本书目》的准备阶段、普查阶段、编目著录阶段、出版发行阶段,刘季平都给予了极大的支持,尤其是目录编制早中期,在他身体还健康的情况下,倾注了较多心力。

三、《中国古籍善本书目》的工作机制——编委会领导下的主编负责制

（一）以刘季平为主任的编委会领导

《中国古籍善本书目》是在"文革"结束后发起的一项涉及全国范围的大型编目活动，涉及机构广泛，参与人员众多。据顾廷龙追记，参与人员如下：主任刘季平，副主任方行、杜克、周村、彭长登、谭祥金、顾廷龙。主编顾廷龙，副主编冀淑英、潘天祯。顾问周叔弢、赵万里、潘景郑。参加汇编的人员：丁瑜、王文珍、王多闻、白莉蓉、任光亮、江焕文、李致忠、李龙如、吴田易、何金文、谷辉之、沙铭璞、沈津、沈燮元、宋效先、易雪梅、金志良、宫爱东、黄源海、崔建英、崔富章、梁仁居、梁信义、张世恭、陈杏珍、陈修弘、陈培荣、冯秉文、阳海清、杨文刚、杨起予、杨凤培、刘锦宏、骆伟、戴南海、韩锡铎、魏隐儒、党岗、栾星。参加审校的人员：丁瑜、丁为刚、王翠兰、任光亮、江陵、沈津、沈宗威、沈燮元、周馥、宫爱东、崔建英、陈杏珍、陈绍业、赵兴茂、郑麦、韩锡铎、魏隐儒。参加定稿人员：丁瑜、任光亮、江陵、沈津、沈燮元、宫爱东、陈杏珍。参加组织工作的人员：王冶秋、李竞、吕朗、佟曾功、胡耀辉、郭松年、曾祥集、赵平、赵琦、潘寅生、潘皓平、刘小琴、鲍正鹄[14]。计有主任1人，副主任6人，主编1人，副主编2人，顾问3人，汇编39人，审校17人，定稿7人，等等。

这样一个参与人员众多的大型国家项目，其编纂的难度不难想见。学界有这样的认识："编制《中国古籍善本书目》不同于编制一般的书目，对组织工作、学术水平提出的要求是很高的。如果没有各级有关领导的重视和支持，没有全国图书馆界和社会有关方面的步调一致的努力，没有对版本学、目录学、古籍编目知识的普及和提高，没有30年来图书馆界在这方面所做的建设工作为基础，是不可能编出这部古籍目录的。编制这种书目也就是高度的学术水平和严格的科学态度相结合的过程。"[15]从编制书目过程中所组织的多次会议就可看出，每一次会议对工作都有很大的推动，组织领导工作起到很重要的作用。如关于分类的问题，当时有不同的意见，有的主张采用新型分类法，有的仍主张用四部分类法。作为主编的顾廷龙曾向王冶秋请示，王冶秋指示仍采用传统的四部分类，并将善本的范围编录到清代[16]。

《中国古籍善本书目》的编制与出版，获得了极大的学术肯定："许多过去不为人知的古籍善本，现得见于此目，填补了某些学科领域的空白。此目基本反映出国内善本书的收藏情况，其数量和内容都远远超出历代各种书目。由于通过各种方法审核了大量的原书，因此纠正了前人著录、版本鉴定、分类、目录组织中的一些错误，有力地促进了古籍版本学、目录学的研究，为国内外学术界的使用和研究提供了方便，在国际学术界也引起了极大的反响。"[17] 确乎如此，该书目的编纂与出版，使国内外学术界、出版界及广大读者受益良多，现已被海内外学术界视为版本鉴定和著录的权威，深受欢迎和重视[18]。此项目也培养了众多版本目录学人才，如李致忠、沈津、骆伟等。

（二）以顾廷龙为主编的负责制

沈津曾引用方行评价顾廷龙作为主编的贡献时说："这样一项大工程，早十年不行，晚十年也不行，没有一个肩膀能挑起这副沉重的担子，只有顾廷龙可以担当。"[19] 顾廷龙等编委会成员的功绩很大。在编制的过程中，也遇到了一些组织上的问题，尤其是在王冶秋、刘季平去世后，顾廷龙因年老以及人事上的问题，几欲辞职，幸而仍得主要负责领导人李一氓、王蒙的支持[20]。刘季平曾表示，将来古籍善本书目完成后，一定要开一个隆重的庆功会，把所有参加编辑工作的人员请回来[21]。1995 年 3 月底，在子部出版、集部交稿之际，由文化部和国家古籍整理出版规划小组在人民大会堂联合召开了"《中国古籍善本书目》编纂工作总结暨表彰大会"，表彰在组织编纂《中国古籍善本书目》过程中做出突出贡献的人，其中，做出杰出贡献的有主编顾廷龙，做出突出贡献的有副主编冀淑英、潘天祯，定稿人员任光亮、沈燮元、陈杏珍、宫爱东等同志也获得了奖状及奖牌，参加过编纂工作的李致忠、王多闻、韩锡铎等专业人员获得了纪念牌。当时，刘季平、王冶秋、胡耀辉等人早已离世，让人无限惋惜[22]。虽然刘季平数次自称外行，但该书目的编纂实行的是编委会领导下的主编负责制，编委会等领导小组的全力支持也不可抹杀。主编顾廷龙先生就称"整个工作是先在国家文物局后在文化部图书馆事业管理局领导下进行的，刘季平同志则始终主持其事"[23]。现这一编委会领导下的主编负责制也成为大型项目编辑的常见工作机制。

四、刘季平的"夕阳梦"

1984年4月24日—5月18日,刘季平在日记中总结自己的"夕阳梦",其中第一项就是关于《全国古籍善本总目》。起因是顾廷龙请刘季平去参加编委会主任、副主任扩大会议。刘季平本意让主编们勇担其责,后思考再三,还是认为:"……这部总目已经费了这么大的劲,搞出了现在这么大的成绩,就有必要进一步下个决心,一面先印行现稿,一面正式建议几个有关方面,分别成立编辑部,分头负责编辑各少数民族的、台湾地区的、海外的以及散存在私人收藏的中国古籍善本目录。这样,才能使这一部《全国古籍善本总目》更能名副其实,更有利于再接再厉,扩大战果,全面发扬光大我国历史悠久的古老文化。这事如要现在的编委和总编室负责办,当然有困难,但至少可以提出几个主要单位,请他们分别负责牵头办理。"[24]可见,《中国古籍善本书目》的编制与完成成为刘季平晚年的心愿之一,致力于帮助解决编制过程中的困难。虽未能最后见到《中国古籍善本书目》全部问世,但刘季平已尽其所能了。

1949年后,部分卓有功勋的革命工作者接受党组织的安排,到北京图书馆担任领导职务。这些革命工作者很快完成了身份的转变,投入到图书馆事业中。如冯仲云,于1952年12月至1954年10月任北京图书馆馆长,虽任职时间不长,其业绩仍为人所称道[25]。刘季平除了支持《中国古籍善本书目》的编纂,还提倡干部的老中青结合,提拔任用了当时还很年轻的谭祥金担任副馆长。诸如此类,其对图书馆事业的贡献应该值得后人铭记。

参考文献

[1] 吴瀚.回忆季平同志关怀北京图书馆新馆建设的几点情况[J].图书馆学通讯,1987(3):15-19.

[2] 北京图书馆.忆季平同志与图书馆事业的发展[G]//江苏省如东县政协文史资料委员会.纪念刘季平文集.北京:书目文献出版社,1990:94-100.

[3] 唐宏婷.刘季平教育思想及实践研究[D].扬州:扬州大学,2016.

[4] 刘季平.日记选[G]//刘季平.刘季平文集.北京:北京图书馆出版社,2002:525-526.

［5］李致忠. 在周总理的嘱托下编书目［G］//人民政协报. 政协委员书架春秋纵
　　横. 北京:中央编译出版社,2010:67.

［6］［8］谭祥金. 誓将总理遗愿化宏图——全国古籍善本总目编纂工作进入总编阶
　　段［J］. 图书馆学通讯,1980(1):26 – 30.

［7］［9］骆伟. 春华秋实——记《中国古籍善本书目》的编辑工作历程［J］. 图书馆
　　论坛,2010(6):284 – 288.

［10］顾廷龙. 十年苦干,抢出善本书总目——忆周总理、陈毅等同志对图书馆事业
　　的关怀［G］//《顾廷龙全集》编辑委员会. 顾廷龙全集·文集卷上. 上海:上海
　　辞书出版社,2015:468.

［11］文化部批转《关于〈中国古籍善本书目〉主编工作会议的报告》的通知［M］//中
　　国文艺年鉴社. 中国文艺年鉴. 1982. 北京:文化艺术出版社,1984:189 – 190.

［12］刘季平. 在《中国古籍善本书目》(经部)发行仪式上的书面发言［J］. 图书馆
　　学通讯,1986(4):8.

［13］李一氓. 谈《中国古籍善本书目》的出版［J］. 图书馆学通讯,1986(4):7 – 8.

［14］顾廷龙. 中国图书事业的一项伟大成就——《中国古籍善本书目》追记［G］//
　　《顾廷龙全集》编辑委员会. 顾廷龙全集·文集卷上. 上海:上海辞书出版社,
　　2015:462 – 463.

［15］武汉大学、北京大学《目录学概论》编写组. 目录学概论［M］. 北京:中华书局,
　　1982:168 – 169.

［16］［20］顾诵芬. 纪念父亲诞辰 110 周年［G］//上海图书馆. 顾廷龙先生纪念集.
　　上海:上海科学技术文献出版社,2014:1 – 10.

［17］宫爱东.《中国古籍善本书目》简介［J］. 文教资料,1989(2):134 – 135.

［18］宫爱东,韩锡铎. 初论《中国古籍善本书目》的编纂及其历史功绩［J］. 传统文
　　化与现代化,1999(3):88 – 95.

［19］陆梦星. 上图三老——顾廷龙、潘景郑、瞿凤起［G］//苏州市传统文化研究
　　会. 传统文化研究第 23 辑. 北京:群言出版社,2016:276.

［21］骆伟.《中国古籍善本书目》为何屡遭盗版?［G］//肖永英,潘燕桃,陈定权
　　等. 资讯管理研究. 广州:中山大学出版社,2009:360.

［22］谭祥金,赵燕群. 谭祥金、赵燕群文集. 上［G］. 广州:中山大学出版社,2010:149.

［23］顾廷龙. 中国古籍善本书目编辑经过［G］//顾廷龙. 顾廷龙全集·文集卷上.
　　上海:上海辞书出版社,2015:438.

［24］刘季平. 夕阳梦［G］//刘季平. 刘季平文集. 北京:北京图书馆出版社,2002:
　　152 – 153.

［25］袁丁. 北京图书馆解放后第一任馆长冯仲云同志［J］. 图书馆学通讯,1981
　　(3):8 – 11.

刘季平对国家图书馆及中国图书馆事业发展的贡献

朱红艳

刘季平是中国伟大的人民教育家陶行知先生早期的得意门生,受陶行知的熏陶,学教育、办教育、培养人才是他心中不灭的情结,他为此呕心沥血,无论是在战争年代遭受敌人的迫害、经历"十年动乱"蒙受冤屈,还是在和平年代,他始终坚信陶先生遗教"人生为一大事来,做一大事去",始终怀着忧国忧民的情思,立足整个社会、立足千千万万的人民,实事求是开展工作,兢兢业业完成党和国家交付的使命,不负韶华,不负人民重托[1]。1973 年 4 月,饱受"文革"影响,身心受到严重摧残的刘季平,面对国家期望、人民重托,尽管身体羸弱,毅然肩负起北京图书馆馆长一职,挑起了中国图书馆事业振兴发展的重担。这对于从未经过专业图书馆知识教育、从未从事过图书馆工作的刘季平,对于一位年近七旬、心力体力已大不如前的老者,这无疑是一个全新的挑战。但他不畏艰难,从零做起,"两认两问,认门认人,问故问今"[2]。在任职期间,他兢兢业业,开拓进取,为国家图书馆和中国图书馆事业的振兴发展做出了重要贡献。

一、解放思想,积极整顿,推进北京图书馆新馆落成

中国近代的图书馆是在波折中成长的,图书馆发展非常缓慢,而"文革"又使早已被战争洗礼的图书馆千疮百孔。刘季平接任北京图书馆馆长,第一项艰巨的工作就是同极"左"路线斗争,为图书馆拨乱反正。他深入调研,反复思考,重新确立了新时期图书馆的办馆方针和社

161

朱红艳,山东管理学院图书馆,助理馆员。

会主义图书馆事业的基本工作任务,即为无产阶级政治服务,为工农兵服务,为社会主义事业服务,特别是为四个现代化建设服务,指明了北京图书馆作为我国图书馆的代表和旗帜在这一历史时期新的责任和义务[3]。社会各界以各种形式支持图书馆建设,尤其表现为馆藏文献大幅增加,同时由于生产大发展,人们迫切需要文化知识,刘季平深刻认识到兴建新馆的重要性,适逢周总理亲自指示将国务院的两幢楼交由图书馆使用,并批准建设新馆[4],这更成了刘季平加快建设北京图书馆新馆的巨大内驱力。为了推进新馆建设,他积极开展各项筹备工作、指定各项具体的工作计划,包括何时拆迁、何时完成拆迁、何时破土动工、何时基本建成、何时正式使用、需要哪些机构或组织的支持和帮助,以及有关经费问题和人力、物力安排问题,他为新馆筹建四处奔走,从馆舍规模到建筑设计再到设施完善,事事都要亲自过问与安排。

1987 年,凝聚刘季平以及无数北京图书馆人心血的白石桥新馆落成,总面积17.3 万平方米,在当时世界上仅次于美国,新馆藏书量达2000 万册,拥有 30 多个阅览室,可容纳3000 多位读者[5]。而且为了满足随着拨乱反正、真理标准讨论、人们思想大解放而出现的对文化知识的迫切需要,新馆在藏书体系、加工手段、服务格局等方面都进行了改革,最重要的一项革新就是实行开架阅览,这极大地方便了公民自由地享受北京图书馆资源,而且也给书刊尽可能流通、最大限度地发挥作用创造了可能[6]。

二、沟通国际,学习借鉴,促进国际交流合作

1973 年,接任北京图书馆馆长不久的刘季平接到了出国参观考察的任务,他深知这次出国访学意义重大,当时的中国太需要来自国际的先进知识和经验,需要一批业务骨干凸现出来,带领各行各业奋起直追、迎头赶上。刘季平非常珍惜这次机会,去之前做了充分的工作,在极短的时间里熟悉了图书馆的基本工作,深刻剖析了此次参观访谈的目的和意图,并做了细致的准备,提前设想了很多他们可能遇到的各种问题,包括可能带有防御性的问题,比如图书交换问题、国旗问题等。刘季平率团在美国共 38 天,访问了 11 个城市,参观了 45 个专业单位,

他一边认真观察学习，一边记录见闻感受，不仅为我们打开了世界的窗户，还给我们带回了丰富的经验和思考[7]。

1978年2月，时任国家领导人华国锋在五届全国人大一次会议上所做的《政府工作报告》中指出，要"发展各种类型的图书馆，组成为科学研究和广大群众服务的图书馆网"。其后，又在全国科学大会上号召，"为胜利地完成建设社会主义现代化强国的伟大历史使命，一定要极大地提高整个民族的科学文化水平"。华主席的号召为图书馆事业吹响了战斗号角，也指明了新的前进方向，全国上下备受鼓舞[8]。1978年10月，刘季平接到出访英国的指示，他万分激动，出访前，仍是精心准备，带着华国锋同志的指示，于10月12日飞往英国进行实地参观考察[9]。10月12日至31日，刘季平率中国图书馆界代表团访问伦敦、剑桥、伯明翰、曼彻斯特、牛津等11个城市，参观了不列颠图书馆等13个公共图书馆，剑桥、牛津等8个大学图书馆，皇家医学会、东亚科学史等4个专业图书馆，以及3个单位的图书馆情报部门和大英博物馆、公共档案馆[10]。回来后，为了将自己所见所闻所感原原本本、尽可能全面地展示给大家，他一丝不苟地准备了《关于图书馆的现代化与网络化——中国图书馆界代表团访英报告》。

在《闻所未闻的周恩来》一书中，师东兵曾这样记录："1973年3月26日周恩来听取国家计委汇报1973年计划时说：'最近我们出去了两个代表团，一个医学代表团在国外看了回来，不敢做报告……出国花了不少的钱，回来报告也不敢做……不敢谈人家的长处，也不敢写我们的短处……出国考察参观，就是为了学习人家的长处和优点嘛，今后我们就要坚持这些实事求是的精神和作风'。"[11]可见，刘季平的出国报告是符合周总理的要求的。刘季平的夫人吴瀚也感慨"回忆当年，可以说季平是不卑不亢地做了个好报告"。

1972年2月，尼克松访华使中美两国关系正常化，也促进了我国图书馆与国际的交流。改革开放前后，文化教育事业受到前所未有的重视，北京图书馆及各地图书馆在需要加大宣传的同时也迫切渴望与国际图书情报界取得联系，了解更多国内外先进经验和技术，以谋求自身的发展。为了更快地发展我国图书馆事业，刘季平发现必须加强国际交流与合作。他在任期间，积极鼓励各种形式的讲学和馆员交换，并多次邀请国外图书馆代表团到中国参观和交流。1979年1月我国与美国签订中美文化协定，8 月 28 日签订执行条约，就 1980 年、1981 年的文化交流达成协议。1980 年，美国国会图书馆副馆长威廉姆·威尔什带领 12 人的代表团受刘季平之邀访华，并在北京和上海做了三次长达三小时的有关当时美国图书馆界各个领域的报告，向我们介绍了他们在管理、自动化、图书馆计划和设计方面的先进技术和经验，打开了我们的眼界[12]。

三、洋为中用，合理规划，落实图书馆网建设

1973 年 12 月 4 日，刘季平作为代表做了《中国图书馆界代表团访美情况汇报》，他深刻认识到美国人民对于中国图书馆的认识还是太少，很多人甚至认为中国没有公共图书馆，因此，在后来的工作中他特别注重宣传工作，不仅增强国外对我国图书馆事业的了解，更在国内民众中加强宣传推广，提高公民利用率。其次，他惊叹于美国图书馆非常重视情报搜集工作，他们专门设有直接为统治阶层服务的研究图书馆。在搜集资料方面，他们求全、求快、无孔不入、不择手段[13]。除了图书馆外，他们还建有很多专门机构，如图书馆资料委员会，表面上是研究高新技术，实际上是社会、政治、经济什么情报都搞[14]。在这一点上，刘季平深刻地意识到，文化事业应当提高警惕，我们工作的原则就是守住底线，在保证国家信息安全的基础上开展图书交换活动，绝不能危害国家的事业、人民的利益。此外，他还看到了美国图书馆有很多值得我们学习的地方，例如他们突出阅览和书刊的使用、重视技术改革、在很多具体的工作中的先进做法（如当时比较先进的机读目录的应用、机器借还书以及图书馆学教育发展等）。由此，他提出"洋为中用"，积极借鉴国外先进经验大力发展我国图书馆：①逐步促进我国在分类、编目方面的统一。②逐步摸索出一些方法来，促进各地图书馆之间的社会协作。③加强图书馆学教育，搞好这方面的教育革命[15]。

1978 年 12 月 9 日，在《关于图书馆的网络化与现代化——中国图书馆界代表团访英报告》中，刘季平指出，英国图书馆的网络化和现代化的经验教训，值得我们借鉴。在图书馆网建设方面，他从具体工作实践出发，发现建设全面协作的图书馆网是大势所趋且至关重要，不仅可

以极大减少在文献查找中人力、物力、财力方面的巨大浪费,还能极大提高人们的学习效率、工作效率。同时为响应华国锋同志在五届人大一次会议上所做《政府工作报告》中关于"积极发展各种类型图书馆,建设为科学研究和广发群众服务的图书馆网"的号召,他大力提倡建设图书馆网[16]。在中国图书馆学会成立大会上,刘季平强调必须抓紧建立图书馆网,而且在之后的各种会议上他也多次强调建设图书馆网的重要性和紧迫性。

在推进图书馆网的建设中,他积极吸收国外图书馆网建设尤其是英国图书馆网建设的经验,不断加强宣传,呼吁国家和社会提高重视力度与支持力度,促进规划布局、建馆普及和服务的逐渐深入。1976 年,在全国范围内出现了多种协作网,并成立了部际图书情报工作协调委员会等管理和协调组织。他统筹布局,依据中央书记处对图书馆工作"将来还可以考虑把北京图书馆搞成一个中心,建设全国性的图书馆网"的指示,积极立足北京图书馆,组织全国各省、市、县的图书馆协同合作,吸取《全国图书协调方案》中的经验,以一个中心馆由综合性的公共图书馆和若干有基础的较大的专业图书馆组成的建构模式,建立一些全国性的和各地区性的综合性藏书中心与专业性的藏书中心,并以这些中心馆为重点对其进行支持和引导[17-18]。在他的指导下,各地区图书馆积极响应,形成以北京图书馆和若干重要省市、科研、学校图书馆为骨干的建设布局,带领各地图书馆有计划、有步骤、有准备地逐步推进一个既有分工又有协作,有机联系的、统一的图书馆网的建成。

四、促进改革,编制两目,打开图书馆界局面

1975 年,病中的周总理不忘祖国的图书馆事业,病床上发出"尽快把中国古籍善本总书目编出来"的重要指示[19],这让时任北京图书馆馆长的刘季平倍感责任的重大,接到指示之后,他与馆里同事立即展开商议,决定首先摸一摸善本书在全国的分布情况,但之后由于遇到阻力,此事无奈之下被暂时搁置。直到 1977 年,随着图书馆拨乱反正及真理标准讨论的胜利,筹备工作重新被提到了日程上来,刘季平首先召开会议,筹备成立领导小组,组织召开编委会会议,并亲自担任编委会

主任。1978年3月,筹备小组在南京组织召开全国古籍善本书目编辑工作会议,全国各省、市、自治区文化局以及图书馆的代表参与了会议,刘季平做了重要报告,会上讨论了《全国古籍善本书目》收录范围、著录条例、分类方法等具体问题[20]。

在前前后后大大小小的会议中,刘季平积极动员全国力量投入到这项浩瀚的工程当中,并反复商讨制定相关规划和统筹协调问题[21]。经过前后近800家单位、数千人长达20年反复的普查、汇编、审核,1995年完成了这部浩瀚巨著。遗憾的是,刘季平未能等到那天的到来,但为了实现周总理的重托,身患重病的刘季平仍坚持亲自审定了《中国古籍善本书目·经部》。1995年3月,在文化部和国家古籍整理出版规划小组召开的总结大会上,刘季平、王冶秋、胡耀辉等对《中国古籍善本书目》编纂工作做出突出贡献的同志均受到了点名表彰,虽然那时刘季平同志已过世多年,但他对这项工作的贡献却是不可磨灭的[22]。

《中国古籍善本书目》是我国有史以来首次编纂完成的全国古籍善本联合目录,一经出版便在世界引起了极大的反响。它的成功编制,带来了图书馆业务工作复苏的希望,处处透着惊蛰之后的勃勃生机。

1978年是图书馆事业重要的一年,就是这一年,因"文革"中辍的《民国时期总书目》也迎来了复苏的希望。随着图书馆拨乱反正及真理标准讨论的胜利,北京图书馆重新组建编辑组,继续对中文普通图书进行卡片式著录,这项工作同样是一项全国性的编目工作,以北京图书馆、上海图书馆、重庆图书馆的藏书为基础,全书按《中文普通图书统一著录条例》著录,按《中国图书馆图书分类法》分类编排[23]。从北京图书馆着手编辑《民国时期总书目》至1992年全部定稿,经历了15个春秋更迭,该书目收录了1911年到1949年9月中国出版的中文图书124 000余种,全景式地反映了民国时期出版的图书面貌。

五、一会一局,促研究提教育,加快深化管理布局

1978年底,中共中央十一届三中全会将"改革开放"作为今后的工作重点,各行各业都进入了蓬勃发展的新时期。中国图书馆经历了拨乱反正之后以迅猛的态势高速发展,因此,刘季平强烈地感受到,无论

是从客观上还是主观上都需要一个专门的、统一的、学术性的社会组织来组织和协调全国的图书馆学术研究和教育发展[24]。

在访英、访美过程中,刘季平就发现,他们非常重视图书馆学学术研究和教育,正是由于他们经常开展图书馆学研究的学术交流和同行评议,才使两国在图书馆学研究上非常活跃,其研究一直处于世界前列。也就是出访之后,刘季平对建立我国图书馆学会、促进图书馆学研究和教育的愿望越来越强烈。

1978 年 3 月,全国科学大会不仅为科学发展注入了新的活力,更像一泓清泉滋润了与科技紧密相关的图书馆事业。紧接着,在南京召开的全国古籍善本书总目编辑工作会议上,刘季平领导下的北京图书馆倡议成立中国图书馆学会,这与 50 年代关于图书馆学会的倡议有明显的不同:这个时期的社会条件基本成熟,全国的图书馆事业在各方力量的支持下快速发展,而且民众追求科学文化知识的热情高涨。在这种形势下,担任主任委员的北京图书馆在常委会议、中国图书馆学会筹备委员会扩大会议等会议中先后决定组建筹备小组、起草《中国图书馆学会章程》及各项具体工作的落实。经过反复修订和各方面的积极努力,成立中国图书馆学会的提议得到国家的批准。在中国图书馆学会筹备的同时,在北京图书馆的倡议和影响下,全国各地也纷纷成立学会筹委会,并为中国图书馆学会成立大会做了积极的准备[25]。1979 年 7 月 9日,在山西太原召开中国图书馆学会成立大会和第一次全国科学讨论会,全国 29 个省、市、自治区的 200 名代表出席了会议,会上刘季平发表了重要讲话。大会通过了《中国图书馆学会章程》,民主选举出第一届理事会,刘季平当选理事长。至此,作为一件图书馆界的大事,中国图书馆学会的成立标志着中国图书馆学即将进入高速发展的新时期,同时也预示着我国图书馆事业的繁荣和发展[26]。中国图书馆学会成立之后,刘季平就提出充分发挥图书馆学会的作用,抓紧展开图书馆学的理论研究,促进各种形式的研讨和交流。1979 年 8 月,中国图书馆学会加入中国科学技术协会,而就在刘季平卸任北京图书馆馆长,转任国务院文化部顾问的 1981 年 5 月,中国图书馆学会恢复了在国际图联(IFLA)的合法席位,不可否认,这与刘季平 8 年来的努力是分不开的。

在 1980 年之前,中国的图书馆事业曾先后由文化部文物局、文化部社会文化事业管理局、文化部群众文化事业管理局及国家文物事业

167

管理局管理。随着改革开放,国家的生产、科技发展迫切需要文化知识,图书馆对于国家各项事业的支撑作用越来越突出,客观上需要一个专门的管理局对图书馆事业进行直接、具体的管理,因此,刘季平认为,有必要向国家提出设立文化部图书馆事业管理局的建议。1980 年 5 月,中央书记处听取了刘季平关于图书馆工作的汇报,通过了《图书馆工作汇报提纲》,并批准了关于设立文化部图书馆事业管理局的建议,这是中央书记处第一次直接听取图书馆工作汇报,对中国图书馆事业改革发展意义重大。会后,刘季平马不停蹄,又积极地开始了文化部图书馆事业管理局的筹组工作,经过了半年的努力,文化部图书馆事业管理局于 1980 年 11 月正式成立,设局长 1 人,副局长 2 人,下设公共图书馆管理处、图书馆协作协调处、图书馆科学研究和教育管理处以及办公室,丁志刚任第一任局长。图书馆事业管理局是新中国改革开放在图书馆事业上一项重要的新举措,它的设立体现了国家对于图书馆事业的重视,标志着我国图书馆事业管理逐渐趋于标准化、规范化,更指引着中国的文化事业日益繁荣。

刘季平同志的一生是革命的一生、战斗的一生、执着的一生。直到退居二线,他仍然希望能够发挥余热,为社会主义事业继续奉献自己。即使在病中,仍念念不忘党的事业,积极参与各种有关图书馆的工作会议,积极地为图书馆事业的振兴劳碌奔走,积极促成图书馆各项事业发展,表现出了一个共产党人铁一般的坚毅,一日是图书馆人,一辈子都是图书馆人。1973 年 11 月至 1981 年 2 月,近 3000 个日日夜夜,刘季平兢兢业业、不辞辛劳,从一个门外汉成长为一名专业化干部,最后化作了一座不朽的丰碑,书写了对革命事业、对图书馆工作的极大忠诚,是无愧于时代的英雄。方毅副总理在会见美国图书馆代表团时曾说过这样一句话:"为了前进,我们必须承认我们现在的落后。"[27]刘季平正是看到了我国图书馆事业的落后,才殚精竭虑、大力发展中国图书馆事业,而中国的图书馆事业正是因为有了像刘季平这样的同志而变得不同。

参考文献

[1 – 3][7][10][13 – 15][19][21] 刘季平. 刘季平文集[M]. 北京:北京图书馆出版社,2002.

［4 - 5］金宏达.北京图书馆与中国图书馆事业的发展［J］.北京图书馆馆刊,1992
　　（1）:6 - 12.

［6］［20］［23］［25］李致忠.北图改革开放二十年回顾［J］.北京图书馆馆刊,1999
　　（1）:30 - 35,27.

［8 - 9］徐文绪.学习列宁关于组织图书馆网的教导［J］.北图通讯,1978(2):1 - 5.

［11］师东兵.闻所未闻的周恩来［M］.海拉尔:内蒙古文化出版社,1998.

［12］［27］乔凌.美国图书馆员访问中华人民共和国［J］.图书馆学通讯,1980
　　（1）:76.

［16］刘季平同志发言［J］.图书馆学通讯,1979(2):6 - 12,14.

［17］赵成山.关于当前图书馆网建设的几个问题［J］.图书馆学刊,1980(3):5 - 9.

［18］韩承铎,鲍振西.为建设现代化图书馆网而努力工作——学习华主席关于建
　　设图书馆网指示的粗浅体会［J］.北图通讯,1978(2):5 - 10.

［22］［24］刘兹恒.中美图书馆学会的比较研究［J］.四川图书馆学报,1995(3):
　　35 - 42.

［26］谭祥金.淡泊名利　执着事业［J］.图书馆论坛,1996(3):24 - 27.

169

改革开放四十年高校图书馆管理发展变化研究

尹彩峰

1966 年 5 月,"文革"开始,我国图书馆事业的发展受到了阻滞,高校图书馆的数量也大量减少,在 1965—1971 年间,由 434 所减少至 328 年[1]。1966—1971 年间,北京大学、武汉大学图书馆系停止招生,直至 1971 年 4 月,全国出版工作座谈会在北京召开后,才恢复招生。

1978 年十一届三中全会指出,中华人民共和国的国民经济得到了进一步的恢复和发展,全国出现了安定团结的政治局面。因此,会议提出把全党的工作重点转移到社会主义现代化建设上来。同时,也揭开了中国改革开放新时期。国内稳定政治环境、经济建设发展环境,为高校图书馆的发展带来了发展契机。会议做出了实行改革开放的新决策,结束了 1976 年 10 月以来党的工作在徘徊中前进的局面,将党领导的社会主义事业引向健康发展的道路。截至 1978 年时,高校图书馆已发展至 598 所[2]。

1 高校图书馆的发展变革

高校图书馆乘着十一届三中全会的春风,工作也渐渐恢复到正常轨道上。为了使高校图书馆更快、更好地恢复正常有序的工作,确定图书馆在学校的地位和作用,以及对工作人员的认识,我国相关管理部门制定实施了一系列的政策,支持高校图书馆的发展。高校图书馆事业的管理体制,随之进行了一系列的改革。在这里所提到的高校图书馆管理体制的变革,主要包括两个方面:一是宏观管理体制,一是微观管

尹彩峰,广东金融学院图书馆,馆员。

理体制。宏观管理主要指整个高校图书馆事业方面的管理;而微观管理主要是具体到高校图书馆内部的管理。

对于人员的管理。1979 年 3 月 10 日,教育部颁发了《关于高等学校图书和资料情报人员职务名称确定和提升的暂行规定》[3],并在少数高校中进行试点。文件规定了高等学校图书馆工作人员和资料情报人员的职务名称,还规定了专业职务的确定和提升的条件;明确了图书馆、情报工作人员的身份、地位,为他们的未来职业发展指明了方向。

2　宏观管理体制的变革

宏观管理主要是指国家的大政、方针和政策,及一定管理机构的设置等。

2.1　明确高校图书馆的管理

为了使高校图书馆的管理体制更加明确、科学、系统。1978 年 8 月 12 日,《教育部关于加强高等学校图书资料工作的意见》中指出:高校图书馆在发展中存在的问题有,领导对图书资料的工作不够重视,经费、人员、物资供应等得不到保证;图书采购带有盲目性,图书资料工作人员后继不足;业务不熟练、质量不高等。更重要的是,对于高校图书馆的领导管理做出明确意见:图书馆直属学校领导,应有一名副校长分管图书馆工作。

2.2　成立高校图书馆专门管理机构

高校图书馆自 20 世纪五六十年代归属教育部管辖以后,教育部一直没有一个专门的机构管理高校图书馆事业。

1980 年 5 月 26 日,在中共中央书记处第二十三次会议上,讨论了图书馆工作,并就图书馆事业管理体制、图书馆专业人才的培养、北京图书馆新馆建设等问题做出相应决定。在这次会议上听取了北京图书馆馆长刘季平关于图书馆问题的汇报,通过了《图书馆工作汇报提纲》[4];决定在文化部设立图书馆事业管理局,管理全国图书馆事业。

1981 年 10 月 19 日,教育部颁发的《教育部办公厅关于印发全国高等学校图书馆工作会议两个文件的通知》[5]中指出,教育部长周林于1981年9月16日召开的全国高等学校图书馆工作会议的讲话中提到,会议的主要任务:进一步明确高等学校图书馆的性质、任务,充分认识图书馆在高等学校中的地位、作用,修订图书馆工作条例,交流经验等。大会提议,教育部成立一个专门机构来负责管理高等学校图书馆工作。同时,还提议并成立全国高等学校图书馆工作委员会及其办事机构——秘书处,属事业单位编制。全国高等学校图书馆工作委员会,作为教育部主管高校图书馆工作的机构,其主任委员、副主任委员和秘书长,由教育部批准任命。会后,全国大部分省、自治区、直辖市积极响应会议精神,在教育主管部门的主持下,仿照教育部设立图工委的模式,设立了本省的图工委。秘书处一般设在当地具有龙头作用的部属或省属综合性大学的图书馆。另外,省级以下地市,一般不设图工委。

2.3 管理体制的发展与变革

1987年6月,国家教育委员会成立教材和图书情报管理办公室[6],负责管理高等学校的图书馆工作和情报工作。同时,把全国高等学校图书馆工作委员会改为全国高等学校图书情报工作委员会,作为在国家教委领导下,对高等学校图书情报事业进行协调、咨询、研究和业务辅导机构。1989年,国家机构改革时,文化部将原图书馆事业管理局改为图书馆司。国家教委把图书情报工作改由条件装备司管理。

1998年,由于政府机构精简,隶属原国家教委的全国高等学校图书情报工作委员会被取消事业单位编制。《教育部高等学校图书情报工作指导委员会章程》[7]自1999年9月1日起实施,其解释、修改权在教育部。

2.4 信息时代的管理机构

1999年10月,高教司为加强对高校图书馆的宏观管理,成立了教育部高等学校图书情报工作指导委员会,也就是图书馆界常说的"图工委"。

图工委按照教育部的要求,在具体业务和学校关心的人才培养方面。2015年11月5日,国务院下发《国务院关于印发统筹推进世界一流大学和一流学科建设总体方案的通知》[8],通知提出建设世界一流大学和一流学科,是党中央、国务院做出的重大战略决策,也是对新时期高等教育重点建设做出的新部署。为响应支持国家政策,图工委也将高等学校图书馆的发展与"两个一流"建设等热点结合起来,积极融入高等教育发展中。

3 微观管理体制的变革

微观管理主要是指高校图书馆工作管理。高校图书馆管理制度的改革,可以通过改革开放以来《普通高等学校图书馆规程》的三次制订与修订窥见一斑。自 1987 年 7 月 25 日国家教育委员会首次发布《普通高等学校图书馆规程》(以下简称《规程》)以来,已经过两次修订,2002 年 2 月 21 日第一次修订,2015 年 12 月 31 日第二次修订。社会在进步,学科在发展,科技在创新,每次规程的修订都会有新变化、新内容。

3.1 1987《规程》明确高校图书馆的业务管理

1987 年,《普通高等学校图书馆规程》[9] 的制订,重点在图书馆业务方面内容的制订。改革开放以后,高校图书馆得到了快速有序的发展。但是,由于图书馆工作人员的工作水平参差不齐,产生了一系列的问题:文献资料损失、损坏情况严重;图书采购质量有待提高;许多高校图书馆开展业务时,还是以传统卡片式手动查询;图书文献资料的编目等方面有待提高。图书馆业务工作的管理规定,为后来计算机在图书馆的应用和普及打下了基础。

《规程》第二章"业务工作"第九条要求"学校应将'文献检索与利用'课列入教学计划"。在第三章"领导体制和组织机构"第二十一条,要求高等学校可设立图书情报委员会,作为学校管理图书情报工作的咨询和协调机构。

对"工作人员"结构、学历等进行了详细的规定,"专业人员应具有中专(高中)毕业以上文化程度,其中大专以上文化程度的应逐步达到60% 以上"。同时,对待遇也做了明确的规定,高等学校图书馆和系(所)资料(情报)室的专业技术人员"应按职务与相应的教学和科学研究人员享受同等待遇"。高等学校图书馆工作人员"应按不同工种享受国家规定的相应的劳保待遇"。

3.2 2002《规程》(修订)高校图书馆管理机构变革

随着科学技术的发展,计算机在社会上许多领域都得到了广泛的应用。国家教育委员会为了高等学校图书馆事业的发展需要,对 1987 年《规程》进行了修订。

3.2.1 高校图书馆咨询和协调机构及读者服务的发展变化

2002《规程》[10]修订由 1987 的六章修订为八章,并调整了部分章节的排序。1987《规程》第二章"业务工作"扩展为三章,分别为:文献建设、读者服务、科学管理。"管理体制和机构"由第三章调至第二章,并修改了学校管理图书情报工作的咨询和协调机构:"图书情报委员会"为"图书馆工作委员会"。许多高校图书馆增加了计算机设备,开展了 OPAC 联机服务。因此,在读者服务一章,增加了网上资源服务 24 小时开放规定。另外,对"工作人员"的学历结构做了进一步的规定"专业人员应具有大专以上学历,其中本科以上学历者应逐步达到 60% 以上"。

3.2.2 高校图书馆资源平等自由的使用原则

图书馆,是人类知识聚集地。在这里,不分种族、肤色;不论你是健全人,或是残疾人,都可合法、公平、平等地使用这里的文献资源。为体现出图书馆的公平利用原则,彰显读者平等、自由的权利,2002 年《规程》第四章"读者服务"第十九条增加了"应为残疾人等特殊读者利用图书馆提供便利"。

3.3 2015《规程》(修订)人员、服务创新性发展

经过十多年的发展,高校图书馆顺应了现代信息社会的发展潮流。引进了一些先进信息设备,逐渐增加电子数据库购买量。为了适应这些新变化,高校图书馆也在不断地创新服务方式。社会民众希望高校图书馆可以进一步对社会开放。这些都需要有一定的引导性文件加以规定,才可以对高校图书馆的管理和服务发挥很好的指导作用。

2013 年 10 月,第四届高等学校图书馆情报工作指导委员会成立《普通高等学校图书馆规程》修订工作小组。小组成员主要由高等学校图书馆馆长组成,共 9 人。2013 年 12 月,工作组开始通过各省图工委征求各地高等学校图书馆对《规程》的意见。2014 年 3 月,在深圳南方

科技大学召开第一次修订会议。同年 9 月,在四川大学召开第二次修订会议。10 月,向高等学校图书馆情报工作指导委员会提交《规程》修改稿。在听取委员的意见后,《规程》再次修改。2015 年 8 月形成送审稿终稿。2015 年 12 月 31 日,教育部正式签发颁布《规程》[11]。

2015 年《规程》[12] 的修订,对部分章节的顺序及名称进行了调整和修改。高校图书馆的性质有更进一步的加强,即高等学校图书馆“是校园文化和社会文化建设的重要基础”。

在“体制与机构”一章中,有关馆长的任职条件和职务职责部分修改到“工作人员”一章中。2002 年《规程》中有关“馆长应为学校校务委员会、学术委员会成员,参加确定学校重大建设和发展事项的校(院)长办公会”的规定,在这次的修订中改为“学校在重大建设和发展事项的决策过程中,对于涉及文献信息保障方面的工作,应吸收图书馆馆长参与或听取其意见”。对于高等学校设立图书馆委员会的规定,也由“应”修订为“可根据需要”设立图书馆工作委员会,作为全校图书馆工作的咨询和协调机构。

第三章“工作人员”部分的修订,除了增加了馆长设置的条件和职责外,最大的亮点莫过于“专业馆员”和“辅助馆员”的提出。“图书馆馆员包括专业馆员和辅助馆员,专业馆员的数量应不低于馆员总数的50%。”“辅助馆员一般应具有高等教育专科及以上层次学历,具体聘用条件根据工作岗位的要求和学校的人事管理制度确定。”

图书馆的服务时间也有了新的具体要求。“在学校教学时间内开馆每周应不低于 90 小时,假期也应有必要的开放时间,有条件的学校可以根据实际需要全天开放”,修订了前两次《规程》中的开馆 70 小时的规定。

为了适应新媒体、自媒体时代的发展需要,规定图书馆应“积极采用新媒体,开展阅读推广等文化活动”。图书馆应为学生社团和志愿者提供实践活动的要求也写进了 2015 年《规程》。图书馆“应为学生提供社会实践的条件,设置学生参与图书馆管理与服务的岗位,支持与图书馆有关的学生社团和志愿者的活动”。目前,几乎所有的高校图书馆都积极采用现代的通信设备和技术开展创新性的服务活动,如微博、微信公众号等。

3 图书馆未来的发展变化

图书馆事业发展到现在,大致经历了传统图书馆、电子图书馆、复合图书馆阶段。当然,也有许多人认为,图书馆未来的发展目标一定是数字图书馆。人们认为数字图书馆是将所有的一切的人类知识文献都完全数字化,去纸质化。人们可以一天 24 小时,无论何时、何地,都可以畅通无阻地,通过通信设备和技术,获取、使用图书馆资源。数字图书馆将取代传统图书馆,或许实体图书馆的存在已无必要。甚至有人断言,未来将要消失的 15 种职业中,其中就包括了图书馆馆员。现实是什么样的?

2018 年 4 月 23 日,世界读书日,一篇来自中国青年报的报道是《54.82%受访大学生阅读仍以纸质图书为主》[13]。在美国,部分高校图书馆认为需要阅读纸质文献的读者正在逐渐减少,因此,纸质文献有计划地移到校外进行收藏。但是,他们发现,纸质文献还是不断地被读者所需要。从成本的角度,他们认为纸质文献的收藏问题有待重新思考。

未来的图书馆的发展,将面对读者多样化的需求,服务功能将大大突显。为了满足读者多样化的需求,管理也将随之不断地发展变化。管理制度因图书馆的功能而变化,管理制度的革新将促进图书馆功能的创新。

参考文献

[1-2] 杜克.当代中国的图书馆事业[M].北京:国家图书馆出版社,2013.

[3] 教育部关于试行高等学校实验技术人员和图书资料情报人员职务名称确定与提升的两个《暂行规定》的通知[EB/OL].[2018-05-21].https://www.lawxp.com/statute/s1052670.html.

[4] 百度百科.图书馆工作汇报提纲[EB/OL].[2018-05-21].https://baike.baidu.com/item/%E5%9B%BE%E4%B9%A6%E9%A6%86%E5%B7%A5%E4%BD%9C%E6%B1%87%E6%8A%A5%E6%8F%90%E7%BA%B2/1259352?fr=aladdin.

[5] 教育部办公厅关于印发全国高等学校图书馆工作会议两个文件的通知[EB/

OL]. [2018 – 05 – 21]. http://www. pkulaw. cn/fulltext_form. aspx? Gid = 182947.

[6] 教育部高等学校图书情报工作指导委员会简介[EB/OL]. [2018 – 05 – 21].
http://www. scal. edu. cn/jggk/201602020939.

[7] 教育部高等学校图书情报工作指导委员会章程[EB/OL]. [2018 – 05 – 21].
http://www. moe. gov. cn/was5/web/search? channelid = 255182.

[8] 努力建设中国特色世界一流大学——二论学习贯彻习近平总书记在北京大学
师生座谈会上的重要讲话精神[EB/OL]. [2018 – 05 – 21]. http://www. moe.
gov. cn/jyb_xxgk/moe_1777/moe_1778/201511/t20151105_217823. html.

[9] 普通高等学校图书馆规程[EB/OL]. [2018 – 05 – 21]. http://www. china-
lawedu. com/falvfagui/fg22598/171905. shtml.

[10] 教育部关于印发《普通高等学校图书馆规程(修订)》的通知[EB/OL]. [2018 –
05 – 21]. http://old. moe. gov. cn//publicfiles/business/htmlfiles/moe/moe_23/
200202/221. html.

[11] 雷震.《普通高等学校图书馆规程》修订前后之比较[J]. 大学图书馆学报,
2016(2):14 – 9.

[12] 教育部关于印发《普通高等学校图书馆规程》的通知[EB/OL]. [2018 – 05 –
21]. http://www. moe. gov. cn/srcsite/A08/moe_736/s3886/201601/t20160120_
228487. html.

[13] 54.82% 受访大学生阅读仍以纸质图书为主[EB/OL]. [2018 – 05 – 21].
http://edu. cnr. cn/list/20180423/t20180423_524207929. shtml.

刘季平与陶行知研究

刘大伟　李　刚

一

作为陶行知研究中起源性的群体,陶行知的弟子们以及与陶行知有着千丝万缕历史渊源的学人为陶行知研究的繁盛发展做出了重要贡献。作为与陶行知有着师徒"亲缘"或从历史渊源上有着"亲缘"关系的这一群学人群体,他们在陶行知研究中有着天然的优势,这就决定了他们能够在陶行知研究中取得领先的身位。在陶门弟子当中,第一届中国陶行知研究会会长刘季平不仅对陶行知教育思想实践与推广做出了很大贡献,而且他本人也是最早运用马克思主义唯物史观对陶行知教育思想提出质疑和反思的人之一。

1924年至1927年,刘季平在江苏如皋师范组织和参加了一系列学生运动,并在这过程中迅速成长,于1927年2月加入中国共产党。1928年春,因参与反罢教运动,刘季平及同学共7人被如皋师范开除,后经如皋教育局局长吴树谷帮助和介绍,转往南京晓庄师范学校,成为晓庄师范招收的第三期学生。在晓庄读书期间,刘季平在1928年夏就组织成立晓庄师范学校中共党支部并担任书记一职,领导和组织晓庄的革命斗争活动。据刘季平回忆:

> "支部成立后的第一件事,是在中共南京市委的直接领导下,分析晓庄环境,商定工作方针。……在晓庄学校那个小天地里,同南京城里的空气大不一样,同许多旧学校也完全不

刘大伟,南京晓庄学院陶行知研究院副院长,副教授。
李刚,南京大学中国智库研究与评价中心副主任,教授。

同。我们这十几个共产党员虽然仍然只能处于地下，却比较可以无甚拘束地发表意见，进行活动。因为陶先生从不干涉大家的政治思想，相反，对师生中好些不满或反对国民党反动统治的言行表现，还采取放任态度，甚至作些幽默解释。因此，我们一面认为他是改良主义者，一面又认为他是自由主义者。这样，市委就指示我们，现在不要反对陶的改良主义，要利用晓庄的自由环境，打击反动势力，发展革命力量。"[1]

在这一环境下，刘季平迅速发展党员势力，利用群众力量赶走了国家主义派杨晓春，联合了国民党员方与严，还帮助陶行知成立了联村自卫团并担任副团长。1930 年 4 月 5 日，刘季平组织 100 多名晓庄学生赴下关游行，反对英商和记洋行殴打工人以及反对日本军舰停泊下关。这一事件也成了晓庄被国民党政府强行关闭、陶行知被通缉的催化剂。刘季平曾两度入狱。在 1932 年刘季平第二次入狱时，陶行知在极度困难的情况下，4 小时内筹措到 500 大洋确保刘季平能有律师辩护，最终刘季平被判入狱五年。陶行知还曾一度托冯玉祥营救刘季平，体现出他对学生的钟爱。抗战开始后，刘季平与戴伯韬共同创立了抗战教育研究会，并将《生活教育》改名为《战时教育》，积极宣传抗日思想。1939 年生活教育社成立，刘季平当选为常务理事，并长期在桂林负责社里具体事宜，生活教育社实际已经演变为由刘季平、程今吾、王洞若等地下党员负责的掩护机构。1949 年后，刘季平相继担任过上海市副市长、山东省委书记处书记、安徽省委书记、教育部代部长、常务副部长等职务。"文革"中刘季平受到冲击，直到 1973 年得以复出担任北京图书馆馆长、文化部顾问等职。1985 年中国陶行知研究会成立，刘季平当选为第一任会长。

二

1932 年再度入狱之后，刘季平在狱中阅读了大量马列著作，对陶行知的生活教育进行了深刻的思考，以"满力涛"的笔名撰写了一系列的文章。在刘季平看来，生活与教育是矛盾统一的，"是生活，其中都存在着教育；是教育，都是生活""教育虽然要不断地背离生活，却又完全跳不出生活""教育与生活的这个矛盾的关系不是凭空掉下来的,它正是原始文化与实际斗争之矛盾的统一的高级形态"[2]。基于这一观点,刘季平批判了杜威的"教育即生活""社会即学校"的理念,认为杜威通过观念上的纠正就可以将生活与教育的矛盾解决是根本不可能实现的,只有陶行知的"生活即教育""社会即学校"理论才将"生活"和"教育"这两个"不是装在两个器皿里的两个东西,而是真正统一的一个东西了"[3]。但刘季平也指出,陶行知也忽视了教育与生活矛盾的意义,为了达到统一,陶行知客观地取消了教育。刘季平还认为,陶行知的教育并未能够达到社会的底层,也仅仅是和一般生活的统一,还未能实现教育与劳动的统一,也只有教育与劳动统一,才能保证教育与生活一般的统一,为实现这一最终目的,教育必须要与劳动大众统一。此外,刘季平还强调,教育还要与时代的历史任务相统一,并在无产阶级的领导下,教育与劳动统一、教育与生活统一才有实践的意义。所以在刘季平看来,陶行知的生活教育"简直是近于空想的"。他指出,陶行知的生活教育看似面面俱到,实际毫无重点,且无生活根基。他认为陶行知的错误就在于将"行动与行动摩擦"的火花看成是教育的火花,却忽视了对火花的调制与收拾,而这些火花并非能够成为教育的火花。刘季平进一步认为,"生活教育之关键,不在于'以'行动的火花为教育,而在于'收拾'行动的火花为教育",所以如果依据此路走下去,陶行知所希望的教育与大众统一、教育过程与实践统一、教育的供给与实践的需要统一、教学做合一都会成为"百分之百的海市蜃楼"[4]。当然,在指出了这些弊端之后,刘季平也对症下药,对陶行知的"行动的火花"进行了通盘考虑,最终得出"中国教育之出路是生活教育,生活教育之出路是计划统制"的结论。这是一种与陶行知生活教育截然不同的哲学体系,刘季平称之为"科学化的生活教育"或"科学化的实践教育"[5]。在刘季平的论述中,他将生活的结构进行了细致的划分,具体如下图所示[6]:

生活一般	能动的生活 (生活之上层建筑)	政治生活	↓
		观念生活	
	根据的生活 (生活之下层建筑)	生产组织者的资产者生活	
		直接生产者的劳动生活	

刘季平的生活结构分析是非常精彩的,也是对其师生活教育理论的不断丰富与完善,他将教育融入于生活,并一步一步向下层生活移

动。他认为，教育与生活的问题并非是与生活一般的问题，而是教育与生活底层的游离，与直接生产者的劳动生活的剥离。这一结论充分体现出他作为一名无产阶级革命战士的阶级属性。但恰恰也是这一属性，将刘季平由真理推向了谬误，他过分强调阶级性，得出教育必须与无产阶级利益完全一致的结论，忽略了陶行知的生活教育理论本质上就是为普通民众所服务的特性。所以李刚认为，刘季平的这一研究"如同子钵批判陶行知一样，找不到真正的问题，而非要吹毛求疵"[7]。

对于教学做合一，刘季平也进行了批判。他认为，教学做合一"完全没有注意这个教学之矛盾的统一的意义""陶行知先生的这个错误，和他无视生活与教育之矛盾正是一贯地发展下来的"。刘季平认为教学矛盾的统一是一个不断发展的过程，其最高形态是公共教育事业与社会大众之教学矛盾，"这个形态之教学矛盾已不仅是一个专门的事业，而且成为组织的统制的东西了"。故而，刘季平将教与学之矛盾的统一称之为教学活动，而陶行知无视教学矛盾统一的意义却是赖不掉的了[8]。为了解决教与学之间的矛盾，刘季平提出了凝胀教学活动法，"一方面放胆地膨发教学活动，一方面又艰苦地凝导教学活动""放量的奔驰，谨慎地抓住头绪"。他批判了陶行知的教学法是一种"大放任主义""不单是全体上的活动是游击式的，高兴怎样就怎样，而且就连个人的计划也从来未好好地执行起来的"。所以他的凝胀教学法归根到底是以灌输某种思想为中心任务，调动一切资源为完成这一任务进行服务[9]。凝胀教学法的主要教学活动形式体现在"文化军与教学营"上，"我们只有一个活动形式，那就是建立常做公共的文化工人的'文化军'，到社会上去，到生活中去，发动和组织教学活动"，同时，文化军要能够成为所有人教学的辅导者、人类文化生活的组织者并渗透到所有人的文化生活中去[10]。

刘季平之所以能够在 20 世纪 30 年代就开始批判与反思陶行知的教育思想还是存在着一定的历史根源。与操震球等诸多志在改造乡村的学生对比而言，刘季平赴晓庄的动机是为了避难及革命，所以相对那一批学生中存在的"吾爱吾师"情节而言，刘季平更多的是一种观察与反思。其次，由于刘季平是早期的共产党员，有着丰富的斗争经验，对于农村问题的认识也有着自己独到的一面，再加上坐牢期间对马列经典的研读，使他具备了理论与实践相结合的功底，这使得他有胆量有资本对生活教育进行批判。从另一个角度来说，陶行知由于投入晓庄创办的活动中，对理论的思考与拓展明显力度不够，刘季平的思想显然是对生活教育的进一步深化与发展。正所谓"师不必贤于弟子，弟子不必不如师"，有了刘季平对生活教育理论的补充，也有助于生活教育理论的完善。当然，这里也需要指出的是，刘季平的思想既有正确的一面，也有教条、错误的一面。他强调矛盾统一，一定要找出陶行知思想中的主要矛盾和次要矛盾，却不知道陶行知的思想原本就是多元化、糅合各种思想甚至于对立思想的综合体。尤其是刘季平深受苏联计划经济体制的影响，提出了中国教育出路在于"计划统制"的结论，这显然对教育的发展是不利的。不过从某种意义上来，他也是具有远见的，计划统制的教育最终在 1949 年以后成为现实，并延续至今。

三

　　1951 年，《武训传》批判拉开了对陶行知批判的大幕。刘季平在这一时期认为，陶行知的"行—知—行"看起来貌似和唯物主义相符合，事实上是截然不同的两码事。马克思主义的"行"强调必然的、全面的、发展的，而陶行知却不懂得从社会实践的历史发展来观察问题，只是强调人的一般的个别的行动。刘季平还指出，陶行知的"教学做合一"将整个的社会生活分解为许多个别生活，最终变成了各种孤立的"教学做"。刘季平认为，陶行知虽然承认事物的变化，却"看不起辩证法"，而是"一味采用简单化的办法，在事物的观念上挂上'合一'的牌子"，所以陶行知是一种"主观主义来对待唯物主义""原封不动地保留了实用主义对唯物主义的否定态度"。刘季平继而批判了实用主义观点，但同时也指出陶行知的实用主义与美国的实用主义还是存在不同的，"他（陶行知）是从小资产阶级的朴素的爱国思想出发的；先是接受了美国资产阶级旧民主思想，又逐渐产生折中态度，滋生了小资产阶级性的、空想的社会改良思想（人人在劳力上劳心的理想社会）"。而正是这一空想的社会改良思想恰恰是他与美国实用主义最大的不同，也促进了陶氏在后期的不断进步[11]。总体而言，在非常时期下，刘季平的这一观点还是相对客观地分析了陶行知的哲学思想，与其 30 年代的观点有着一脉相承的特性。同时,在这场席卷全国的大批判中,刘季平也并没有因潮流而动,对陶行知由大褒降为大贬,还是保持了其秉直的人性。

"文革"之后,刘季平开始反思自己的研究结论。他认为,由于自己年轻时的"左"倾错误路线,贸然地给陶行知扣上了"改良主义""新马尔萨斯主义""实用主义"三顶帽子,这些都是需要检讨改正的。他甚至认为,将陶行知的思想由早期的旧民主主义发展为后期的新民主主义都是不够的,因为陶氏后期的"行知观"中已经具有了若干辩证唯物主义思想,甚至是社会主义教育思想[12]。经过分析,刘季平认为,陶行知的教育思想是着重于面向广大人民群众,以革命的社会实践为中心,来处理教与学、教育与实践的关系,这与马克思主义者提倡的"对一切儿童实行公共的和免费的教育……把教育同物质生产结合起来"的观点是一致的[13]。刘季平甚至认为,陶行知是我国富有创见的伟大教育改革家,是行以求知知更行的辩证的、历史的唯物主义者,是既从中国和中国实践出发又面向世界未来的革命军、教育家[14]。除了这些理论上的创新之外,作为中陶会首任会长,刘季平还积极推进各种教育改革实验区的创立,推动生活教育思想在各地特别是贫困地区的实践,这些都为陶行知教育思想在中国再次复兴打下了坚实的基础。

四

在陶门弟子中,刘季平可谓是较早对生活教育提出反思与质疑的人之一。也正是有了他的这些反思与质疑,才能推动着生活教育向着更为完善的方向发展。从这一点来看,刘季平是秉承了"五四"之后中国知识青年尤其是革命青年中"大胆地怀疑、小心地求证"的传统,敢于对师说提出不同的见解,这种批判的精神是非常值得肯定的。但同时,由于"左"倾主义、教条主义的影响,在未全面结合中国历史环境的情况下,刘季平轻易地给陶行知扣上了"改良主义""实用主义""新马尔萨斯主义"三顶帽子,这也暴露出刘季平自身学养的不足。当然,"文革"之后刘季平已经认识并纠正了这些错误,重新肯定了陶行知教育思想,并尽其可能将陶行知的教育思想付诸实践,这些都是刘季平在陶行知研究中所做出的特有贡献。

参考文献

[1] 刘季平. 中共晓庄支部与南京市委工作正反经验一例——关于 1928—1930 年南京地下工作的一些情况[C]//刘季平. 刘季平文集. 北京, 北京图书馆出版社,2002:426 - 427.

[2 - 3] 满力涛. 教育与生活[J]. 生活教育,1935,2(19)

[4 - 5] 满力涛. 科学化的生活教育[J]生活教育,1935,3(12).

[6] 李刚. 知识与范型:陶行知研究的知识社会学考察[M]. 长春:东北师范大学出版社,2006:42.

[7] 李刚. 知识与范型:陶行知研究的知识社会学考察[M]. 长春:东北师范大学出版社,2006:43.

[8] 满力涛. 教与学[J]. 生活教育,1935,2(18).

[9] 满力涛. 凝胀教学活动法[J]. 生活教育,1935,2(20).

[10] 满力涛. 文化军与教学营[J]. 生活教育,1936,2(21).

[11] 刘季平. 略论陶行知先生的哲学观点[J]. 人民教育,1951(11).

[12] 刘季平. 正确评价陶行知教育思想[C]//刘季平. 刘季平文集. 北京:北京图书馆出版社,2002:309 - 311.

[13] 刘季平. 论陶行知教育思想[C]//刘季平. 刘季平文集. 北京:北京图书馆出版社,2002:324.

[14] 刘季平. 我国富有创见的伟大教育改革家陶行知[C]//刘季平. 刘季平文集. 北京:北京图书馆出版社,2002:397.

刘季平馆长的北图情怀

孟燕燕

刘季平同志是我国著名的革命教育家,他为我国人民教育事业做出了巨大贡献。晚年出任北京图书馆(今国家图书馆,以下简称"北图")馆长,刘季平同志倾尽全部的力投入在北京图书馆工作上,他在振兴北京图书馆工作、改变全国图书馆事业落后面貌以及青年阅读教育方面做了许多有益的工作。尤其是改革开放以来,在中共中央的领导下,刘季平同志本着实事求是的探索精神,为进一步推进北京图书馆事业做了大量的开拓性工作。时至今日,这些壮举都深深地影响着国家图书馆以及全国图书馆事业的发展。

一、形势影响,北图工作艰难维持[1]

1966 年 5 月,北图受国家形势影响关闭了北海公园的阅览室,新书通报停止出版,哲学、社会科学方面的图书停止借阅,部分职工也相继被下放进行劳动锻炼,馆务一度停滞。直至 1971 年 4 月,全国出版工作座谈会在北京召开,会议强调了北图的重要使命,并指出目前北图停止借阅的状况应当改变。在历经半年的准备工作后,1971 年 5 月 3 日,北图正式恢复开馆,并以全国出版工作座谈会的报告精神为中心,在初步开馆的基础上,进一步充实了开放内容,扩大了服务范围,延长了开放时间,调整了组织机构,工作得到了进一步的开展。然而这个时候的北图仍然存在不少问题,主要表现为乱、少、慢,甚至落后于很多兄弟馆。在 1973 年的《关于北京图书馆主要服务对象的请示报告》中指出

孟燕燕,国家图书馆典藏阅览部,馆员。

北图的工作问题主要有：业务工作发展不平衡，采购外文图书相对片面，大量外文书刊相对缺乏。报告进一步指出北图要明确自己的服务对象以及方针任务，要全面入藏各文种各知识门类的主要书刊，对于过去停购、漏购材料根据需要加以补购，恢复参考咨询这一重要部门工作。至此，北图工作逐渐开始恢复。

二、出任北图馆长，推动北图工作常态化

1973 年，刘季平同志就任北京图书馆馆长。同年 12 月 22 日，刘季平馆长向全馆做了《关于当前形势与任务的几个问题》的报告。全馆根据刘季平馆长的报告精神，对 1973 年 12 月的几项主要工作做了简报，其中着重阐述了北图在生产、科研服务方面的工作，图书馆的职能由此开始得到修正[2]。

之后，北图继续一如既往，加强藏书建设，接受捐赠，并调整藏书结构，处理库房积压书刊，对于有价值但又重复的资源进行复本调拨；积极响应出版座谈会倡导阅读的精神，随着来馆读者的不断增加，北图根据实际需要调整、整顿以及开辟各大阅览室来满足读者的需求，并继续扩大服务范围和服务人群，开展馆际互借。截至 1974 年 5 月，共发出个人外借证 4264 个，极大地便利了很多科研单位的生产项目。同时，加强参考咨询工作，继续为生产、科研服务；并结合社会需要，举办文献展览[3]。

1973 年，以刘季平馆长为首的访美代表团一行 8 人参观访问了 45 个机构，之后将自己访美的亲身经历做了汇报整理，整个汇报过程中刘季平馆长勇于畅谈美国图书馆的长处，同时也敢于揭示我们图书馆存在的问题，让我们在看到差距的同时也提出了前进的方向[4]。这一访美行程打破了与美国长期以来的图书馆零交流状态，在国际交流方面对推动北图工作以及全国图书馆事业具有重大意义。这一历史性的突破迎来了图书馆向日本、美国等先进国家学习的大好机遇。截止到 1976 年 10 月，北图共达成国际交流 79 次[5]。

1974 年 1 月，刘季平馆长出席中央和北京市各有关负责人会议，会议提出北京图书馆新馆建设的基本方案[6]。1975 年 3 月，周总理亲自

审定了北京图书馆新馆建设工作规划,并批准列入国家重点项目,刘季平同志坚决执行这一决定[7]。1975年4月3日,北图馆长刘季平、副馆长丁志刚,北京市副市长赵鹏飞等专程访问万里同志,就北京图书馆扩建工程的建筑用地、高度、投资和设计问题向万里同志进行了咨询,万里同志提出了具体意见。同年5月,在国家建委的主持下,召开了有关建筑和图书馆界的专家们参加的会议,会议就北京图书馆新馆方案设计工作展开谈论,经多方讨论和总结,最后将新馆的设计方案归纳为9个方案,并于1976年年初在北图举行了扩建工程设方案计展览,展出了这9个方案。随后,杨廷宝、戴念慈、张镈、吴良镛、黄远强五位老专家合作的第一设计小组,中国建筑科学研究院和清华大学合作的第二设计小组,上海民用建筑设计院和同济大学合作的第三设计小组,分别设计了三个方案报送国务院,国务院批示:"以第一方案为基础,吸取二、三方案的优点,加以修改。"[8]北图新馆设计方案终被敲定。

这一时期的北图工作进行依然比较困难,图书馆的职能作用依旧薄弱。但年逾花甲、身体状况不理想的刘季平馆长,依然在北图艰难、发展的时刻探索求实,甘于奉献,用自己多年从事文教工作的有利条件,进一步推动北图工作常态化。北图工作在振兴的道路上迈出了艰难的步伐。

187

三、迎来发展新阶段,力图在改革中稳中求进

1976年10月,迎来了新的发展机遇,中国进入了社会主义现代化建设的新时期。图书馆界用两年的时间进行了深入的反省,分清了是非,端正了办馆的思想路线[9]。随之而来的十一届三中全会带来一股新风,图书馆事业的工作重点在这一伟大的历史性转变关头也转移到社会主义现代化建设方面,图书馆事业在经济上和政治上也迎来了大好态势。

(一)心系北图扩建,不顾病躯鞠躬尽瘁[10]

在这一时期,由于当时各种条件的限制,北图扩建一事进展得十分缓慢。但是,当时局势下整个图书馆事业的落后局面尤为明显,北图的扩建成为改善这一局势的突破口。为了推动北图扩建,1977年10月4

日,刘季平馆长上文《请求北图扩建工程仍然很有必要争取早上马》,副总理谷牧同志对该文做出"拟于支持,请批示"。1979 年 5 月,由建设部建筑设计院和中国建筑西北设计院共同承担的北图扩建工程扩大初步设计展开工作,两个设计院选派 60 多名设计人员,花费半年时间集中在北京图书馆进行现场设计。1980 年初,国家文物局召开的"北京图书馆新馆工程扩大初步设计审查会"对新馆的建筑规模、平面布局、建筑标准、市政设施配套及总投资进行了审查,会议认为这一设计符合原批准的规划设计要求,扩建工程适宜可行。

可是,北京图书馆扩建工程至此并没有明确具体的施工工期,再加上投资不足,北图扩建进展仍然十分缓慢。1980 年 5 月 26 日,刘季平馆长受国家文物局委托在会上做了《图书馆工作汇报提纲》的汇报,其中提出了要增加投资,加速北京图书馆新馆建设的建议。在随后的"关于《图书馆工作汇报提纲》的补充说明"中,刘季平馆长进一步提出要"加速北京图书馆新馆建设。1981 年完成拆迁,破土动工,至迟 1984 年建成,1985 年正式启用。原设计投资数已肯定不够,请允许以后能报请追加,并建议作为国家和首都建设的重点项目之一,除请国家建委、计委继续关怀和支持外,请中央交由北京市具体负责并由一位领导挂帅,统筹安排拆迁、施工、市政配套等工作"[11]。随后,北图扩建工程才得以有所进展,两个设计院从 1980 年 5 月至 1982 年 5 月,花费将近两年的时间基本完成北图新馆工程施工图设计工作,保证了工程的施工。

已于 1981 年 4 月离任的刘季平馆长得知北图扩建工程基建工作遇到困难,多次亲自审阅报告并参加北京图书馆新馆工程工作会议,根据施工实际情况向中央书记处提出研究意见,为北图扩建排忧解难,进一步推动了北图新馆工程的顺利进行[12]。直至新馆施工之时,刘季平馆长仍对工程进度十分关心。虽然在新馆落成之时,刘季平馆长没能亲眼看见,但这一倾注了他极大心血的伟大工程将被后世永久铭记,刘季平馆长心系北图的这一份情怀也将深深感染着我们图书馆人。

(二)不负使命,出版《中国古籍善本书目·经部》[13]

1975 年冬,刘季平馆长接到周恩来总理在病中的指示:"要尽快地把全国善本书总目编出来。"作为北京图书馆馆长以及全国图书馆事业的带头人,他深知这一指示的重要性,认为这是一项繁重而又艰巨的任务,却也是一项具有历史性意义的一大创举。为了实现周总理的遗愿,国家文物事业管理局和之后成立的图书馆事业管理局组织北京图书馆、全国各系统图书馆及有关单位通力合作，于 1976 年 12 月开始着手善本书总目的编辑工作，刘季平亲自担任编委会主任，善本部李致忠负责调研。调研结果显示准备工作有三类：一是开展善本编目工作的学术准备，二是进行编目工作的规范准备，三是会议准备。1978 年 3 月 27 日，刘季平馆长在南京亲自主持召开"全国古籍善本书总目编辑工作会议"，会议明确了保护古籍的重大意义，并对该项工作做了全面部署，还通过了《全国古籍善本书总目收录范围》《全国古籍善本书总目著录条例》《全国古籍善本书总目分类表》等文件。1978 年 11 月 16 日，刘季平馆长参加了成都"全国古籍善本书总目编辑领导小组扩大会议"，会议对南京会议之后的工作进展进行了交流，并对总目的收录范围、著录条例和分类表做了进一步的修订。1979 年 12 月 11 日，作为"总目"领导小组组长的刘季平馆长主持在南昌召开的编辑工作会议，会议在经验交流的基础上提出了目前工作存在的问题。为此，会议在刘季平馆长的主持下又制订了复查要求，并决定于 1980 年 5 月起在北京进行全国总编，会议进一步确定了总编的人选、方案、机构以及地点。同年 5 月 20 日，《中国古籍善本书目》总编工作在京召开，刘季平馆长以及其他编委会成员参会，会议号召大家要认真负责、齐心协力，尽快编出一部经得起国内国外、今人后人检验的古籍善本书目，会议还通过《中国古籍善本书目》总编工作规程，全体总编人员就是按照这样一个指导思想和"工作流程"，分别进行汇编。经过数年努力，1984 年 5 月 20 日，《中国古籍善本书目》编委会在上海召开编委会主任委员扩大会议，对经部目录清稿进行审议，刘季平馆长主持了会议。

终于，经过将近十年的艰苦细致的编辑工作，《中国古籍善本书目·经部》正式出版，这是一项繁重而艰巨的任务，从组织编辑到出版，如此规模的大型善本总目在我国历史上还是第一次，堪称"近年中国图书馆事业一个最大成就"。刘季平馆长作为总目的负责人，在推进总目编辑的过程中表现出了卓越的领导组织才能和非凡的毅力。这一部著作的完成，不仅是对周总理遗愿的交代，更是刘季平馆长心系北图的见证。经部出版的时候，刘季平馆长已经重病在身，但得知这一消息，他还是兴奋不已，虽然不能亲自出席发行仪式，但他郑重写下了贺词，来表达对这一伟大文化成就的喜悦之情。

（三）拨乱反正，确定北图办馆方针任务

北京图书馆是一个藏书丰富、规模宏大的国家图书馆。北图馆务恢复后，开始重新强调要担负宣传马克思主义、列宁主义、毛泽东思想，"为工农兵服务""为三大革命运动服务"的重要任务[14]。刘季平馆长根据这一要求紧抓生产、科研工作，强调图书馆要为中央党、政、军领导机关、科研部门这一主要对象服务，并且取得了显著的成效。

1978年十一届三中全会以来，中国进入社会主义现代化建设的新时期，图书馆迎来了发展新机遇。自此之后，北图开始提倡为建设"四化"服务。1979年6月，刘季平馆长在《有关图书馆学及图书馆事业的几点意见》中，就图书馆的基本任务与当前主要努力方向问题进行了阐述，他表示：在当今整个社会形势下，我们要多快好省的贯彻执行为无产阶级服务、为工农兵服务以及为社会主义事业服务这个基本任务，进一步提出了在新形势下北图的服务方针任务，为改进北图的工作起到了纲举目张的作用[15]。1979年7月，刘季平馆长在中国图书馆学会成立大会上的发言中表示：全国的工作重点转移了，图书馆的工作重点也要跟着转移，我们要认真研究新的服务要求同原先所规定的基本任务之间的关系，图书馆的主要服务对象要有所侧重，我们要认真研究同原先规定的为工农兵服务的基本方针之间的关系[16]。这些矛盾的提出在原先基本任务的基础上更加有所侧重，图书馆事业建设逐渐走上了健康发展的轨道[17]。

北图办馆方针任务的纠正离不开刘季平馆长的努力和坚持。在当时的条件下，刘季平馆长就是这样坚持原则，澄清错误的认知，明确自己的态度，正视北图工作存在的问题并确定北图的办馆方针，这些都为北图职能恢复、服务方针的明确指明了道路。周恩来总理曾对刘季平馆长评词："今后我们就要坚持这些实事求是的精神和作风。"[18]可以说，刘季平馆长不负所望。

（四）向先进国家学习，加强北图员工培训

1978年10月，以刘季平馆长为首的中国图书馆界访英代表团一行人，在英中文化协会和英国图书馆协会接待和安排下，对英国11个城市进行了为期20天的访问。在随后的报告中，刘季平馆长写道：英国

图书馆事业具有世界性的这种发展趋势,特别是其中随着现代化而愈益走向网络化的趋势都值得我们借鉴。我们要积极设法改进和发展图书馆教育,要建立一个强大的社会主义现代化的图书馆网,就必须建立一支相当强大的能够负起责任的图书馆工作队伍。我们要培养许多新生力量,还必须加强在职人员的进修,不单要学会管书用书,还要学会管机用机,要让图书馆人能适应今后现代化图书馆的需要[19]。

1978 至 1979 年,北图开办"七五"学校学习班,分为"业务知识"和"中级英语"两个班组,学员即科、组长以上的领导干部就图书馆的理论和知识,北京图书馆的历史,现状和发展前景,图书的采访、分类、标目工作,读者服务工作,版本学和目录学,以及图书馆机械化、自动化和世界主要国家图书馆介绍等内容进行学习。业务学习班共举办了三期,学习结束时,学员们检测成绩大都达标;英语中级学习班共举办了两期,第二期结束时学员们都掌握了 3000—4000 个英语单词和基本英语语法。1981 年,北图参加全国高等教育自学考试总数 45 人,其中语文及格人数为 5 人、哲学 6 人、政治经济学 4 人、英语 9 人、俄语 1 人、日语 4 人[20]。虽然北图干部的文化程度和业务水平比过去降低了很多,但经过"文化大革命",我们逐渐也认识到了这一落差,加强员工培训、提高员工文化素养刻不容缓。

1983 年,已退居二线的刘季平,仍然对新馆的建设十分关心。新馆工程开工之时,考虑到北京图书馆搬迁意味着图书馆的管理与服务模式向现代化过渡,他提出北图要做好充分的准备,抓紧人员的培训工作,提高员工素养,以便适应现代化新馆工作的要求。事实证明,刘季平馆长的这些做法和建议都是正确的,为北图的人才建设奠定了良好的基础,为振兴北图工作以及新馆向现代化迈进开创了新局面[21]。

四、刘季平馆长风范长存

2018 年正值改革开放 40 周年之际,我们也迎来了刘季平馆长 110 周年诞辰。如今,国家图书馆经过几十年的发展壮大,已然跻身于世界国家图书馆先进行列。身为国家图书馆的员工,看着这座座巍峨雄伟的建筑,在这样一个特殊的日子里,我们不能不缅怀这位呕心沥血为振兴北图工作殚精竭虑的伟大功臣。斯人已逝,幽思长存,生命不息,战斗不止,刘季平馆长心系北图的那份情怀将永载史册,站在巨人肩膀上的我们更要为国家图书馆的发展有所建树,贡献力量!

参考文献

[1-3][5][13-14][20] 李致忠.中国国家图书馆馆史资料长编[中][M].北京:国家图书馆出版社,2009.

[4][11][16][18-19] 刘季平.刘季平文集[M].北京:北京图书馆出版社,2002.

[6] 李致忠.中国国家图书馆百年纪事(1909—2009)[M].北京:国家图书馆出版社,2009.

[7][12][15][21] 江苏省如东县政协文史资料委员会.纪念刘季平文集[M].北京:书目文献出版社,1990.

[8][10] 李家荣.等.北京图书馆新馆建设资料选编[M].北京:书目文献出版社,1992.

[9] 杜克.当代中国的图书馆事业[M].北京:当代中国出版社,1995.

[17] 范兴坤.改革开放前后两个三十年我国图书馆事业发展回顾[J].图书与情报,2009(1):6.

改革开放前后民族地区公共图书馆
事业发展变化

——以百色市公共图书馆为例

余丽花

我国为统一的多民族国家,大部分少数民族都居住在边疆的高原或者邻省交界的山区,呈现出杂居以及小聚居的特点,经济发展、文化教育和交通通信等方面都与发达地区有一定的差距。在改革开放政策实施之后,民族地区取得了较为显著的发展,本文将百色市的公共图书馆事业发展作为研究对象,分析其在改革开放前后的变化,通过百色市公共图书馆事业发展的研究,掌握民族地区的政治、经济及文化教育发展状况。

1 改革开放前后民族地区公共图书馆事业发展变化

1.1 图书馆基础设施建设不断完善

百色市位于广西壮族自治区西部,全市共辖 12 个县(区),生活着壮族、汉族、瑶族、苗族、彝族、仡佬族、回族等 7 个民族,少数民族人口占总人口的 85%,是一个集革命老区、少数民族地区、边境地区、大石山区、贫困地区、水库移民区六位一体的特殊区域。在改革开放以前,百色市没有市级公共图书馆,县级馆只有 4 个,分别是凌云、那坡、靖西和右江区图书馆。其他县城没有图书馆,德保、平果、乐业、田东、田阳、田林、隆林县图书馆在改革开放前就是县文化馆的一个图书阅览室,西林县甚至连图书室都没有。总体来说,改革开放前百色市公共图书馆数量少,馆舍面积相对较小,馆舍条件较为恶劣,图书室的整体阅读环境

余丽花,广西壮族自治区百色市图书馆,馆员。

较差。在改革开放之后,国家、自治区和市政府对图书馆建设投入的经费增加,1978 年至 1979 年两年间,县文化馆图书室全部独立建制,成立县级图书馆。1987 年 8 月,西林县图书馆成立;2012 年 11 月,百色市图书馆成立。自此,百色市 12 个县(区)都有属于自己的图书馆,同时也有了一个市级图书馆。改革开放以来,通过不断地整修、扩建、改建、搬迁等方式,馆舍建筑面积逐渐增加,至 2017 年底,百色市公共图书馆馆舍建筑面积达到 33 174.9 平方米。其中百色市图书馆馆舍建筑面积达到 13 000 平方米,乐业县图书馆为 3312 平方米。同时馆舍配套设施也有了很大的改善,全市公共图书馆阅览室座席数和电子阅览室终端台数大幅增加,到了 2017 年,分别达到 3172 个和 441 台。每个图书馆都配置有电子书借阅机、公共文化一体机等现代化设备。百色市从 2008年开始建设农家书屋试点工程,截至 2012 年,共完成农家书屋建设任务 1853 家,覆盖市内 12 个县(区)所有行政村。之后又在较大行政村增加 3 家农家书屋,目前全市共有农家书屋 1856 家。改革开放的春风吹遍了全国,从城市到乡村,从市级图书馆到农家书屋,百色市的城乡居民也享受到了全方位的文化服务。

1.2　图书馆业务建设不断拓展

在改革开放之前,民族地区的图书馆馆藏相对较少,再加上公共图书馆的基础设施不够完善,使得民族地区的公共图书馆能够提供的公共文化服务有限,甚至连读者基本的阅览及借阅需求尚且不能完全满足。改革开放之后,为了充分发挥公共图书馆的职能,我国民族地区公共图书馆的业务建设取得了较为显著的成效。一是图书馆的藏书量逐年增加。百色市公共图书馆现有藏书总量已经达到 190 万余册。其中:田林县图书馆 1978 年馆藏文献量为 39 449 册;至 2018 年初,馆藏文献为 89 891 册,增长了 128%。馆藏量的增加丰富了公共图书馆的服务内容,为读者提供了更加多样化的服务。民族地区公共图书馆将服务的重心下移,在社区、乡镇以及学校等地区设置流动服务点,积极开展读书活动、书刊宣传以及社会教育活动。截至 2018 年 1 月,我国民族地区的大部分图书馆都能为读者提供免费服务。二是读者服务更为丰富多样。随着国家对文化领域重视度不断提高,百色市公共图书馆服务效能不断提升,依托文化惠民免费开放专项资金开展了内容丰富、形式多样的读者服务活动。活动对象包括少年儿童、老年人、残疾人、留守儿童等特殊群体全覆盖,形式为公益讲座、培训、益智游戏、阅读推广活动等普遍均等化的文化服务,助推全民阅读推广。同时,注重图书馆的宣传工作,扩大图书馆的影响力,图书馆的流通人次、借阅册次等呈逐年上升之势。2017 年,百色市公共图书馆读者流通达到110.34 万人次,书刊文献外借达到 74.30 万册次,活动参与达到 31.06万人次。

1.3 图书馆数字化建设不断发展

在改革开放之前,我国社会发展及信息技术相对落后,民族地区的公共图书馆大都采用人工方式进行管理。在改革开放之后,随着信息技术及社会经济的发展,各行各业都呈现出信息化发展趋势,公共图书馆也不例外,民族地区的公共图书馆开始进行自动化、网络化和数字化建设。一是配备了相应的自动化设备、电子阅览室,并在图书馆内建立了局域网,实现了图书馆局域网和互联网的有效连接。百色市图书馆配备了电子书借阅机、电子读报机、自助办证机以及数字留声机等信息化设备,通过电子阅览室这一媒介实现图书馆信息化服务。二是在图书馆共享信息系统的支持下,管理人员可以进行自动化业务管理,提高工作效率的同时,为读者提供更为优质的服务。三是读者通过登录移动图书馆账号,现实突破物理空间,可随时随地阅览图书借阅机海量电子图书、期刊、报纸等信息资源。百色市图书馆的电子图书藏量超过 40万册,视听文献入藏量 7000 余件,电子期刊 4000 余种。四是图书采购方式更为多样、便捷。2017 年 9 月,百色市图书馆在开馆一周年之际,向广大读者推出"你选书·我买单"网上图书荐购服务。读者下载并安装畅想之星手机 APP"畅想悦读",在"书城"或在"本馆"中荐购纸质书或者电子图书,极大地满足了读者的阅读要求,也有助于采编业务的拓展。

1.4 人才队伍建设不断壮大

在改革开放之前,民族地区图书馆及图书室的馆舍条件较差,馆舍面积相对较小,相应的工作人员也比较少,大部分图书馆及图书室的工作人员在 5 人以内,而且工作人员的专业素养相对较低,缺乏高学历人

195

才,图书馆的业务服务水平相对较低。再加上管理人员缺少培训意识,使得工作人员缺少培训的机会,难以提升工作人员的综合素养,影响民族地区公共图书馆的服务水平。在改革开放之后,政府部门对公共图书馆的重视程度有很大的提升,民族地区公共图书馆人才队伍不断壮大。一是在原有人员的基础上,从高校招聘图书馆专业技术人才。二是鼓励职工进行继续教育,提高学历水平。百色市公共图书馆原有职工为中专学历的,大部分都进修获得大专及以上学历。三是加强职工业务和管理方面的培训,提升综合素质,提高公共图书馆的服务水平。

2 民族地区公共图书馆事业发展中存在的问题

民族地区的公共图书馆在改革开放政策的支持下取得了不错的成绩,图书馆各方面事业相较于改革开放前有了很大的进步,呈现出良好的势头及发展前景。但是与发达地区相比,我国民族地区因为基础较为薄弱,公共图书馆在事业发展方面仍旧存在如下问题:

2.1 公共图书馆建设资金有待充实

和发达地区相比,民族地区的经济发展状况较差,基础设施也不够完善,在交通和文化等方面与发达地区的差距较大。因此,民族地区更为重视经济发展,某种程度上忽略掉文化建设。再加上公共图书馆的社会效益很难在短期内看到成效,所以政府部门缺乏对公共图书馆事业发展的重视,使得公共图书馆缺少建设资金,导致公共图书馆的基础设施不够完善,事业发展难以取得应有的成效。

2.2 公共图书馆基础设施有待完善

百色市的公共图书馆在基础设施方面,均低于全国平均水平。虽然在改革开放之后,延伸服务以及免费服务水平有很大的提升,馆舍条件也有所改善,但是从整体看来,公共图书馆服务仍旧呈现出低效率及低水平的发展趋势。与此同时,在全国文化信息资源共享工程的支持下,百色市的公共图书馆逐渐开展信息化建设,但是信息化程度仍旧比较低。

2.3 工作人员数量不足,综合素养有待提高

公共图书馆的各项服务均由工作人员来完成,工作人员的工作效率及综合素养与公共图书馆的事业发展关系密切。观察百色市改革开放前后的发展变化可以发现,以往的百色市公共图书馆工作人员数量严重不足,大部分县级图书馆的工作人员均在 10 人以内,使公共图书馆在提供服务的时候,存在严重的人手紧缺问题。与此同时,大部分工作人员的综合素养比较低,虽然改革开放以后公共图书馆工作人员的学历结构有了较大的改善,但是其具备的理论知识及管理能力尚不能满足公共图书馆在信息化时代的发展需求。

3 促进民族地区公共图书馆事业发展的对策

3.1 完善民族地区公共图书馆的相关制度

对于民族地区而言,其公共图书馆的事业发展,和当地的公共财政、法律法规以及文化制度等政策密切相关,需要相关制度为其发展提供保障。2015 年 1 月 14 日,中共中央办公厅、国科院办公厅印发的《关于加快构建现代公共文化服务体系的意见》中指出,我国公共文化服务体系的建设需要注重城乡均等化,提高对革命老区、贫困地区以及民族地区公共文化建设的重视,实现我国公共文化建设的跨越式发展。因此,百色市的政府部门需要完善公共图书馆的相关制度,为公共图书馆的事业发展提供政策支持。具体而言,政府部门需要根据百色市的地区及文化发展状况,制定相应的文化扶持政策,保障弱势群体的公共文化服务权利,缩短百色市城乡公共图书馆服务的差距,确保百色市的所有居民都能够享受到公共图书馆服务。

首先,市政府部门需要提高各级政府对公共图书馆事业发展的重视,将公共图书馆的事业发展状况纳入各级政府部门的考核中,通过考核制度的完善,保障公共图书馆的社会权利;其次,加强公共图书馆管理制度的创新,目前,百色市还没有公共国书馆方面的法律法规,全市各级公共图书馆现行管理制度依照的是 2002 年 11 月 15 日广西壮族自治区人民政府发布的《广西壮族自治区公共国书馆管理办法(修订

稿)》,关于馆舍建设、文献管理、工作队伍建设等方面的内容较为落后,已不能满足现代化背景下公共图书馆的事业发展需求,所以百色市的政府部门需要加强制度的更新,在依据《中华人民共和国公共图书馆法》的前提下,尽快制定适合本地区情况的公共图书馆管理条例或规定,依法依规管理,使公共图书馆的事业发展更为规范化及现代化。

3.2 多渠道为公共图书馆提供充足的建设资金

就目前的状况而言,百色市的公共图书馆在资金投入方面普遍比较低,县级财政的拨款很少,难以维持公共图书馆的正常运行,使得百色市的公共图书馆事业发展存在问题。因此,要想解决百色市的资金投入问题,需要做到以下三点:

一是政府部门需要加大财政投入。百色市的各级财政部门需要提高对公共图书馆建设的重视,为公共图书馆提供更多的资金,使公共图书馆的事业发展有可靠的经费保障。特别是文化部门以及财政部门下发的免费开放经费,需要得到贯彻落实,以利于公共图书馆在获取免费开放经费之后,向大众免费开放,为大众提供多样化的文化服务。

二是完善公共图书馆的资金投入政策。在加强政府部门财政投入的同时,百色市的政府部门需要推出相应的财政政策,鼓励并吸引更多的社会民营资本投入公共图书馆建设中,使民族地区公共图书馆的资金获取渠道更为多样化,逐渐形成将政府部门作为主体,社会资金参与的多元化资金筹集体系。比如,百色市的公共图书馆可以通过署名权吸引更多的民营资本,在图书馆举办的活动中使用投资企业的名字,为企业进行宣传,吸引企业为公共图书馆的建设投入资金。另外,公共图书馆需要加强对资金的管理,合理利用政府部门的投入资金及社会民营资本,确保经费能够用于公共图书馆的专项建设[1]。

三是与国内较大城市公共图书馆结对子,进行一对一文化帮扶。民族地区公共图书馆在资金、人员、基础设施等方面与较大城市公共图书馆都有着很大的差距。民族地区可以争取政府方面的支持,由政府部门出面联系对接完成与先进图书馆结对子。通过一对一文化帮扶,获得先进图书馆在资金、人员等方面的支持。

3.3 加强公共图书馆工作队伍的建设

通过上述分析可知,百色市的大部分公共图书馆实现了图书馆的免费开放,贯彻落实了全国文化信息资源共享工程,使公共图书馆在信息化的背景下得到良好的发展。公共图书馆的事业发展扩充了公共图书馆的功能,公共图书馆的服务内容和形式也出现了一定的变化,对工作人员的要求随之增加。因此,百色市的政府部门和文化部门需要加强公共图书馆工作队伍的建设,制定相应的人才培养政策,通过人才兴文策略的实施,建立成熟、专业信息化的公共图书馆工作队伍。具体而言,公共图书馆工作队伍的建设需要做到以下两点:

一是提高公共图书馆工作人员的数量。百色市的公共图书馆需要加强人员的招聘,吸引更多的图书馆管理人才到图书馆工作。需要注意的是,基于信息化发展及公共图书馆的事业发展需求,百色市的公共图书馆在进行人员招聘时,需要招收兼备图书管理知识以及信息技术的人才,为公共图书馆的事业发展提供可靠的信息人才保障。

二是进一步加强在职工作人员的培训。在引进工作人员的同时,公共图书馆还需要进一步加强在职人员的培训以及继续教育,通过多种培训方式,丰富公共图书馆工作人员的理论知识,提升其实践管理技能。比如,百色市的公共图书馆可以采用业务培训班的方式,定期或不定期地举办员工业务和管理方面的培训班。培训结束后要进行相应的考核,并将考核的结果与工作人员的绩效挂钩,以此提高公共图书馆工作人员的学习意识。另外,可以采用外出交流的方式,组织优秀的工作人员到一级图书馆或者事业发展状况较高的图书馆进行参观学习,创新工作人员的公共图书馆服务理念,提升工作人员的综合素养[2]。

3.4 加强公共图书馆的自身建设

公共图书馆的事业发展不仅需要制度、资金及工作人员的支持,还需要加强自身的管理与建设,吸引更多的读者,实现民族地区公共图书馆的协同发展。首先,公共图书馆需要注重公众良好阅读习惯的培养,打造当地特色的公共图书馆服务品牌。公共图书馆需要秉持"一切为了读者"的办馆理念,使公众能够充分利用图书馆,培养公众的阅读能力及文化意识,将被动接受公共文化服务转变为主动享受。具体而言,公共图书馆可以从以下几方面培养公众的阅读习惯:

3.4.1 强化公共图书馆的服务

改革开放之后,公共图书馆取得了良好的发展,公共图书馆的读者

逐年增加,这就要求公共图书馆提升服务意识,为读者提供多样化的服务。具体可以从以下几方面入手:

一是加强公共图书馆的基础设施建设,为公众营造舒适的阅读环境,吸引更多地读者到公共图书馆阅读书籍。比如,公共图书馆可以为儿童提供专门的活动室,由图书馆的工作人员或者志愿者为儿童讲故事、倡阅读,并将活动室布置的童趣盎然,吸引更多的儿童读者来馆;二是开展社会阅读推广活动,公共图书馆可以通过读书宣传或者上门服务等方式,提高人们对阅读的重视,进一步扩大公共图书馆的社会影响力,塑造良好的社会影响,使阅读逐渐成为人们生活中必不可少的内容;三是开办多样化的服务项目,公共图书馆可以将读者进行分类,有针对性地开办服务项目,比如,对于家庭主妇这一类的读者,举办烹饪、插花等主题的读书会,对于老年人这一类的读者,举办养生保健、医疗卫生等主题的读书会。

3.4.2　实现公共图书馆的馆际协作

公共图书馆需要加强馆际协作,实现文献信息资源的共享。百色市的各个公共图书馆需要改变传统的独立办馆模式,创办协调发展的公共图书馆管理模式,建立完善的公共图书馆体系,实现公共图书馆的协调发展。这就要求各个图书馆共同建设网络管理平台,通过信息通信技术,加强各个公共图书馆的交流和沟通,实现图书资源共享,扩大公共图书馆的馆藏,为民众提供更为优质的公共文化服务,实现公共图书馆事业的可持续发展[3]。2017 年,百色市公共图书馆开始推进总分馆制建设,未来要加快这一工作进程,尽快形成图书馆服务体系,提供普遍均等服务。

民族地区在改革开放政策的红利下,在政治、经济、科技和文化等方面有很大发展。但是因为民族地区本身基础较为薄弱,尤其是作为老少边山穷的百色市受到经济发展条件的限制,公共图书馆事业虽然在一定程度上有所发展,但是发展状况、发展程度都不是很理想。但是民族地区的公共图书馆可以从制度、资金、队伍及管理等方面,促进自身的事业发展,吸引更多的读者,为读者提供更为优质的服务,提升公共图书馆的经济效益及社会效益。

参考文献

[1] 李丹,申晓娟.从评估定级看我国公共图书馆事业发展 20 年[J].图书馆杂志,

2014,33(7):4 – 12,23.

［2］申晓娟.从藏书楼到近代公共图书馆:1949 年前我国公共图书馆政策发展分析
［J］.图书馆建设,2014(4):76 – 84.

［3］申晓娟.面向公共图书馆服务体系建设的图书馆事业政策研究［D］.武汉:武
汉大学,2013.

改革开放以来我国图书馆员的继续教育

李月婷

自 1978 年实行改革开放政策以来,四十年间,我国在政治、经济、文化、教育等各领域都取得了令世人瞩目的成绩。作为文化事业的一部分,我国图书馆事业的发展也不例外。图书馆员在推动图书馆事业发展过程中发挥了重要作用。有资料显示,在图书馆所发挥的作用中,图书馆建筑占 5%,信息资料占 20%,图书馆员占 75%[1]。图书馆员是图书馆事业发展诸多影响因素中最灵活的一个因素,灵活是指因其水平高低不齐,通过恰当的继续教育或业务培训可提高其整体素质。因此,图书馆员的继续教育与业务培训工作是十分必要的,是可以影响到图书馆的"门面"及图书馆未来发展的。四十年间,伴随着图书馆事业的复兴与繁荣,我国图书馆员的继续教育工作也经历了不同的阶段。

1 改革开放以来我国图书馆员继续教育的学术研究成果

学术研究成果可以反映出不同历史时期同一主题的研究变化。笔者利用国家图书馆馆藏目录检索系统和中国期刊全文数据库(清华同方知网)统计改革开放以来有关我国图书馆员继续教育主题的学术研究成果,这两个检索范围虽有些许遗漏,但已可基本覆盖著作及论文成果。检索时间为 2018 年 5 月 31 日,具体检索结果如下。

1.1 著作

在国家图书馆馆藏目录中进行检索,以正题名为"图书馆""馆员"

李月婷,国家图书馆社会教育部,馆员。

和"继续教育""培训"分别进行组合检索,剔除主题相关性不强的著作,结果显示,自 1990 年起,共有 6 本(套)关于图书馆员继续教育和业务培训的著作,分别是:《图书馆岗位培训系列教材》(1992—1994,共三卷 21 本)、《中小学图书馆(室)工作培训教程》(2000)、《现代图书馆馆员职业技术培训丛书》(2006)、《公共图书馆业务培训指导纲要》(2012)等。有关我国图书馆员继续教育的著作并不多,且多是关于业务培训指导性的教材类著作。

1.2　论文

在中国期刊全文数据库(清华同方知网)中进行文献检索,以篇名为"馆员"和"继续教育""培训"分别进行组合检索,共有 1673 条有效结果。因"图书馆"一词与"继续教育""培训"搭配会得到许多相关性不强的文章,所以笔者只用"馆员"一词进行搭配检索,以保证检准率。也是同一检索范围内,自改革开放以来,我国共有超过 27 万篇题目含有"图书馆"的研究论文,而关于我国图书馆员继续教育主题的研究论文仅占整个图书馆领域的 0.6%,由此可见,图书馆员的继续教育虽然是十分重要的工作,但其研究成果并不算多,甚至少于一些近年才出现的图书馆工作,如图书馆阅读推广(2006 年至今共2933 条检索结果)、大数据环境下的图书馆发展(2009 年至今共 1600条检索结果)等。

笔者利用中国知网的检索结果可视化分析,纵览不同年次的发文量(如图所示),可以看出改革开放前期的十几年相关主题的论文数量很少,这种状况直到 1995 年才开始改善。自 1995 年起,有关我国图书馆员继续教育主题的研究论文数量有了大幅度上升并在 2002 年达到数量顶峰,该年有 135 篇成果。但 2009 年起发文量总体呈下降趋势,从每年发表 100 篇以上下降到 100 篇以下,随后递减到年发文量 28 篇(2017 年)。可见,对我国图书馆员继续教育的研究热情正逐年降低,重视程度也逐年下降。而从论文质量来看,只有 115 篇论文发表在核心期刊上,仅占全部文章的 7%。(核心期刊参考南京大学 CSS-CI2017—2018〈含扩展版〉期刊目录)

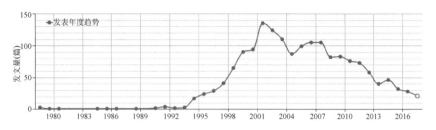

图 改革开放以来每年发表的有关图书馆员继续教育主题的

论文数量(1979—2018)

注:①图片来自中国知网对检索结果的计量可视化分析;②2018年数据仅为5月31日前的数据。

从论文关键词分布来看,除去"图书馆""图书馆员""继续教育""培训""馆员培训"这些关键词,出现频次大于20次的关键词如表1所示。从前七位的关键词可以看出,高校图书馆十分重视馆员的继续教育工作,且研究成果较多。"知识经济""网络环境""信息时代""21世纪"等词都反映出了时代特征。

表1 出现频次前七位的关键词(频次>20)

关键词	高校图书馆	知识经济	网络环境	信息时代	素质	21世纪	高职院校
频次(总计)	223	63	44	38	36	28	26
频次(2000年后)	215	57	41	37	36	26	26

2 改革开放以来我国图书馆员继续教育的发展阶段及特点

1980年5月26日,时任北京图书馆(今国家图书馆)馆长刘季平同志受国家文物局党委委托,在中央书记处第二十三次会议上做《图书馆工作汇报提纲》,这是中央书记处第一次直接听取图书馆工作汇报,对中国图书馆事业的改革发展意义重大。《图书馆工作汇报提纲》中指出"专业干部缺乏"是当前存在的主要问题之一,并提出相应建议:要"发展图书馆教育和科研事业,加速图书馆专业人员的培养"[2]。由此可见,自改革开放以来,人力资源队伍的建设是图书馆事业改革中重要的一环。

笔者最初依据年代划分,每十年为一个阶段。第一个十年是恢复时期,从"文革"时期十年的停滞阶段恢复到"文革"前的水平。在第二个十年中,其中经历了 1992 年邓小平南行,先后到武昌、深圳、珠海等地并发表一系列重要讲话,自此我国改革开放又进入了新时期,我国图书馆事业的发展也进入到了转型时期,所以本文以 1992 年作为一个节点,将改革开放前 30 年划分为两个阶段。最近十年,图书馆员继续教育的研究成果逐年下降,管理层对馆员继续教育有所忽视,而互联网时代的到来也给馆员继续教育带来了新内容、新形式,各馆也在这种大环境下进行创新型的探索。所以,最后笔者将改革开放以来我国图书馆员继续教育的发展划分为三个阶段:恢复阶段(1979—1992)、转型阶段(1993—2008)和开拓阶段(2009—2018)。

2.1 恢复阶段——产生图书馆员继续教育的浪潮,以学历教育为主(1979—1992)

改革开放之前的十年是中国现代图书馆发展的停滞期,各图书馆专业培训中止,对图书馆工作人员的考核也由政治积极性考核代替了业务能力考核和工作量考核,而图书馆员队伍建设中的职称评定工作,则一直到 1978 年才重新开始[3]。改革开放初期,我国图书馆人才发展面临着共同的问题:由于长时间未接受系统的学习,图书馆员的知识结构产生了断层,大多数图书馆只能提供简单的借阅服务。以辽宁省为例:据不完全统计,当时县以上公共图书馆系统共有干部 1300 多人,其中 63% 的人只有初中或不足初中的文化水平,26% 的人达高中文化程度,大学毕业的只占 11%。另,据 1981 年 35 所高校图书馆的不完全统计:图书馆工作者总数为 1000 多人,其中高中以上文化水平的仅占 64%。馆员队伍的专业化水平也不高,我国受过图书馆学专业训练的人数只占全国图书馆职工的百分之几[4]。

因此,改革开放到 20 世纪 90 年代初期,我国图书馆员的继续教育事业就经历了一个小高潮。很多馆员在这段时间接受了专业知识和基础知识的继续教育,填补了之前十年未能学到知识的空白,而 1978 年的职称评定工作也给了大家继续深造的动力。教育部曾经下发《关于举办高等学校图书馆专业干部进修班的暂行规定》(1982),委托部分院校图书馆学系(专业)或图书馆举办高校图书馆专业干部进修班。改革开放初期,多所学校响应号召,先后开展了在职干部专修教育或业余教育(如表2所示)[5]。

表2 招收专修科学生的高校名单一览(1978—1985)

高校名称	开始招收年份
金陵大学图书馆学系专修科	1978
吉林师范大学图书馆专修科	1979
华东师范大学图书馆学专修科	1979
兰州大学图书馆学专修科	1980
清华大学业余图书情报专修科	1980
山东大学图书馆学专修科	1980
长春市业余图书馆学院图书馆专修班	1980
兰州大学夜大学图书馆学专修科	1981
北京师范大学图书馆学系少数民族地区图书馆干部专修科	1985

1980年起,武汉大学图书馆学系和北京大学图书馆学系先后恢复了函授专修科,吉林省图书馆开办函授学校,陕西省图书馆开办"图书馆夜大学"[6]。据不完全统计,1980年至1990年的十年间,函授生的人数超过了6000人[7]。1985年,中央广播电视大学开办了图书馆学专业(3年制专科),当年招收的在籍学生达到2万多人,其中正式生1万多人,自学视听生1万多人。1988年已有约1万人毕业,同年又招收3000名新生[8]。到1988年,全国图书馆学成人教育点多达33个[9],我国图书馆员的继续教育在改革开放后迎来了学历教育为主的浪潮。

恢复阶段,馆员的继续教育形式丰富,主要包括以下10种形式[10]:①自办学习班;②短期培训;③函授教育;④开办业余图书馆学校;⑤以老带新,进行传帮带;⑥鼓励自学成才;⑦互调工作;⑧大学进修;⑨组织专题研究;⑩参观学习。这其中有几种作为培训的主要形式沿用至今。除此之外,在这一阶段,"五大"是成人教育的主要模式,"五大"分别指函大(函授大学)、电大(广播电视大学)、夜大、刊大(刊授大学)、职大(职工业余大学),从上一段的数据我们可以看出,馆员的继续教育也受益于这几种形式,而这5种形式也是在这一阶段的时代背景之下产生的。

2.2 转型阶段——图书馆由传统向现代化转型,以新业务培训为主(1993—2008)

1992 年召开的中国共产党第十四次全国代表大会明确提出,我国经济体制的改革目标是建立社会主义市场经济体制。这一体制的建立给了文化事业极大的冲击,图书馆事业的运行方式、管理体制等方面都产生了新的矛盾,加上随之而来的千禧年,这都促使传统图书馆向现代图书馆转型。图书馆的转型是全方位的,从发达国家图书馆事业发展变化来看,图书馆的转变特征包括:①以保存文化遗产为主要职能的传统图书馆向博物馆嬗变,是机构内涵的转变;②以借阅为中心的传统图书馆向文献信息中心嬗变,是服务方式的转变;③作为文化事业机构、提供一般性服务、单纯履行教育职能的现代图书馆,向以开发文献数据库、提供联机检索服务为主要内容的信息产业嬗变,是服务内容的转变;④综合性图书馆向专业文献信息机构嬗变,是管理观念的转变[11]。

我们不难发现,在图书馆转型过程中,"信息化"是转型最重要的一个特征。所以在这一阶段,馆员的信息素质教育成了最重要的培训内容之一,其内容包括:①信息教育;②信息技术教育;③信息学科教学;④信息管理教育[12]。在经历了上一阶段学历教育的浪潮之后,馆员们需要学习新的技术、实践性较强的技能以适应时代的发展与变化。具体来说,受众度较高的专业技能培训包括:①计算机应用能力培训;②语言类能力培训;③多媒体设计与应用能力培训[13]。结合图书馆基础业务来看,图书馆集成系统的应用,迫使图书馆的采编、图书加工、借阅流通、咨询等业务都实现数字化或网络化,图书馆工作人员必须学习新系统的使用方法、机读目录的编制、文献检索等传统业务的新操作方式。

本阶段,图书馆员的继续教育形式主要包括:①第二学历、硕士学位、博士学位的大学后期教育;②业余教育,如职校、业大、电大的图书馆学成人教育;③高等学校图书情报系举办的进修和函授;④短期培训,各系统、各地区按照自己的目标进行的培训;⑤各级图书馆学会及大型图书馆举办的业务讲座、参观等活动[14]。其中,业余教育和高校的进修班、函授班教育相较于前一阶段发挥的力量已经有所减弱,随着图书馆学专业教育人才培养事业的恢复和 80 年代学历教育的浪潮过后,在学历教育方面,本阶段凸显出对更高学历或第二学历的继续教育。短期的业务培训和讲座、参观等活动成为主要的培训形式。21 世纪初，上海市文献资源共建共享领导小组办公室和上海市图书馆学会曾对上海市公共、科技、高校系统内 9 所图书馆的职工继续教育情况进行了调研，调研结果显示，从 1996 年至 1999 年，学历进修的占全体受训人数的 19.8%，职称学习的占全体受训人数的 23.5%，岗位专业培训的占全体人数的 56.7%。从进修学历的专业范围看，图书情报专业已不占主流[15]。除此之外，有条件的图书馆还安排业务骨干到国外进修。一些图书馆开始采用学分制或课时制方法，使继续教育工作更规范化。

2.3 开拓阶段——互联网环境下，以尝试新内容、新方式为主（2009—2018）

图书馆现代化是一个漫长的过程，目前，我国图书馆仍处于向现代化图书馆转型的时期，并且，互联网环境下，图书馆的转型面临着更高的挑战。近十年，馆员的继续教育工作也产生了新的变化。从前文的研究成果部分可以看出，近十年的论文数量逐年递减，这也从一个方面反映出目前我国图书馆员继续教育问题仍不容乐观，相较于上一阶段，近十年我国馆员继续教育问题没有得到应有的重视。笔者统计了 2010—2017 年国家图书馆培训中心培训业界人员的场次和数量，也可以从具体图书馆继续教育的工作反映出这十年的趋势（如表 3 所示）。

表 3 国家图书馆培训中心培训类别及培训人数一览（2010—2017）

年份/项目	馆内员工培训		业界培训		在职研究生学历教育人数	社会公众培训	
	场次	人数	场次	人数		场次	人数
2010	62	8863	22	1410	26	\	
2011	53	5453	27	1573	26	\	
2012	50	3120	21	1106	13	2	36
2013	22	1582	14	851	22 + 14	3	60
2014	24	1182	14	1080	14	6	89
2015	12	596	14	867	3	7	82
2016	31	2350	17	1291	\	5	65
2017	14	1093	14	1093	\	7	117

从表 3 的数据中我们可以看出,除社会公众培训项目人数有所增加外,其他三项参与人数都呈现逐年大幅度递减。馆内员工培训是指国家图书馆内馆员的培训工作;业界培训是面向全国图书馆界举办的短期培训工作;在职研究生学历教育,除 2013 年同武汉大学信息管理学院合作招生 14 人外,其余均为同北京大学信息管理系合办的学历教育班招生人数;社会公众培训是面向社会公众开办的古籍修复、书画装裱、传拓技艺、篆刻鉴赏等中华传统文化类培训。

虽然培训场次和人数有所下降,但近十年,馆员的继续教育工作一直在内容和形式上都寻求突破。图书馆基础业务课程依旧保留,但同时继续教育内容向更多元化的方向发展。中国图书馆学会也是举办馆员培训的主体之一,近年,中国图书馆学会针对重点工程策划了多期系列培训。如,民国时期文献编目工作研修班(2014—2018)、"阅读推广人"培育行动培训班(2015—2018)、全国县级图书馆馆长培训班(2016—2018)等,这些培训都是由中国图书馆学会牵头,策划课程,在全国多个城市巡回举办,涉及范围广,普及率高,提高了培训的效果。当然,中国图书馆学会也举办了图书馆科学管理与服务创新、全国图书馆员绘本讲读、移动数字图书馆建设与服务、现代图书馆与科技融合、构建现代公共图书馆服务体系等专题短期培训班。2012 年起,国家图书馆培训中心开始面向公众开办古籍修复等中华传统文化类培训,据不完全统计,参加这些培训的业界同人占总人数的 30% 左右。作为文化传播工作者,这些培训一方面利于馆员深入了解传统文化,另一方面也丰富员工的个人生活。此外,近几年,天津图书馆的馆员继续教育课程中都包含了"艺术修养"这一专栏。

互联网环境下,馆员的继续教育形式也有所突破,除学历教育、短期培训班、参观、讲座、馆外进修之外,借助于新技术手段应用,馆员继续教育还采取了以下方式:①慕课。慕课作为一种新的网络教学方式,自产生以来就吸引了全社会的关注,以往,图书馆界参与慕课是作为资源提供者的角色,但其实,慕课也是馆员继续教育的一个重要方式。2015 年起,国家图书馆开设了国图公开课,其中也设立"馆员课堂"栏目,目前上线了两门课程,以期突破时间和空间的限制,为全国图书馆员提供一个学习平台。②培训平台。培训平台与慕课所不同的地方在于,它的受众可能仅限于某地区或某系统职工。图书馆可开辟自己的培训平台,馆员可以不受时间地点的限制,通过网络学习某些课程,完成本年度的继续教育计划。这一方式的好处还在于,图书馆可根据本馆或本地区、本系统的发展状况邀请专家授课,具有针对性,录制、制作完成后,在专家同意的情况下,可放在本培训平台一段时间供馆员学习,这样可以丰富课程体系,并且节约成本。除了这两种形式外,一些图书馆还策划了竞赛类的培训,2015年底,广东图书馆学会、吉林省图书馆学会、重庆市图书馆学会先后开展"公共图书馆业务技能大赛",比赛内容和形式涵盖图书馆学基础、图书馆管理、资源建设、文献检索、绘本讲读、情景模拟等方面,以竞赛这种较为活泼的形式激发了图书馆从业人员爱岗敬业的热情。

3　小结

一般而言,继续教育应该包括以下三个层次的内容:①培训(training),主要目的是使受训者能适应已有岗位的工作,如上岗培训;②教育(education),主要目的是使受教育者适应未来工作,一般应能授予学历;③发展(development),为满足本部门发展或个人成长的内在需要而进行的学习,如进修、访问学者、短期研讨班等[16]。纵览改革开放以来我国图书馆员继续教育工作的开展,已基本可以包含这三个层次,只是仅有一些有条件的馆才能提供第三层次中的进修、访问学者等方式。如上所述,我们的馆员继续教育工作取得了一些成绩,新的环境之下,各个图书馆也都力争改变与突破,探寻新的继续教育内容与方式,但是在我们的工作中仍存在着一些问题。

存在的问题主要表现在缺乏宏观调控,没有形成制度化;管理松散,随意性大,教育目标不明确,只重视眼前效果,忽视中长远的发展目标[17];没有全国性的继续教育组织;法规、政策不健全;经费困难;课程体系更新慢等[18]。1975年,美国成立图书馆继续教育组织网络,差不多同一时间段,英国图书馆协会也成立继续教育小组委员会,而我国到现在也没有一个权威机构主管图书馆员的继续教育工作。所以,要想将馆员继续教育与培训工作做好,未来我们需要做到以下几方面保障:①设立权威机构,整体设计图书馆员的继续教育课程,制定规章制度,使馆员继续教育规范化;②建立馆员继续教育考核制度,评估教育成果,改善继续教育课程的效果;③重视法规法制建设,使馆员的继续教育工作合理化和权利化;④增强教育内容的实践性和连续性,突破传统理论教学模式,丰富教学形式,激发馆员学习动力;⑤保证经费持久并到位,对经费的使用进行监管,保证费用到人。

当前的社会是一个学习型的社会,图书馆对公众来说是"没有围墙的大学",身为图书馆员的我们也应当将继续教育视作终身教育,不断学习,进行深造,以促进自身业务素质和服务水平的提升。

参考文献

[1] 徐双,刘勇.融入图书馆文化的图书馆员培训——基于"图书馆人"的视野[J].图书馆建设,2010(6):109 – 111.

[2] 潘燕桃.《图书馆工作汇报提纲》及其历史作用与重要影响——纪念《图书馆工作汇报提纲》通过30周年[J].图书馆论坛,2010(6):107 – 113.

[3] 范兴坤.改革开放前后两个三十年我国图书馆事业发展回顾[J].图书与情报,2009(1):1 – 9,27.

[4][10] 白金华.图书馆的干部培训工作是开创新局面的重要一环[J].黑龙江图书馆,1983(4):22 – 23.

[5][9] 龚蛟腾.改革开放后图书馆事业的复兴与开拓(续)[J].图书馆,2015(3):32 – 39.

[6] 郭明蓉.中国高等教育发展进程中的高校图书馆研究[M].成都:四川人民出版社,2009:357,364.

[7]《中国图书馆年鉴》编委会.中国图书馆年鉴(1996)[M].北京:北京图书馆出版社,1997:351.

[8] 程焕文.80年代以来中国内地图书馆学信息学教育之发展与展望[J].图书与资讯学刊(台北),2000(34):86 – 100.

[11] 黄俊贵,莫少强.试论传统图书馆转型与图书馆体制改革[J].图书情报知识,1994(1):2 – 8.

[12] 吴仲夏,邹志仁.现代图书馆与继续教育[J].中国图书馆学报,2002(1):72 – 74.

[13] 黄洁.拓展多层与单项教育提高继续教育成效——上海图书馆教育培训中心的实践[J].图书馆杂志,2008(7):65 – 67.

[14][18] 孙炜.论我国图书馆专业技术人员的继续教育[J].情报杂志,1998(2):51 – 52.

[15] 上海市图书馆学会高级专家咨询委员会调研小组.上海市公共、科研、高校系

统图书馆职工继续教育情况调研报告[J]. 图书馆杂志,2001(3):1-4.

[16] 范并思. 论图书馆学专业继续教育体系改革[J]. 中国图书馆学报,1999(5):28-33.

[17] 孔庆杰. 我国图书馆学继续教育的发展历程、问题及对策[J]. 图书馆建设,2007(5):107-110.